陈忠实 21 岁时照片

《白鹿原》就是在这个小桌上写成的

1980年7月，太白县招待所，《延河》编辑部召开的农村题材短篇小说创作座谈会。前排左起：京夫，蒋金彦，邹志安，贾平凹。后排左起：路遥，徐岳，陈忠实，王蓬，王晓新

《白鹿原》手稿

◆陈忠实年谱（2021）增订本◆

陈忠实年谱

1942—2016 年

邢小利 邢之美 著

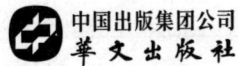
华文出版社

图书在版编目（CIP）数据

陈忠实年谱 / 邢小利, 邢之美著 . -- 北京 : 华文出版社, 2021.4
 ISBN 978-7-5075-5451-9

Ⅰ.①陈… Ⅱ.①邢… ②邢… Ⅲ.①陈忠实（1942-2016）- 年谱 Ⅳ.① K825.6

中国版本图书馆 CIP 数据核字（2021）第 058085 号

陈忠实年谱

作　　　者	邢小利 邢之美
责任编辑	景洋子
出版发行	华文出版社
地　　　址	北京市西城区广外大街 305 号 8 区 2 号楼
邮政编码	100055
网　　　址	http://www.hwcbs.com.cn
电　　　话	总 编 室 010-58336239　发 行 部 010-58336202
	编 辑 部 010-58336252
经　　　销	新华书店
印　　　刷	三河市燕春印务有限公司
开　　　本	880mm×1230mm　1/32
印　　　张	13.125
字　　　数	236 千字
版　　　次	2021 年 4 月第 1 版
印　　　次	2021 年 4 月第 1 次印刷
标准书号	ISBN 978-7-5075-5451-9
定　　　价	68.00 元

版权所有，侵权必究

Contents 目录

编著凡例   1

1942 年　1 岁　　　　001
1949 年　7 岁　　　　002
1950 年　8 岁　　　　002
1951 年　9 岁　　　　002
1952 年　10 岁　　　 003
1953 年　11 岁　　　 003
1954 年　12 岁　　　 003
1955 年　13 岁　　　 004
1956 年　14 岁　　　 005
1957 年　15 岁　　　 007
1958 年　16 岁　　　 008
1959 年　17 岁　　　 010
1960 年　18 岁　　　 011

1961 年	19 岁	011
1962 年	20 岁	012
1963 年	21 岁	013
1964 年	22 岁	014
1965 年	23 岁	014
1966 年	24 岁	015
1967 年	25 岁	020
1968 年	26 岁	022
1969 年	27 岁	022
1970 年	28 岁	023
1971 年	29 岁	023
1972 年	30 岁	024
1973 年	31 岁	026
1974 年	32 岁	030
1975 年	33 岁	032
1976 年	34 岁	034
1977 年	35 岁	039
1978 年	36 岁	042
1979 年	37 岁	047
1980 年	38 岁	049
1981 年	39 岁	054
1982 年	40 岁	059
1983 年	41 岁	064

1984 年	42 岁	067
1985 年	43 岁	074
1986 年	44 岁	078
1987 年	45 岁	080
1988 年	46 岁	084
1989 年	47 岁	087
1990 年	48 岁	090
1991 年	49 岁	092
1992 年	50 岁	095
1993 年	51 岁	105
1994 年	52 岁	114
1995 年	53 岁	116
1996 年	54 岁	119
1997 年	55 岁	122
1998 年	56 岁	125
1999 年	57 岁	130
2000 年	58 岁	135
2001 年	59 岁	150
2002 年	60 岁	157
2003 年	61 岁	172
2004 年	62 岁	182
2005 年	63 岁	198
2006 年	64 岁	211

2007年　65岁	225
2008年　66岁	247
2009年　67岁	267
2010年　68岁	288
2011年　69岁	308
2012年　70岁	328
2013年　71岁	347
2014年　72岁	363
2015年　73岁	373
2016年　74岁	375
拾　遗	382
资料来源及主要参考文献	383
陈忠实著作年表	386
陈忠实获奖作品目录	399
陈忠实研究著作目录	401
后　记	406

编著凡例

一、本谱所用资料,包括谱主生平活动、言论、著述等,皆按时间先后,逐条记事。

二、记事用公历,谱主岁序以足龄计算。正文记事详其年、月、日。无月、日可稽者,附于其同年同月之后。

三、本谱所提及的某些引语存在不符合现代语言规范、语义模糊等情况,出于尊重时代背景及原文引用的考虑,未作改动与统一。

四、本谱所用一般材料,在书后列出资料来源及主要参考文献。有的引文,在正文中注明原始出处。

五、正文中人物任职情况皆为当时年份实际任职情况。其他需要说明的人物、事件背景及需要解释的,在文中括号内说明,并以"笔者注"标明。

1942年　1岁

8月3日　出生于白鹿原北坡下的西蒋村。这一天是农历的六月二十二日,在五行中属火。这一年按中国人的属相说,是马年。

陈忠实后来说,他的生命中缺水,不知与这个火命有无关系。陈忠实在他的一篇散文《回家折枣》中说,曾有一个乡村"半迷儿"的卦人给他算过命,说他是"木"命。他父亲喜欢栽树,他自小受父亲的影响,后来也喜欢栽树,也许就是应了"木"命之说。

乳名:运。曾用名:陈忕(很少使用)。

陈忠实的哥哥陈忠德介绍,陈姓祖先应该是在清朝嘉庆年间或嘉庆前从别处迁移而来的。何处迁来,难以查考。

曾祖父陈嘉谟,曾经做过私塾先生。

祖父陈步盈,也做过私塾先生。陈步盈这一辈有兄弟三人,分属两支,是堂兄弟。陈步盈为一支,单传;到陈忠实的父亲陈广禄,仍是一个,单传。

父亲陈广禄出生于1906年,是一个地道的农民。但他会打算盘,也能提起毛笔写字,还能读小说、剧本乃至《明史》这样的书。这在当时的农村,算是有些文化的人。

母亲贺小霞出生于1915年8月20日,是白鹿原上的狄寨镇伍坊村人。

陈忠实上有一姐陈希文、一哥陈忠德，下有一妹陈新芳，他排行为三。

陈家在新中国成立前，有坡地十余亩，水地四五亩；与另一贫农合养一头牛；有两间厦房，一间半大房；有必需的一些农具。生活的主要来源靠父母务农。

西蒋村如今隶属于陕西省西安市灞桥区席王街道办事处（原属毛西公社、毛西乡、霸陵乡），是一个很小的村子。村以蒋名，却没有一个蒋姓。除了几户姓郑的村民，西蒋村村民大都姓陈。

陈忠实介绍，1949年初，西蒋村37户，东蒋村27户，史家坡17户。这三个自然村相距很近，同办一所初级小学。

1949年　7岁

5月　中国人民解放军第一野战军解放陕西省省会西安市。

1950年　8岁

春季　入学，在西蒋村上四年制初级小学一年级。

1951年　9岁

本年　在西蒋村上四年制初级小学二年级。

1952年　10岁

春夏　在改迁到东蒋村的四年制初级小学上三年级。这一年，学校由春季入学改为秋季入学，东蒋村初级小学规定，学习好的学生进入下一年级，差的留一级。陈忠实学习好，到了秋季，就直接进了四年级。

1953年　11岁

春夏　在东蒋村上四年制初级小学四年级。7月，初级小学毕业后，本来应该到最近的东李村上五至六年制的高级小学，但那一年东李村小学不招高年级考生，他只好与三个同学一起，到灞河对岸的蓝田县华胥镇油坊街报考那里的高级小学。三个人中，陈忠实和另外一人考中。

秋冬　在油坊街高级小学上五年级。

1954年　12岁

春夏　在油坊街高级小学上五年级。
秋冬　上六年级。
6月　杜鹏程长篇小说《保卫延安》由人民文学出版社出版。
10月　西北文学艺术界联合会撤销。根据中共中央宣传部的决定，原大区作家协会均改为大区所在地城市的中国作家协会分会，负责联系原大区各省市的作家协会会员，西北作家协会筹委会（为西北文学艺术界联合会下属单位，1953年初开展工作，组织过创作座谈会、诗人戈壁舟和作家王琳的作品原稿讨论会，邀请柳青作关于创作的报告，编辑出版《创作通讯》等）召开扩大会，研究成立分会事宜。郑伯奇、王汶石、苏一萍、张季纯、柳青、钟纪明、马健翎、胡采、张棣赓等出席。

11月8日 下午，在西安市东木头市公字2号原西北文学艺术界联合会中院的大会议室，召开第一次会员大会，成立中国作家协会西安分会。会议室正面墙上悬挂着毛泽东和鲁迅的大幅画像。中共陕西省委宣传部部长赵守一代表省委出席会议，表示祝贺。马健翎致开幕词并报告筹备经过。他说：本会的任务是领导会员学习马列主义、党的政策，深入生活，努力创作，培养青年作家和兄弟民族作家。王汶石宣读分会简章，获得通过。柳青致闭幕词。会议选举马健翎为主席，柳青、郑伯奇、胡采为副主席；决定分会秘书长由王汶石、戈壁舟、李古北、余念、杜鹏程五位驻会作家轮流担任，任期各为一年。第一任是王汶石。分会有正式会员31人，在西安的26人。参加成立大会的代表有24位，其中有柯仲平、马健翎、柳青、郑伯奇、胡采、王汶石、戈壁舟、李古北、余念、杜鹏程、王宗元、王老九、袁烙、黄俊耀等。

1955年 13岁

1月 中国作家协会西安分会成立后，第一批加入中国作家协会的会员有10人：郑伯奇、胡采、孜牙、苏一萍、王汶石、杜鹏程、玉泉(余念)、布哈拉、王宗元、铁衣甫江。

2月 李若冰的散文《在柴达木盆地》发表于《人民文学》2月号。

春夏 在油坊街高级小学上六年级。

夏 高级小学毕业。

秋冬 上初中一年级。

到西安市第十四初中(今西安市第三十四中学)考区考试。陈后来的散文《汽笛·布鞋·红腰带》写的就是这一个过程。同村的二人考上了他一人。考上之后,就读的是位于韩森寨的西安市第三十六初中。由于第三十六初中当时还在修建之中,他第一学期是在东门外的鸡市拐索罗巷教堂上的课。

合作化时,陈家将土地、牲畜入社,房屋没有变动。

10月 为迎接农业合作化高潮,中国作家协会西安分会组织作家深入生活:王汶石去渭南,王宗元、王丕祥去陕北,王琳去铜川,均加入农村建社工作组,担负实际工作;原已在农村深入生活的柳青、马健翎等,就地参加建社工作;杜鹏程赴宝成铁路工地;李若冰由柴达木石油勘探队归来不久,即去四川盆地石油勘探工地。

12月1日 中国作家协会副主席、原西北行政委员会文教委员会副主任、原西北文学艺术界联合会主席柯仲平及其随员调入中国作家协会西安分会。

1956年 14岁

1月26日 中国作家协会西安分会成立创作委员会,柳青任主任，郑伯奇任副主任。设小说散文、诗歌、戏剧电影、少年儿童文学、理论批评五个组。另外，还成立了青年作家工作委员会，负责对青年作家的联络辅导。

2月　中共陕西省委宣传部同意由戈壁舟、石鲁、孜牙、曲子贞、杜鹏程、李子实、胡采、黄俊耀、汤洛、程秀山、张棣赓、钟纪明、魏钢焰13人组成《延河》编辑委员会，由戈壁舟任主编，汤洛、魏钢焰任副主编。

3月　王汶石的短篇小说《风雪之夜》发表于《人民文学》3月号。

4月10日　《延河》文学月刊创刊号出版，印数12000册，每期售价2角5分。

7月12日　中共陕西省委宣传部通知：中共中央政治局1956年6月8日会议批准，柯仲平任中国作家协会西安分会主席；马健翎任中国作家协会西安分会副主席，免去其中国作家协会西安分会主席职务。

1—8月　休学在家。

据陈忠实散文《晶莹的泪珠》中说，春季开学后，他到学校申请休学一年，班主任在他的休学申请上写了"同意休学一年"的意见，校长写了"同意"二字，他到教务处开休学证明时，一位年轻的女老师对他这样的好学生（所有班级的前三名这位老师都熟悉）因贫穷休学既同情又无奈，送他走出校门，眼含热泪嘱他明年一定记着来复学。休学后，他在家里照看妹妹，经常背着妹妹在村子里闲转。有一天，乡上的书记在村子兴办农业合作社，他跟着看热闹。书记看到这个抱着孩子的大孩子，很以为怪，就问他为什么不上学，他说休学了，问他为什么休学，他不说。书记就问村上的人,村上人说,这娃学得好,但是家里穷,他父亲供不起学,休学了。书记立即发了火:新社会怎能让贫农的孩子失学?书记说,一定得上学。书记后来跟学校联系,要让这个少年复学。学校通知他复学,每个月给6元钱助学金。所以,陈忠实虽然办了休学一年的证明,但实际上只休学了半年,也就是一个学期。到了秋天,他就又到学校上课了。但是因为他初中一年级第二学期的课程没有学,就只能从初中一年级的第一学期从头学起。这样,他虽然耽误了一个学期,实际上却是耽误了整整一年。

9月 开学复读初一。回到韩森寨第三十六初中上学。背馍上学,从西蒋村到韩森寨比到鸡市拐近一些。

1957年　15岁

春夏 上初一。

秋冬 上初二。中学语文课改革,语文分为文学和汉语两门课程。赵树理的短篇小说《田寡妇看瓜》引起了他对小说创作的兴趣和冲动,模仿着写了篇《桃园风波》的小说,得到老师好评。由此产生文学爱好,走上学习文学之路。

8月27日 《中国青年报》刊出一篇由该报记者高歌今写的关于刘绍棠的通讯,题为《从神童作家到右派分子》。

8月 杜鹏程的中篇小说《在和平的日子里》发表于《延河》8月号。

下半年 语文老师车占鳌在讲课中讲到《中国青年报》所刊

的《从神童作家到右派分子》，知道了神童作家刘绍棠的故事和一些作品，课后在学校图书馆借到了刘绍棠的短篇小说集《山楂村的歌声》和中篇小说《运河的桨声》。读了《山楂村的歌声》，他很喜欢，觉得刘绍棠的语言很美。在《山楂村的歌声》"后记"里，刘绍棠说到他对肖洛霍夫的崇拜和对《静静的顿河》的喜欢，陈忠实由此注意到了肖洛霍夫和他的长篇小说《静静的顿河》。

本年 中国作家协会西安分会作家深入生活情况：柳青安家长安皇甫村，兼任县委委员；杜鹏程在宝成铁路工地，兼任宣传教育负责人；王宗元在青藏公路，兼任管理局政治部副主任；王汶石到三原落户；戈壁舟、李古北分别到自己的家乡农村生活；汤洛去铜川煤矿。

1958年 16岁

1月 《延河》新编委会由柯仲平、柳青、郑伯奇、杜鹏程、王汶石、戈壁舟、魏钢焰、王丕祥、安旗、贺鸿钧、胡采11人组成，胡采任主编，王丕祥、安旗任副主编。

4月 柳青的中篇小说《咬透铁锹》（出版单行本时改名为《狠透铁》）在《延河》4月号发表。

春夏 上初二。

夏 整个暑假，逢白鹿原上集镇的集日，先一天下午从生产队的菜园里趸取西红柿、黄瓜、大葱、茄子、韭菜等，约50斤，天微明时挑到距家约十里的原上去卖。一趟买卖可赚一二元钱，用作学费，也补贴家用。在集日的间隔期里，每天早晨和后晌都去割草。背着竹条大笼，提着草镰，或下灞河河滩，或爬上村庄背后白鹿原北坡的一条沟道，到处寻找青草。因为年幼，还没有为农业合作社出工的资格，但割草交给社里可得工分，有时所得工分比出工还要多。在卖菜和割草的间歇，他拿出暑假前在学校借的《静静的顿河》，兴趣盎然地阅读那遥远的顿河哥萨克的故事。阅读中，小说中那条远方的顿河常常幻化为他家门前那条冬日清洌夏日暴涨的灞河，辽阔的顿河草原上的山冈，那舒缓起伏的线条，也与他天天面对着的骊山南麓和白鹿原北坡之气韵叠印在一起。那个生动的哥萨克小伙子葛利高里，那个风情万种的阿克西尼亚，虽然生活在远方异域，读起来却有一种非常亲切的感觉。一个是他少年生活范围以外的另一个民族的生活形态，顿河哥萨克的故事，一个是卖菜割草的尚未成年尚未出过远门的乡村孩子，书里书外，存在着遥远的距离和巨大的差异。然而，对于陈忠实非常重要的一点在于，少年陈忠实的视野在这个时候抵达了一个虽然找不到准确方位但却在远方存在着的顿河草原，生活在那里的人们的快乐和悲伤牵动着他的情感。这种文学的熏陶是悄然的，也是深远的。静静的顿河，辽阔的草原，哥萨克，奔放的小伙子，热烈的女人，红军，白军，这些主题词深深地扎根在少年陈忠实心里，成为他日后文学创作的酵母。

8月　王汶石的短篇小说集《风雪之夜》由中国青年出版社出版。

9月　转学到纺织城西安市第十八中学。转学主要原因是这里离家近，来回背馍方便。

秋冬　读初三。初三第一学期，值"大跃进"，学校基本停课，建小高炉炼铁，组织学生端着脸盆，到灞河的沙子中淘铁砂。

上课时断时续，老师布置学生自己命题写作文。在"诗歌大跃进"和后来被称为"红旗歌谣"的时代氛围影响下，写了不少五言和七言的诗歌。老师看后，很欣赏，让选一些寄《西安日报》。

11月4日 《西安日报》发表诗一首《钢、粮颂》："粮食堆如山，钢铁入云端。兵强马又壮，收复我台湾。"这是陈忠实正式发表的第一篇文字。

1959年　17岁

4月 中国作协西安分会免去胡采《延河》主编职务，改由王丕祥担任，贺鸿钧为副主编。

本月 李若冰散文集《柴达木手记》由作家出版社出版。

本月 柳青的长篇小说《创业史》第一部《稻地风波》在《延河》4月号开始连载，从8月号起，改题为《创业史》，至11月号全部载完。

节省下父亲给的2角买咸菜钱，购买《延河》阅读《创业史》。

春夏 读初三。

7月 于西安市第十八中学初中毕业。

秋冬 在位于灞桥的西安市第三十四中学高六二级四班上高中一年级。

11月 《收获》第6期发表《创业史》（第一部）修订稿。

本年 听说《创业史》要在《收获》1959年第6期全文刊出，托在西安市第二印刷厂当工人的舅父贺庆安帮助买了一本《收获》，送到学校，这才完整地读完了《创业史》第一部。

1960年　18岁

春夏　读高一。

5月　《创业史》第一部由中国青年出版社出版单行本。没有钱，又托舅父帮助买了一本。

10月　柳青的长篇小说《创业史》第二部上卷开始在《延河》10月号连载。这一期刊载的是第二部第一章。

秋冬　读高二。

1961年　19岁

春夏　读高二。

1月26日　由陈鑫玉、杨海崇介绍，加入中国共产主义青年团。

1月　柳青《创业史》第二部的第二、第三章在《延河》1月号刊载。

3月　王汶石短篇小说《沙滩上》刊《延河》3月号。

与同学在灞河滩上阅读并讨论《沙滩上》。

5月　柳青《创业史》第二部的第四、第五章在《延河》4月—5月号合刊刊载。

10月　柳青《创业史》第二部的第六、第七章在《延河》10月号刊载。

秋冬　读高三。

本年　在这个被称为"三年困难时期"最困难的一年，无法化解的饥饿折磨着几乎所有的人,处在生长期的中学生尤其如此。教育部门采取非常措施,取消学生晚自习和一切作业,以对付饥饿。在这一段没有功课压力的较为轻松的日子里,陈忠实和常志文、陈鑫玉三位文学爱好者组织了一个文学社,名为"文学摸门小组",同时创办文学墙报,名为"新芽"。《新芽》创刊号上,刊登了陈忠实的一篇散文《夜归》。

1962年　20岁

春夏　读高三。

从1959年到1962年,高中期间,陆续读了茅盾的《子夜》、巴金的《家》《春》《秋》等小说。

4月19日　中国作家协会西安分会举办纪念毛泽东《在延安文艺座谈会上的讲话》发表20周年报告会,邀请柳青谈作家的学习问题。柳青提出作家有三个"学校",即生活的学校、政治的学校、艺术的学校。他说,这三个"学校"没有毕业的期限,活到老,学到老。作家要不断地从生活、政治、艺术三个方面学习,加强自己的修养,才能提高水平。

5月24日　中国作家协会副主席、中国作家协会西安分会主席、诗人柯仲平落户长安县搞创作。

7月　于西安市第三十四中学高中毕业。

9月　经毛西公社批准,在西安郊区毛西公社蒋村初级小学任民请教师。所谓"毛西",为毛河湾西村之简称。因当时的公社驻毛西村,故泛称这一带为"毛西"(如今,随着城市化进程的发展，此地区已划归席王街道办管辖）。蒋村小学是一个由三个小村合办的四年制的初级小学，学校设在东蒋、西蒋两个村子之间的平台上。学校共有学生七十余人，由陈忠实和另外一位公办老师执教。另一位老师也姓陈，年近六旬，原是杨虎城部队里的一个小军官，毛笔字写得好，国文教得好，但算术不行，所以村里的小学生升学考试都考不上。陈忠实来后，带毕业班，强化补习算术。两个人合用的办公室，是一幢拆除了不知哪路神灵泥像的小庙。教室旁边是生产队的打麦场。社员出工下地收工回家经过教室门口，嬉笑声、议论声和骂架声常常传进教室。

陈忠实说（2010年——笔者注），一般民请教师，每月由生产大队给记二十几个劳动日。陈忠实所在的蒋村小学由三个村子合办，不能记工分，便由三个村子分担每月28元的工资，年终结算。

陈忠实的哥哥（陈忠德）和嫂子回忆（2010年——笔者注），当了民请教师，每月生产大队给记30个劳动日，当时每个劳动日值4角钱；每月再给10元补贴。陈忠实每月给家里补贴家用5元，自己留用5元。

1963年　21岁

7月　魏钢焰的报告文学《党的女儿赵梦桃》在《延河》7月号头条发表。

本年　在蒋村四年制初级小学当民请教师。

1964年　22岁

春夏　在蒋村四年制初级小学当民请教师。为东李六年制高级小学下属初级小学东片区教研组组长。所带毕业班连续两年升学率百分之百，轰动全公社。

4月1日　毛西公社农业中学开学典礼在毛西公社大会议室召开。于3月调入刚成立的毛西公社农业中学任教，任东班（暂借东李小学）班主任兼代语文课，仍为民请教师。后担任学校团支部书记。

7月　被评为"优秀教师"。公社教育部门奖给30元钱。这30元钱装在上衣口袋里，与同事打篮球时把衣服挂在篮球场边的一棵树上，钱丢了。

本月　李若冰的散文报告文学集《山·湖·草原》由中国青年出版社出版。

12月　毛西公社布置下属各单位为春节准备文艺演出节目。其时全国正在大力宣传"千万不要忘记阶级斗争"。采访当地陈家坡贫农陈广运，谈了整整一天，回去写了一篇老贫农忆苦思甜的快板书，作为春节节目。快板书写好后，看到《西安晚报》的一篇春节演唱征文启事，征文要求大家投寄小演唱、对口词、快板书、小戏等。这篇快板书寄去，很快发表出来。

1965年　23岁

1月28日　在《西安晚报》发表快板书《一笔冤枉债——灞

桥区毛西公社陈家坡贫农陈广运家史片断》。

3月6日　在《西安晚报》发表诗歌《巧手把春造》。诗共14行。

3月8日　散文处女作《夜过流沙沟》发表在《西安晚报》文艺副刊《红雨》上。

4月17日　在《西安晚报》发表散文《杏树下》。

4月　参加西安市文艺创作大会。灞桥区选出10个代表参加，号称灞桥文学艺术界"十兄弟"，他们是：陈忠实，唐高，薄连贵，郭丁戊，陈鑫玉，王宏海，仲益春，张君祥，贺治坤，蒋三荣。

12月5日　在《西安晚报》发表散文《樱桃红了》。

本年　社会主义教育运动中，出席社教总团学习《毛泽东选集》积极分子大会。

1966年　24岁

2月12日　加入中国共产党。入党介绍人一个是王俊峰，毛西农中负责人；一个是赵学谦，毛西公社武装干事。陈忠实1987年回忆，那是"一个冬天的早晨，在公社一个简陋狭小的房间里，我羞怯不安地坐在一个角落里，听那些比我年长的共产党员们对我的评价，听介绍人向支部汇报对我的考察结果……我被接收了。我走出那个狭小房间的时候，看见灿烂的太阳，几乎流下泪来"。"同时又想起了在学校听战斗英雄演讲的情景，特别是那段话"。这里所说的"那段话"，指二十世纪六十年代初，陈忠实还上高中时，坐在学校操场浓密的柳荫下，忍受着瓜菜代粮的饥饿，听一位参加过解放战争的英雄慷慨激昂的演讲，英雄说："我一生无他求，高官嘛，没意思；金钱嘛，太乏味！我唯一的人生目标，就是做一个真正的共产党员。"陈忠实党员预备期从1966年2月12日起到1967年2月12日止。因为"文革"打散了党的基层组织，到1971年2月9日转正。党龄从1967年2月12日算起。

3月25日 在《西安晚报》发表故事《春夜》。

4月17日 在《西安晚报》发表散文《迎春曲》。

5月10日 姚文元署名文章《评"三家村"——〈燕山夜话〉、〈三家村札记〉的反动本质》在《解放日报》《文汇报》发表。

5月11日 中国作家协会西安分会文学工作者和《延河》编辑部编辑举行声讨邓拓集会。大家表示要"高举毛泽东思想伟大红旗，变笔杆为枪杆，向邓拓开火，搞掉黑线，捣毁'三家村'黑店"！参加声讨集会的，不少是从深入大庆油田、工矿、农村体验生活归来的文学工作者和编辑。

5月16日 中共中央发出关于"文化大革命"的通知，28日"中央文化革命领导小组"成立，无产阶级"文化大革命"正式开始。中国作家协会西安分会正常业务活动停止，投入运动。

5月下旬 中共陕西省委任命李若冰为中国作家协会西安分会"文化革命领导小组"组长，负责领导中国作家协会西安分会的"文化大革命"。副组长王丕祥（时任中国作家协会西安分会机关党支部书记、《延河》副主编）、贺鸿训（时任中国作家协会西安分会机关党支部副书记、代理副秘书长）。这个机构后来被称为"旧'文革'领导小组"。

7月12日 中共陕西省委宣传部文艺处电话指示：为了集中力量检查刊物，省委决定《延河》自1966年8月起，暂时停止出刊（自1956年4月至1966年7月，《延河》共出刊124期）。

7月13日 《延河》编辑部在1966年第7期《延河》中随刊夹了一张小字条，上印"重要启事"：本刊决定自一九六六年八月起，暂时停止出刊。凡订阅本刊的读者，可到原订阅邮电局、所办理退订手续。

7月 除了《解放军文艺》等少数刊物外，全国的文艺刊物陆续停刊。

8月8日 中共中央《关于无产阶级文化大革命的决定》公布，西安各文艺团体纷纷走上街头，用多种形式开展宣传活动。

10月 西安市建国路7号中国作家协会西安分会大院由于要用来关押被打倒的省上重要的"走资派"，中国作家协会西安分会机关及家属全部搬迁至小南门外大学东路42号（今红缨路158号）共青团陕西省委大院内（与共青团陕西省委共用一个大院，中国作家协会西安分会在南边，共青团陕西省委在北边），至月底搬完，11月份在新址开展活动。

本月 中共西安市郊区委员会决定：将洪庆、新合、狄寨、十里铺、毛西、水流、席王等七个人民公社，分别更名为红星、永红、红原、向阳、立新、火炬、曙光人民公社。陈忠实所在的原毛西公社，更名为立新公社。到1972年5月，改名的七个公社又恢复原名。

11月 师生外出串联，各校纷纷停课。陈忠实以立新公社农业中学教师和学校红卫兵政委身份带领19名红卫兵学生，同时也"作为一个红卫兵"，串联到北京。11日下午，毛泽东第七次接见来自全国各地的红卫兵，4时，在天安门广场东侧的华表下，见到了乘着敞篷汽车检阅红卫兵的毛泽东。

陈忠实在毛泽东逝世后应《陕西文艺》之约写的纪念文章《努

力学习　努力作战》(载《陕西文艺》1976年第6期"毛主席啊，延安儿女永远怀念您"专辑)中，对这次被接见有较为详细的回忆。摘录如下：

最难忘，一九六六年十一月，在伟大的无产阶级文化大革命的进军声中，我作为一个红卫兵，在天安门前，华表之下，受到了伟大领袖毛主席的检阅，十年前动人的情景，此时那么亲切地浮在脑海，如在眼前。

那是多么令人心花怒放的幸福时刻！十一月七日（毛泽东第七次接见红卫兵，是11日——笔者注），北京已是秋末冬初，长安街上的白杨已开始落叶，我们心里却正是一番明媚的春天，瓦蓝的天空，白云朵朵，轻轻飘浮，温暖的阳光照耀着雄伟的天安门、挺拔的人民英雄纪念碑；广场上，东西长安街上，缀着祖国各地方名称的红卫兵旗帜，穿着各种服装的各民族红卫兵，唱啊，跳啊，在等待着那幸福的时刻！我作为一个农业中学的青年教师，夹在这些小将中间，顿然觉得自己更年轻了。是啊，在祖国的首都，在毛主席身边，我不正是一个年轻的小兵吗？我的心里不断地响着"金色的太阳升起在东方"的旋律，渴盼着那幸福的时刻！

四时，广播里响起雄浑的《东方红》乐曲，整个广场变成一个欢腾的海洋，毛主席乘着敞篷汽车，一身绿色军装，从西长安街徐徐开来。我看见毛主席了！我看见日夜想念的毛主席了！毛主席高大魁梧的身躯，一手扶着车栏，频频向两边欢呼的小将挥手，微风吹着主席的头发。我踮着脚尖，不住口地呼着"毛主席万岁"的口号。正当毛主席经过我们队列前面的时候，主席侧过头来，挥着巨手，向我们挥动着。我看见毛主席满面红光，向我们微笑着，不禁热泪盈眶，幸福的泪水挡住了视线。我一直目送着毛主席向东长安街的红色波涛中驶去…………

我坐在地上，打开语录本，在毛主席像下，记下了这一永生难忘的时刻："敬爱的伟大领袖毛主席，一九六六年十一月七日（应为11日。笔者分析，陈忠实这里关于"七"的笔误，应该是他当时记的是"十一"，竖写。事后翻阅，"十一"下上笔触有些相连，因时隔久远，误判为"七"——笔者注）下午四时十七分，我在天安门广场东侧的华表下，看见了您慈祥的面容。"

…………

11月末　回到学校，社会上已经兴起造反高潮，陈忠实所加入的红卫兵组织，被打成了保皇派，很快散伙，陈忠实成为批斗对象。

中共灞桥区党委在1982年5月7日关于陈忠实的考察报告中，对这一段历史有这样一个考察结论："该同志在毛西公社农中工作期间兼任学校团支部书记，'文革'开始后，该校成立红卫兵司令部，陈被学校红卫兵推选为红卫兵司令部政委，当时该学校红卫兵活动较少，主要搞破四旧、立四新，他没有参与抄家、打砸抢等活动。大串联开始后，学校根据原郊区教育局的通知精神，推选师生赴京代表，陈被推选为赴京代表之一，并负责带领去北京的学生于1966年11月到达北京，在北京住了二十多天，主要活动：一是接受毛主席第七次检阅，二是参观了一些学校单位的大字报。除此之外，再无其他活动。陈忠实带领学生从北京返校不久，学校红卫兵分裂出对立的'红色战线'组织，这个组织刚成立，就以陈忠实是公社党委的'保皇派''执行了资产阶级反动路线'等罪名，对陈忠实进行了多次批判。从此，陈忠实成了批斗对象，除了参加劳动、留校看门以及接受群众组织批判外，无其他活动。此后也再未参加过任何派性组织。"

除了批斗，造反派学生还给陈忠实宿办合一的房间门框上贴了一副白纸对联，上书毛泽东的诗句：借问瘟君欲何往，纸船明烛照天烧。横批是：送瘟神。门框右上角还吊了一只白纸糊成的灯笼。这种农村办丧事用的东西，在他的门前一挂就是三个多月，不得撕扯，不得取下，24岁的陈忠实天天面对这些晦气的东西，觉得自己政治上已经死了，文学前途也完蛋了。由于受到运动的冲击，处境不妙，与他关系很近的人也要同他划清界限。这一切不顺和不快使得24岁的陈忠实情绪急躁，脾气暴躁。他的个人生活——家庭和感情生活也遇到了极大的问题，发生了改变。陈忠实陷入了极其严重的精神危机，一度想自杀。

本年 被评为毛西公社学习毛主席著作积极分子。

1967年　25岁

1月3日 中国作家协会西安分会内部群众组织10个战斗队实行大联合，成立群众组织——"红色造反队"。此前，已开始批判"旧'文革'领导小组"的资产阶级反动路线，"旧'文革'领导小组"瘫痪。

1月6日 中国作家协会西安分会"红色造反队"夺权，开始主持并领导机关的工作和运动。

1月10日 陕西文化艺术界批判"文艺黑线"，进行"造反夺权"，一大批领导干部、作家、艺术家、知名人士被打成"牛鬼蛇神""反革命""走资派",关进"牛棚"。

1月18日 "红色造反队"揪出中国作家协会西安分会所谓的"走资派""反动权威""牛鬼蛇神"和"资反路线"的主要执行者共15人,游街示众,揭开了"彻底砸烂裴多菲俱乐部的序幕"。从此,开始了对中国作家协会西安分会领导干部、作家的批斗、抄家、殴打等迫害。

1月 一个寒冷的日子,从乡下进西安城,为学校养的几头猪买面粉厂的麸皮饲料。拉着架子车走在大街上,忽然看到有一群人被押在卡车上游街,其中竟然有他崇仰的作家柳青,柳青头上还戴着纸糊的高帽子。

2月8日 西安地区群众组织"毛泽东思想文艺兵团"召开"西安市文化艺术界红色造反者夺权誓师大会",夺了西安市文化局党政财大权,市文化局陷于瘫痪。

3月 群众组织"西安地区文艺界造反总司令部"成立。

4月1日 中国作家协会西安分会"红色造反队"编辑的《文学战地》创刊,共出56期后,改为报纸形式。创刊号主要内容:一是批判"资反路线"的总结材料,二是"文革"初期中国作家协会西安分会"'文革'领导小组"(被称为旧'文革'领导小组")组长李若冰的检讨《向毛主席请罪》。

4月22日 中国作家协会西安分会全体人员由"红色造反队"领导,号称有计划、有组织地"杀"出文艺界,赴三原县安乐公社山西庄大队,同贫下中农相结合,与贫下中农同吃、同住、同劳动、同学习、同战斗。于7月4日返回西安。

5月末 在白鹿原西头北坡凤凰嘴处农业中学自垦的坡地里,与七八位教师收割麦子,一顿吃了七个蒸馍。

7月18日 中国作家协会西安分会"红色造反队"成立了革命委员会筹备小组。

本年 在立新(原毛西)公社农业中学任教。学校停课,教师轮流护校,在本村参加生产队劳动。

1968年　26岁

10月底 "工人毛泽东思想宣传队"40队进驻省级文化系统及中国作家协会西安分会,领导斗、批、改。

12月 借调立新(原毛西)公社协助搞专案、整党等项工作。其中的专案工作,主要任务是给农村和社属单位在"清理阶级队伍"运动中揪出来的人落实政策。主要负责文字工作。

本年 与王翠英结婚。王翠英,生于1946年,共青团员,初中肄业,毛西公社西蒋村社员。

本年 立新(原毛西)公社农业中学撤销。到立新(原毛西)公社东李八年制学校(戴帽中学,原东风小学)任初中教师。

1969年　27岁

2月19日 大女儿陈黎力出生。

12月27日 陕西省革命委员会宣布:撤销原文化局、中国作家协会西安分会、中国戏剧家协会陕西分会、省剧目工作室、省音乐家协会、省美术家协会等六个单位,这六个单位的领导和干部全部下放农村、工厂和"五七干校"劳动改造。

本年　借调立新（原毛西）公社协助搞"清队"等工作。

1970年　28岁

1月　中国作家协会西安分会撤销，绝大部分人员下放农村或者去"五七干校"。

6月1日　陕西省革命委员会文化局及文化局领导小组正式成立，局机关设办事组、政工组、文艺组、出版组。

6月17日　陕西省文化局召开地、市文化工作座谈会，研究安排普及"样板戏"的工作。

本年　借调立新（原毛西）公社协助搞"一打三反"等工作。

1971年　29岁

1—5月　借调立新（原毛西）公社，协助公社建党工作，恢复建立"文革"中瘫痪的党支部。在建党时，跟一位领导到白鹿原北坡上的龙湾队去驻队，还有当地驻军（军校）的一位教员和一个战士，四人组成一个工作组，为这个村子重建生产大队的党支部。这个村子工作比较难做，他坚持政策，做细致的思想工作，任务完成得比较好。

6月15日　二女儿陈勉力出生。

6月　因工资问题在公社不好解决，立新（原毛西）公社把陈忠实安排任公社卫生院革命领导小组组长。在这里学会了打肌肉针。曾组织十多名医务人员先后三个月进山采药一百多种，近万斤，为"三土四自"（土医、土药、土方，自种、自采、自制、自用）方针开了新路，进一步巩固了合作医疗制度，职工和群众反映较好。

8月30日 西安市文化局举办西安市工农兵文艺创作学习班。

11月3日 在《西安日报》发表散文《闪亮的红星》。1966年5月，《西安晚报》在"文革"风浪中停刊，1969年6月又以《西安日报》之名重新出刊。

1972年　30岁

春 由西安市郊区革委会政工组安排，郊区文化馆美术工作者郑征担任组长，毛西公社借调干部陈忠实、洪庆公社田王村业余作者王韶之、西安市第四十八中学语文教师罗春生为组员，组成一个写作班子，进驻洪庆公社车丈沟村，编写以车丈沟、郭李村群众的血泪史和阶级斗争反抗史为内容的村史。1965年，"社会主义教育运动"后期，原洪庆公社党委、公社管理委员会与车丈沟生产大队、西安市第六十三中学联合在地主张宝书（张宝书为洪庆地区民国时期巨富，人称"张百万"）的庄园内组织地主罪证展览，供群众参观，接受"阶级斗争教育"。1971年6月，西安市郊区革命委员会将其改名为展览馆，系统地介绍了张宝书"罪恶的发家史"、财产和土地的占有量及车丈沟、郭李村群众的"反抗斗争史"，共展出实物400余件。展览馆1971年6月开馆，

1981年6月闭馆，1981年7月4日撤销。村史写作班子于1973年春天完成初稿，几经修改，陈忠实写了其中的一部分并为该书统稿，起名《灞河怒潮》，署名《灞河怒潮》编写组。该书1975年9月由陕西人民出版社出版，印数25000册，定价0.44元。

7月　短篇小说《老班长》刊陕西省工农兵艺术馆编的《工农兵文艺》第7期小说栏目头条。此文原题为《寄生》，陈忠实是作为散文写的，写好后寄给《西安日报》文艺部编辑张月赓，张月赓已经编好并排版，审稿人认为此文观念上有问题，未发表。张月赓将此文转给《工农兵文艺》，《工农兵文艺》将原题改为《老班长》，发在小说栏目（网上有些资料还记载陈忠实有散文《寄生》，发表于1972年的《西安日报》，不确。陈忠实在后来的各种文集、选集中未收此文。2011年9月15日，笔者查原始资料发现此文，询以陈忠实，陈忠实也只记得有散文《寄生》而不知有小说《老班长》，而且不知道此文当年在《工农兵文艺》刊出——笔者注）。

8月27日　在《西安日报》发表革命故事《配合问题》。《配合问题》又刊陕西省工农兵艺术馆编的第9、10期合刊的《工农兵文艺》。

10月22日　在《西安日报》发表散文《雨中》。

11月6日　陕西省文艺创作研究室成立，属省文化局领导的县级事业单位。原下放劳动或在"五七干校"的中国作家协会西安分会领导干部、作家、编辑陆续调入。

12月27日　鱼讯（省革命委员会文化局党的核心小组成员、文化局领导小组成员）任文艺创作研究室主任，作家王汶石任副主任。

冬 西安市工人作者徐剑铭把陈忠实在《郊区文艺》创刊号上发表的散文《水库情深》推荐给《陕西文艺》编辑路萌、董得理,此文于次年的《陕西文艺》创刊号发表,陈忠实由此走进了《陕西文艺》的"门槛"。

本年 借调立新(原毛西)公社工作,任公社卫生院革命领导小组组长。

1973年　31岁

2月20—28日 参加陕西省出版局召开的"陕西省'三史'、小说、连环画业余作者创作座谈会"。座谈会在西安人民大厦举行。2月27日下午,作家柳青在创作座谈会上作了讲话。在这个座谈会上,陈忠实第二次见到柳青。

柳青是"文革"以来第一次在公开场合讲话。他谈了自己近几年的生活、学习和思想,谈了自己关于艺术构思的见解,在谈艺术构思时他以《创业史》四部的总体安排为例展开。

柳青说,"这两年,在(一九)七一年、七二年,我看了一些历史书","有这样一种想法:我过去太无知,对我们生活的这个世界的历史知识懂得太少"。

柳青讲,"我学习了这些历史以后,我就感觉到我们这个社会主义制度的产生不是很容易的,人类历史有这么长的阶级斗争,然后才有了这个社会主义制度,这是件了不起的事。现在,在社会上,无论你看到多少不满意的事情,只要一想到我们这个社会制度,所有那些不满的事,终究会克服,会好起来的。无论在我们中国,还是在世界上其他地方,任何人想跟这个制度为敌,想破坏这个制度,这种人只有完蛋。毛主席的革命路线引导我们革命这么多年,所建立的我们现在这个社会制度是不可战胜的。我们的文艺工作者要热爱这个制度,要描写要歌颂这个制度下的新生活","我写这本书就是写这个制度的新生活,《创业史》就是写这个制度的诞生的"。

柳青讲:"人物是你小说构思的中心,也是结构的轴承。没有人是不行的。""我写的是社会主义制度的诞生。""我们要逐步做到让故事为人物服务,以人物为转移。作品不是故事发展的过程,不是事件的发展过程,不是工作和生产的过程,而是人物发展的过程,是人物思想感情的变化过程,是作品中要胜利的人物和要失败的人物他们的关系的变化过程。写失败的人物由有影响变成没影响的人物,退出这个位置,让成功的人物占据这个位置。《创业史》简单地说,就是写新旧事物的矛盾。"(《柳青文集》下册,陕西人民出版社1991年版,第806、807、808页)

柳青在这个座谈会上的讲话,后来经整理,题为《在陕西省出版局召开的业余作者创作座谈会上的讲话》,发表于1979年6月号《延河》,收入陕西人民出版社1991年5月第1版的《柳青文集》下册和人民文学出版社2005年5月第1版的《柳青文集》第四卷。

关于柳青这次讲话,陈忠实回忆:"大约是二十世纪七十年代初,'林彪事件'之后一年多,'文革'的气候似乎暂时缓和了一阵儿,出版界在西安召开第一次集会,我有幸作为业余作者参加了。得知这天下午柳青要来作报告,竟然兴奋得等不到开会。""柳青从会场的通道走向讲台,步履悠缓,端直走着,不歪向左边也不偏向右边,走上讲台时,我和与会者才正面看清一张青色的圆脸,最令人惊讶的是那双圆圆的黑白分明力可穿壁的眼睛的神光。开头所写(指小说开头——笔者注)的十万人里也未必能找到这样犀利的一双眼睛的印象,就是我第一眼看见柳青时有感而出的。柳青还留着黑色整齐的短髭,和善而又严谨……他在不过一个小时的讲话过程中,有三次从黑色对襟棉袄里掏出一个带着尖头的圆形橡皮喷雾器,张大嘴巴,把尖头伸进嘴里对准喉眼,用手一捏一放那个橡皮圆球,发出哧啦哧啦的响声。整个会场里鸦雀无声,一声咳嗽都没有,空寂的会场里就响着哧啦哧啦的喷气声。百余双眼睛,紧紧盯着这个心中偶像的右手一捏一放的动作。他大约已经不足七十斤体重了,我记得我只看了他第一次往喉咙喷雾剂,到第二次、第三次,他从口袋里掏出那个圆环尖头的器具时,我就低下头去了……那哧啦哧啦的声音无法躲避,一直到现在还清晰在耳。"(陈忠实《一个人的生命体验》,《人民文学》2005年第11期)

  3月6—8日　参加由陕西省文艺创作研究室召开的青年业余作者创作座谈会。与会作者中,西安市郊区有陈忠实、王韶之、程瑛、郭义民等,长安县有崔皓、刘双计、毋东汉等。

  3月　这个时期的月工资是39元5角。

  春　到位于纺织城的西安郊区党校参加为期一月的"学习班"。在这期间,利用早起或者晚上看电影的机会,躲开大厅通铺的人,构思短篇小说《接班以后》,写了两段,因为繁忙而放下。

  4月15日　中共西安市郊区毛西公社党委任命陈忠实为该公社革委会副主任。

  5月6日　在《西安日报》发表散文《青春红似火》。

5月8日 经中共西安市郊区党委决定，陈忠实由集体干部转为国家正式干部。当时西安郊区在10个公社试点配备年轻干部，被提拔的干部年龄不得超过30岁，此事在1972年酝酿，陈忠实1972年刚好不满30岁。陈忠实因此而由11年民请教师身份转为国家正式干部。

7月 《陕西文艺》创刊号出版，双月刊。主编王丕祥，副主编贺鸿钧、王绳武；编辑部主任董得理，副主任杨韦昕；小说组组长路萌，副组长高彬；诗歌组组长黄桂花，副组长杨进宝；评论组组长陈贤仲。均系原《延河》人员。路遥短篇小说处女作《优胜红旗》在《陕西文艺》创刊号发表，作者时为延川县革命委员会政工组干部。

陈忠实在《陕西文艺》创刊号上发表散文《水库情深》。此文写于1972年11月。最先发表在西安郊区文化馆创办的自编自印的文学刊物《郊区文艺》创刊号上。

9月5日 陕西省文化局文艺创作研究室召开文艺创作座谈会。全省各地（市）县专业和业余作者一百五十余人出席了会议。省委常委、省革命委员会副主任章泽到会讲话，鱼讯作了报告。与会者学习了党的"十大"文件，进行了讨论，批判了唯心主义"先验论""天才论"和"灵感论"，强调要绷紧阶级斗争这根弦，革命文艺作品必须正确反映阶级斗争和路线斗争。一些工农兵作者和专业作者还分别就深入生活、改造世界观和创作中的具体问题作了专题发言。盲艺人韩起祥说："党把我培养，《在延安文艺座谈会上的讲话》指方向，生活是源泉，群众是力量。我要活到老，改造到老，深入生活到老，为革命演唱到老！"

10月初 国庆休假期间，夫人王翠英待产住院，陈忠实陪护，用了几天写完短篇小说《接班以后》。

10月10日 儿子陈海力出生。

11月 在《陕西文艺》第3期上头条发表平生第一个短篇小说《接班以后》。画家王西京插图。

冬 人民文学出版社现代文学编辑室分工管西北片的编辑何启治来西安组稿。因陕西文艺创作研究室有关人员推荐并读了《接班以后》，何启治决定向陈忠实约稿。在西安郊区工委所在地小寨的街角上，何启治拦住了推着一辆破旧的自行车出来的陈忠实，就在寒风中向他约稿，约一部长篇小说。陈忠实听后觉得不可思议。何启治强调《接班以后》已经具备了可以扩展为长篇的基础，依陈忠实在农村摸爬滚打十几年的阅历完全可以做成，又以韦君宜亲自选定的两位北京知青（沈小艺、马慧）已经写成知青题材小说《延河在召唤》作为佐证。陈忠实由此记住了人民文学出版社这个"高门楼"来向他约长篇小说稿的事。

1974年　32岁

1月10日 到西安市南泥湾"五七干校"报到。以毛西公社革委会副主任的身份到此学习锻炼，为该校第八期学员，其所在连队为一队五组。

之后，在南泥湾"五七干校"期间，因第一次去延安，曾怀着虔诚和敬仰的心情参观了毛泽东和老一辈革命家住过的窑洞和发表讲演的讲台。在当时的"批林批孔"斗争中，写的批判稿曾在延安地区受到好评。农田大会战中表现突出，出大力，流大汗，脏活重活抢着干,得到了组上同志们的一致好评。后来抽调到学校工作,写广播通讯稿,仍不忘劳动,每周还要抽上一定时间回组参加劳动。

5月23日 陕西省文化局、西安市文化局联合举办学习移植"革命样板戏"会演,省、市八个文艺单位演出了八个"革命样板戏"。

6月 陕西省文化局在西安西大街的省文化局招待所召开文学创作座谈会。陈忠实在延安南泥湾"五七干校"接到上边通知,要他参加这个会。他特地赶回西安,参加座谈会。在这次座谈会上,他第三次见到柳青。这是一个配合当时形势宣扬"反潮流"精神的会,柳青谈了他对"反潮流"的认识。陈忠实回忆,柳青先是引用毛泽东的话说,"潮流有正确潮流和错误潮流之分",然后讲,"对正确潮流和错误潮流有没有认识,分得清分不清,这是一个认识水平问题,而认识到了错误潮流,反还是不反,这是一个品质问题"(引自同笔者的谈话——笔者注)。陈忠实很多年后仍然说他对柳青的这个谈话印象极为深刻。陈忠实说,因为当时"四人帮"在搞"反潮流",柳青说这个话,大家都可以意会,但谁也挑不出什么毛病。这一次,陈忠实同以前一样,只当了一个听众,未与柳青攀谈。

6月底 南泥湾"五七干校"学习结束。

学习期间,在南泥湾"五七干校"所在地桃宝峪写成短篇小说《高家兄弟》。刊《陕西文艺》第5期(9月出刊)。

下半年 在毛西公社学大寨,在农村基层工作。

9月19日 去山西省昔阳县大寨村参观学习。在去大寨的路上,同行的两位农村干部因把胳膊搭在所乘卡车的车帮上,被逆向驶来的汽车剐伤,住在山西省平定县医院。陈忠实和另外两个同志服侍伤员。受伤的同志10月7日出院。陈忠实等人14日回到家。

冬　时在延安大学读书的路遥被《陕西文艺》借调到编辑部,在小说组协助做小说编辑。当时的《陕西文艺》编辑部以"工农兵掺沙子"的名义,将一些有培养前途的青年作者借调到编辑部,一方面参与编辑工作,另一方面接受文学的基本训练和熏陶,培养提高青年作者的写作水平。先后被借调到《陕西文艺》编辑部的有路遥、白描、叶延滨、叶咏梅、牛垦、徐岳、王晓新、沈奇、刘路等。

1975年　33岁

1月21日　陕西省革命委员会文教办批复陕西省文化局,同意恢复出版发行《群众艺术》。

4月12日　在《西安日报》发表散文《铁锁——农村生活速写》。

4月　写短篇小说《公社书记》。刊《陕西文艺》第4期(7月出刊)。

7月22日　中共西安市郊区党委任命陈忠实为中共毛西公社党委副书记。

7月　毛泽东在两次谈话中指出:"百花齐放没有了","党的文艺政策应该调整一下,一年、两年、三年,逐步逐步扩大文艺节目。缺少诗歌,缺少小说,缺少散文,缺少文艺批评。"

8月14日　毛泽东就《水浒》发表讲话。随后,《红旗》杂志、《人民日报》相继发表文章,开展"评《水浒》"运动。

8月 经中共西安市郊区党委同意，应西安电影制片厂之邀到该厂，将发表于1973年的短篇小说《接班以后》改编为电影剧本。在此期间，意想不到地读到了苏联作家柯切托夫的几部长篇小说，其中有《州委书记》（作家出版社，1962年初版）、《茹尔宾一家人》（金人译，作家出版社，1956年版）、《叶尔绍夫兄弟》（龚桐、荣如德译，作家出版社，1962年版）、《你到底要什么》（上海新闻出版系统"五·七"干校翻译组译，上海人民出版社1972年版，内部发行）等。

11月12—23日 陕西省文艺创作研究室在陕西省文化局招待所召开全省性的短篇小说创作座谈会。王汶石主持，鱼讯讲话，会议邀请王汶石、杜鹏程、王丕祥、陈忠实等作辅导发言。会议期间，组织有统一改稿。11月19日，陈忠实在会上作了发言，讲他写《接班以后》等小说的体会。

这次会议，路遥、贾平凹、邹志安、京夫、王蓬、李凤杰、晓雷等活跃于文坛的青年作家都参加了。据王蓬回忆，有天晚上，在省文化局招待所礼堂，会议安排陈忠实介绍创作经验。大冬天，没有暖气，只在过道烧着几只煤炉。大家都穿着棉袄。陈忠实30岁出头，正是虎虎有生气的年纪，棱角分明的脸庞充满活力。他穿着与当时农村小伙儿同样的土布棉袄，罩着件四个兜兜的干部制服。谈到什么是重大题材，陈忠实说："无产阶级革命进行到一定历史阶段带普遍性的问题就是重大题材……"有次午餐与陈忠实同桌，菜有荤有素，还有只鸡。陈忠实说，看见鸡就想起当年公社书记带人到农民家中催收毛猪鲜蛋，有些人家把母鸡刚下的蛋都交了，蛋还是温热的，上面带着血丝，心里很不忍。王蓬说他听了十分酸楚，他在农村多年，每每为完不成毛猪鲜蛋的上

交任务犯愁，想不到陈忠实这位公社书记还能替农民说话。（王蓬《白鹿原下》，《青年作家》2010年第9期）

1976年　34岁

1—3月　《诗刊》《人民文学》《人民戏剧》《人民电影》《人民音乐》《美术》《舞蹈》等杂志相继复刊。

春　西安电影制片厂拍摄《接班以后》电影。原小说《接班以后》和剧本中，没有同大"走资派"作斗争的内容，根据当时的形势和上级的要求，该厂一再坚持要写上同县一级"走资派"作斗争的内容，否则审批会通不过。陈忠实不同意，严正提出："不考虑作者的意见，硬要这样干，那就不要写剧作者我的名字，你们愿署谁的名，就署谁的名字。"《接班以后》电影于本年拍成，电影片名《渭水新歌》，果然审查不予通过，厂长田炜亲自找陈忠实谈话，说他30万元投资怎么办？陈忠实被感动才松了口。后由导演添了几个与县级"走资派"作斗争的镜头。不久粉碎"四人帮"，添补的镜头又去掉了。该电影于1977年1月发行放映。

3月　接《人民文学》编辑部通知，到北京参加由该编辑部主持的创作班。在创作班期间，写成短篇小说《无畏》，后发表于1976年第3期《人民文学》。这是一篇写同"走资派"作斗争的小说。小说发表后，引起较大反响。后来在揭批"四人帮"运动中，他所在区把此事列为专案。陈忠实说明了情况，作了检查，谈了认识。后来人民文学杂志社来专人（崔道怡）说明了情况，承担了责任。中共灞桥区党组织对此事的考察结论是：这篇小说

"有严重错误,但不属在组织上与'四人帮'帮派体系有牵连的人和事"。这次在创作班写稿,陈忠实在北京住了20天左右。"四五运动"时,陈忠实在北京,写稿之余曾去天安门广场看当时的场景。

关于《无畏》的创作过程,以上说法来自陈忠实本人(中共陕西省委组织部《陈忠实档案》中亦大体如是叙述)。

此外,还有一个说法(为方便叙述,以下笔者以第一人称"我"讲述):

2011年11月26日下午,我应《西安晚报》读书版之邀,在汉唐书店为读者作《中国书院的现代启示》讲座。这一天下午,还有一个活动,这就是画家江文湛先生在他的终南山沣峪口里边的红草园举办终南道院的首场讲道活动,江先生提前一个星期邀我参加。但因与《西安晚报》读书讲座的时间冲突,而且我的讲座已经先期登报预告,无法更改,我就先在汉唐书店与读者朋友座谈,5点结束后,我驱车到沣峪口外的吴胖子石锅鱼与参加终南道院活动的几位朋友见面。此前我与江先生及其夫人程黛说好,我这里读书活动一结束,就去与他们一起吃晚饭。终南道院的这个讲道活动筹备的时候,江先生及夫人要我代他们邀请文艺评论家仵埂和诗人沈奇先生一起上山,因我有车,还要我带他们上山。我因另有活动,仵埂带车上山,我就托仵埂带上沈奇。晚上6点,沣峪口外已经很黑,我和下山的仵埂、沈奇、方英文以及江文湛等朋友在吴胖子石锅鱼会合。

吃饭过程中,沈奇和大家聊起了他近期的诗歌创作。我说他早先就是写诗的,我在二十世纪七十年代中期也就是"文革"后期的《陕西文艺》上看到过他的诗作。沈奇讲,他1975年到 1976 年，在《陕西文艺》当过编辑（借用），还退过陈忠实的一篇短篇小说稿，叫《反击》，写反击右倾翻案风的。他当时在诗歌组看诗歌稿，但是这篇小说不知怎么分到了他的手里，也许是门房弄错了，他一看，觉得不行，就退了，还给陈忠实写了一封退稿信。后来，这篇小说在《人民文学》发了，还发了头条。主编王丕祥得知此事，很是恼火，批评沈奇擅自做主，把一篇头条稿子退了，弄得《陕西文艺》想找这样一篇稿子而不得。我听了奇怪，说，《人民文学》发的小说不叫《反击》，叫《无畏》，而且，陈忠实自己所讲的包括他的档案里所载的关于这篇小说的写作过程和你说的不一样，老陈说他是在北京《人民文学》办的创作学习班上用一个星期写的，没有说是旧稿。沈奇说，这事你不信，可以去问王丕祥，还有，那个退稿信，陈忠实当时还保存着，后来见了他还说起过这事。我说，怪不得，我还纳闷儿，陈忠实先给《人民文学》说，他不是那种可以在几天之内就能按命题作文的人，他去北京，先是闲转了几天，后来不知怎么就突然坐下来，一个星期就写成了一个小说，原来有旧稿或是有旧稿做底子。沈奇突然又说，那就以老陈所说为准，我说的这个事不能写，不要公开。我很奇怪，说，这是事实，怎么不能写？我最近正在写《陈忠实传》，老陈曾对我说，"放开写，大胆地写"，写传应该以事实为依据，况且，我最近编了《陈忠实集外集》，把老陈"文革"前和"文革"中所写的作品全收了进去，包括《无畏》，老陈对于编入《无畏》也未见有异议，都是历史了，怎么不能写，不敢公开呢？沈奇说，小利你单纯。我说，这有什么复杂的吗？老陈有时对有些旧事记忆有误，也是常有的事，而且，这事公开了也不会影响老陈的什么前程啊。后来，我问沈奇，你当时退稿是觉得这篇小说主题有问题还是艺术上有问题。沈奇笑着说,他当时倒没有觉得主题有什么问题,因为当时社会就是那样,他是觉得小说艺术上较差。

据此可见,陈忠实的《无畏》创作,应该是先有一个旧稿,在北京又有所修改,最后完成的。

6月20日 在《西安日报》发表散文《社娃——农村生活速写》。

8月 根据陈忠实同名短篇小说改编的电影文学剧本《高家兄弟》送审本完成。剧本署名为:集体编剧,执笔:陈忠实、王改明。

9月9日 毛泽东逝世。

9月 应《陕西文艺》约稿,写怀念毛泽东的言论《努力学习,努力作战》,发表于该刊1976年第6期"毛主席啊,延安儿女永远怀念您"专辑。

本月 路遥7月从延安大学中文系毕业后,本月分配到陕西省文艺创作研究室主办的《陕西文艺》编辑部任小说组编辑。

10月底 在西安电影制片厂创作电影文学剧本工作告一段落,回到原单位毛西公社。

冬 被毛西公社派到一个生产大队去驻队,调查一个在"四清"运动中被打倒并开除党籍的前支部书记的案情。调查小组由三人组成,陈忠实被任命为组长,两位组员是公社党委从农村临时抽调参与这项工作的,一位是一个村子的现任党支部书记,另一位是回乡高中毕业生。这个临时组成的专案小组,是奉市上和区上的指示组成,对在"四清"运动中被整被打倒被处分的几个干部代表重新调查，作为试点。这件事非同小可，他们三人小组刚刚入驻那个村子，便惹起一片风声，纷传陈某人要给"四清"中被打倒的某某人翻案了。陈忠实根据他对二十世纪六十年代农村生活的亲身经历认为，"四清"运动对集体所有制时期的乡村社会的破坏程度，不仅前所未有，甚至超过后来的"文革"。理由是，"文革"的矛盾焦点主要指向公社以上的政府机关，农村里虽然村村都有造反队，但首当其冲的是生产大队的党支部书记和大队长，而主管生产决定春播秋收和粮食分配的却是生产小队，造反派一般瞅不上生产队长，嫌其官位太小。野心大点儿的造反派先夺公社的党政大权，野心更大的造反派再夺区或县以至市和省的大权，而绝大多数男女社员依旧干农活挣工分日子。"四清"运动之前，对乡村社会破坏最厉害的是大跃进吃大锅饭，直接导致了"三年困难"民不聊生的惨景。然而经过中央及时的较为务实的政策调整和纠正，农业生产很快得到恢复，到二十世纪六十年代中期，多数生产队基本解决了吃饭问题。然而，好景不长，"四清"运动由试点到全面很快推开，大兵团一样的人马浩浩荡荡进驻到大大小小的村庄，生产大队和生产队包括会计、出纳在内的干部全部被推上批斗席。历时半年的"四清"运动结束，生产大队和生产队的主要干部十有七八被整下台去，撤职不算最重的处罚，有被开除党籍的，有在经济退赔时连房子也折价抵账的，更有人自杀。陈忠实认为，他后来看到了更为严重的后遗症，这就是许多村子的生产遭到了难以弥补的破坏和损失，因为这个时期被打倒被处罚的干部，尤其是生产大队的书记和大队长，多是从新中国成立初期锻炼成长起来的一批主持农业合作社的优秀骨干，能力弱或品行差的人早淘汰了。"四清"运动的最后结局，用农民的一句话概括，就是把那些好干部"一竿子全扫光了"。农村不比国家机关和工厂企业，可以调换领导干部，一个村子要成长起来一个主要的树得起威望的领导干部，确非易事。陈忠实说他看到的事实是，许多村子在"四清"后安排的新干部，因为能力或品行太差难以胜任而自动辞职，有的不甘辞职却指挥不灵，村子里的各项工作和生产搞得一团糟。这种局面不是一年两年所能改变，说遗患无穷似不过分。陈忠实到这个村子来复查那位被开除党籍的原支部书记的案情，感到事关重大。这位复查对象，原是本公社的一位先进典型人物，"四清"运动之前，他已是在本区和西安市都挂了号的模范干部。陈忠实做乡村民请教师那几年，已闻知此人大名。陈忠实明白，对此人案情的复查，是上级抓的一个"点"，此事不仅关涉一个人的命运，更关涉无以计数的"四清"运动中被处置的"四不清"干部的命运，因此，陈忠实不仅积极，更为谨慎。调查那位被打倒的"四不清"干部的案情到1977年1月如期完成。这位被冤枉了十余年的老支书被宣布平反，恢复党籍。此后不到两三年，"四清"被整被处分的干部几乎全部平反了。

1977年　35岁

1月　《陕西文艺》改出月刊。

春节后，被派驻到一个生产落后的村子驻队，历时近四个月，到夏收结束，干部班子增强，生产有起色。其间，《人民文学》副主编崔道怡由北京来西安，向西安市和西安郊区有关方面解释，陈忠实写《无畏》是《人民文学》编辑部组织的文学活动，与江青等"四人帮"无关。当时由《陕西文艺》编辑路萌陪同，崔道怡还到陈忠实下乡的村子，对陈忠实说："如果有人再找你的麻烦，说你与江青、'四人帮'有联系，你打电话给我，我立即从北京坐飞机来向他们解释。"

3月中旬至下旬　《陕西文艺》编辑部在西安召开揭批"四人帮"创作座谈会。与会的有来自全省各条战线的小说、散文、诗歌、戏剧、评论等方面的工农兵作者和部分专业作者七十余人。到会者反复学习了毛泽东《在延安文艺座谈会上的讲话》《论十大关系》等著作，学习了华国锋在第二次全国农业学大寨会议上的讲话。会议揭发、批判了"四人帮"极力把党的文艺事业变成他们篡党夺权工具的罪行，揭发、批判了"四人帮"极力割裂文艺与生活的关系的谬论、所谓大反写"真人真事"的谬论以及"三突出"创作原则。

6—8月　被任命为毛西公社学大寨平整土地的副总指挥，整整三个月，坐镇在樱桃沟坡地第一线，带领群众把跑水、跑土、跑肥的800亩三跑田改造成蓄水、蓄肥田。

6月　中国青年出版社出版柳青长篇小说《创业史》第二部（上卷）。

本月　贾平凹第一部作品集《兵娃》由中国少年儿童出版社出版，这是一本反映少年儿童生活题材的短篇小说集。所收六篇作品为《荷花塘》《小会计》《小电工》《兵娃》《参观之前》《深山出凤凰》，是从他发表在全国各地刊物上的四十多篇作品中精选出来的。

7月12日　陕西省文化局召开省直单位部分文学、戏剧、电影、音乐、舞蹈创作人员座谈会，揭批"四人帮"反革命文艺路线，肃清其流毒和影响。中共陕西省委常委、陕西省革命委员会副主任章泽出席会议并讲话。

7月 《陕西文艺》恢复《延河》刊名，月刊，16开，72页。

10月31日 中共陕西省委召开的陕西省文艺创作会议在西安开幕，会议历时13天，于11月12日闭幕。参加会议的代表572名，出席开幕式的有一千三百多人。省委第一书记李瑞山，省委书记于明涛、肖纯、李尔重、章泽，省委常委高明月等出席了会议，李瑞山、李尔重、章泽等作了重要讲话。代表们联系实际揭批"四人帮"，分析形势，总结经验，认为：要迅速把我省社会主义文艺创作搞上去，一定要积极响应华主席的号召，切实加强党的领导，调整党的文艺政策，做好深入细致的思想工作和组织工作，使我省社会主义文艺创作繁荣和发展起来。一、学习马列主义、毛泽东思想，特别是用毛主席关于无产阶级专政下继续革命的伟大理论武装作者队伍，是一项根本任务。二、长期地无条件地全心全意地到工农兵群众中去，走与工农兵结合的道路。广大专业作者都要到农村厂矿去，到三大革命斗争的第一线去，多数作者都应当有自己的生活基地，每年至少有三分之一的时间在那里"安家落户"。对于年老体弱和因工作不能"安家落户"的作者，也要根据情况，组织他们"下马看花"或"走马观花"。三、进一步贯彻党的"百花齐放，百家争鸣"的方针，落实党的政策，调动一切积极因素。四、建立一支宏大的又红又专的创作队伍和评论队伍。五、制订落实规划，开展群众性的创作活动。六、加强对文艺创作的领导。最后，与会代表在调查研究、反复商讨的基础上，制订了地区、单位和个人在三年、五年乃至更长时期内的切实可行的创作规划。柳青、王汶石、杜鹏程、李若冰和宝鸡市业余作者罗铁宁在会议上分别作了《对文艺创作的几点看法》《继续努力　写作英雄》《漫谈深入生活》《作家——战士》和《深入生活　努力创作》等发言。

10月　散文《雹灾之后》刊《延河》第10、11期合刊。

冬　被任命为毛西公社灞河河堤水利会战工程的主管副总指挥，组织公社的人力在灞河修筑八里的河堤。指挥部设在东李村东头灞河岸边的三间红瓦房里。

11月20日　《人民文学》第11期发表刘心武短篇小说《班主任》。

12月2日　《延河》编辑部邀请部分专业作家、文艺评论工作者和青年业余作者举行座谈会，控诉和批判"文艺黑线专政"论，声讨"四人帮"反对毛主席革命文艺路线的罪行。到会的有：胡采、王汶石、杜鹏程、常曾刚、李若冰、畅广元（陕西师范大学中文系）、董乃斌（西北大学中文系）、费秉勋（省群众艺术馆）、程海（乾县文化馆）、邹志安（礼泉县文化馆）、王晓新（周至县文化馆）等。会议由《延河》主编王丕祥主持。

1978年　36岁

1月　莫伸的短篇小说《窗口》刊于《人民文学》第1期，后获中国作家协会1978年全国优秀短篇小说奖。莫伸写《窗口》的时候，是西安铁路局宝鸡东站的装卸工人。

2月22日　到位于毛西公社杨疙瘩村西的西安市第五十六中

学看望在这里当教师的高中同窗陈鑫玉,聊了一会儿文艺动态,临走时鼓励陈鑫玉:"拿起笔写么!"

2月 《延河》第2期连载柳青的《创业史》第二部下卷第十四、十五章。

3月15—25日 《延河》编辑部召开了短篇小说创作座谈会。与会的有全省从事短篇小说、散文创作和评论工作的业余作者26人,专业作家、评论家胡采、王汶石、杜鹏程、李若冰参加了会议并发言。柳青其时因病住院,特别作了录音讲话,题目是《生活是创作的基础》,后刊《延河》1978年第5期。王汶石的发言是《思想境界及其它》,后刊《延河》1978年第6期。

3月 贾平凹的短篇小说《满月儿》刊于《上海文艺》3月号,后获中国作家协会1978年全国优秀短篇小说奖。

本月 《延河》第3期连载柳青的《创业史》第二部下卷第十六、十七章。

春 继续在灞河修筑河堤。

在紧张施工之余,陈忠实在麦秸铺上先后读到了两篇短篇小说。第一篇是陕西业余作者、时为西安铁路局宝鸡东站装卸工人的莫伸发表在1978年1月号《人民文学》上的《窗口》,第二篇是北京业余作者、时为北京一所中学教师的刘心武在1977年11月号《人民文学》小说栏目头条发表的《班主任》。莫伸比陈忠实年轻,刘心武与陈忠实同龄,两人都是崭露头角的文学新人。这两篇小说在当时影响都很大,陈忠实读了,有三重心理感受:一是小说都很优美;二是不由得联想到自己的写作,更深地陷入羞愧之中;三是感到很振奋。特别是读了《班主任》,他的感受更复杂,也想得更多。当他阅读这篇万把字的小说时,竟然发生心惊肉跳的感觉。"每一次心惊肉跳发生的时候,心里都涌出一句话,小说敢这样写了!"陈忠实作为一个业余作者,尽管远离文学圈,却早已深切地感知到文学的巨大风险。他是在麦草地铺上躺着阅读的《班主任》,读罢却在麦草地铺上躺不住了。他敏锐地感觉到:文学创作可以当作事业来干的时候终于到来了!在陈忠实看来,《班主任》犹如春天的第一只燕子,它的发表具有文学"解冻"的意味,它又是文学从极"左"文艺政策下解放出来的第一声雄鸡报晓,预示着一个新的时代开始了,而他的人生之路也应该重新调整。陈忠实后来称这个阅读为引起他"关键一步的转折"的阅读。

4月30日 中共陕西省委决定,恢复和成立以下文艺团体:中国作家协会西安分会,中国美术家协会西安分会,中国音乐家协会西安分会,中国戏剧家协会陕西分会。以上几个协会,由丛一平、鱼讯、胡采、关鹤岩、刘蒙元组成筹备工作领导小组,丛一平任组长。由柳青、胡采、王汶石、李若冰、王丕祥组成中国作家协会西安分会筹备小组,胡采任组长。由石鲁、刘蒙天、李梓盛、程士铭、刘旷组成中国美术家协会西安分会筹备小组,刘蒙天任组长。由关鹤岩、刘恒之、常曾刚、王依群、李作柱组成中国音乐家协会西安分会筹备小组,关鹤岩任组长。由鱼讯、黄俊耀、袁光、周军、万一组成中国戏剧家协会陕西分会筹备小组,鱼讯任组长。

5月 中国作家协会西安分会恢复活动领导小组,由胡采、王汶石、杜鹏程、李若冰、王丕祥组成,开始工作,为重建作家协会机关、召开第二次会员代表大会做思想上、组织上的准备。

6月13日 中国作家协会西安分会副主席柳青患肺心病于北

京病逝,终年62岁。6月22日在北京举行追悼会。

6月 基本搞完灞河这个八里长的河堤工程,陈忠实觉得给家乡留了一份纪念物。此后,灞河这一段河堤经历了数十年的风雨冲击,坚固如初,当地未遇水灾。

7月 调动到西安市郊区文化馆工作。未上班前两个月,先到郊区洪庆公社平整土地战区做督查工作。

9月21日 中共西安市郊区党委任命陈忠实为西安市郊区文化馆副馆长。

10月20日 中国作家协会西安分会恢复活动领导小组举行会议,通过发展新会员,批准陈忠实加入中国作家协会西安分会(后来的陕西省作家协会)。此次通过发展新会员39人,除陈忠实外,另外38人是:寇效信、马家骏、畅广元、朱兆雪、刘建军、包永新、茹桂、张定亚、冯日乾、费秉勋、陈贤仲、路遥、李天芳、雷进前、曹谷溪、王德芳、马林帆、程海、党永庵、宋文杰、张宜强、刘斌、徐剑铭、霍如璧、邹志安、徐岳、李凤杰、王晓新、郭京夫、贾平凹、白冠勇、张光、王永、张军、孙树淦(莫伸)、杨克忍、郑宗义、韩起。

10月 到西安市郊区文化馆报到工作。1965年10月,西安市区划调整,撤销灞桥、雁塔、阿房、未央四个区的建制,合并为西安市郊区,驻地在南郊小寨。

本月 于小寨(西安市小寨,确切地址是位于小寨的西安市郊区文化馆。下同——笔者注)写成短篇小说《南北寨》。刊《飞天》第12期,《延河》1979年第2期。陈忠实习惯在作品末尾注明写作地点及日期。他此时在西安市郊区文化馆工作,该作于此写成,就以单位所在地小寨名之。

本月 《延河》从 10 月号起，陆续发表柳青《创业史》第二部下卷的 11 章遗稿，每期刊发二章。1979 年第一期刊了一章，第二期起每期刊二章，至当年第三期刊完。该刊编者按说："《创业史》，柳青同志原计划写四部。到 1996 年以前出版了第一部，并完成了二部一章至二十五章初稿。由于林彪、'四人帮'反革命修正主义路线的迫害，他担心自己的身体状况可能完不成四部的创作计划，决定把第三、四两部中的某些重要思想在第二部中表现出来。已定稿的二部一章至十七章，就是在这种新的设想下修改、补充、调整而成的（二部上卷一章至十三章已出书，十四章至十七章在本刊今年 2 月号、3 月号连载）。现在我们陆续发表的就是作者还没有来得及修改的十八章至二十八章未定稿，它和已发表的一章至十七章在情节上不完全衔接。"

12 月 29 日—1979 年 1 月 5 日 参加在西安市和平门外的胜利饭店召开的西安市郊区文艺创作会议，为会议组织者之一。西安市郊区干部、教师、农民四十余人参加了这次会议。

12 月 31 日 西安市郊区文艺创作会议分小说和戏剧两个组进行小组讨论。分组前，文化馆副馆长陈忠实讲话，其中说：

要会看书，既要泛读，还要精读，好文章要拆开读，贾平凹同志对有些文章的标点符号都作了研究；要下功夫苦学苦练，贾平凹同志当年就写了四十多篇文章；基本功很重要，同样都做木工活，有的人做得好，有的人就做得差，就是因为基本功不一样；柳青说"文学事业是愚人的事业"，要想升官发财就不要搞创作；要是真的爱好文学创作，就要下苦功一辈子，即使毫无成就也会死而无憾……

1979年　37岁

1月5日　参加西安市郊区文艺创作会议总结并发表讲话。晚与陈鑫玉、昌印等与会同志在胜利饭店聊天至深夜。

2月21—27日　中国作家协会西安分会第二次会员代表大会在西安市和平门外的胜利饭店召开。这是"文化大革命"之后，作协西安分会恢复工作以来的第一次会员代表大会。王汶石、杜鹏程分别致开幕词和闭幕词，胡采作了题为《解放思想，总结经验，更好地为四个现代化服务》的报告。中共陕西省委第一书记马文瑞、书记李尔重接见全体代表，并发表了重要讲话。会议选举出理事29名：王汶石、王丕祥、王绳武、王晓新、王德芳、包永新、刘建军、权宽浮、孙树淦、杜鹏程、余念、李若冰、李天芳、郑重、胡采、胡忠斯、贺鸿钧、贾平凹、张光、张军、袁烙、黄悌、寇效信、傅庚生、韩起祥、韩起、霍松林、霍如壁、魏钢焰；常务理事13名：王汶石、王丕祥、王绳武、杜鹏程、李若冰、胡采、张光、贺鸿钧、黄悌、寇效信、傅庚生、韩起祥、魏钢焰。理事会选举胡采为主席，王汶石、傅庚生、杜鹏程、李若冰为副主席，秘书长由李若冰兼任。出席代表大会的代表共有83人。陈忠实是本次会议的代表。

2月23日　陕西省文学艺术界联合会成立。丛一平任党组书记、主席，胡采任党组副书记、副主席，鱼讯、石鲁、关鹤岩任党组成员、副主席，刘毓中任副主席，杨兴任党组成员。

3月　于小寨写成短篇小说《小河边》。刊4月13日《西安日报》。

4月　于小寨写成短篇小说《幸福》。刊《北京文艺》第12期。

本月　于小寨写成短篇小说《徐家园三老汉》。刊《北京文艺》第7期。

本月　贾平凹中篇小说单行本《姊妹本纪》由安徽人民出版社出版。

5月　于小寨写成短篇小说《信任》。6月3日,在《陕西日报》发表。经王汶石推荐,《人民文学》第7期转载。后获中国作协1979年度全国优秀短篇小说奖。

6月　在西安北郊参加夏收劳动。参加《西安日报》举行的创作座谈会。

本月　中国青年出版社出版柳青长篇小说《创业史》第二部（下卷）。

7月15日　报告文学《忠诚》刊《西安日报》。

8月20日—9月27日　在西安市郊区党校（位于纺织城,即西安市郊区分区后的灞桥区委、区政府机关所在地）学习。

8月　于小寨写成短篇小说《七爷》。刊《延河》第10期。

8—10月　为展示陕西省新中国成立后30年的文学创作成果并向建国30年献礼,陕西人民出版社在8月、10月先后出版了《陕西新诗选》(1949—1979)和《陕西短篇小说散文选》(1949—1979)两部文学选集。《陕西新诗选》由西北大学中文系编,收集了68位诗人的152首诗作。在众多入选作品中,有新中国成立前就开始诗歌创作的老一辈诗人,如柯仲平、戈壁舟、魏钢焰等知名作家;有新中国成立后开始诗歌创作的新诗人,如文大家、徐剑铭、路遥等人。《陕西短篇小说散文选》由陕西师范大学中文系编,选录34位作家的52篇作品,其中收录个人作品在三篇以上的作者有柳青、杜鹏程、王汶石、贾平凹、魏钢焰、李若冰等。

9月25日 中国作家协会书记处举行会议通过发展新会员，批准陈忠实加入中国作家协会。同时加入中国作协的陕西作家还有王丕祥、贺鸿钧、傅庚生、霍松林、孙树淦（莫伸）、贾平凹。

9月 于枣园梁（此地不详。陈忠实有浓厚的乡村情结，灞桥区纺织城有一村，名枣园刘，疑陈认为"刘"为姓，故改刘为梁，以使此地更像一个乡间环境，以枣园梁代纺织城。纺织城次年即1980年4月成为灞桥区党政机关所在地，陈的这篇作品疑在纺织城写作——笔者注）写成短篇小说《心事重重》。刊《长安》1980年第1期。

10月30日—11月16日 中国文学艺术工作者第四次代表大会在北京召开，陕西文学代表由中国作家协会西安分会推举，共13人：胡采、王汶石、杜鹏程、李若冰、魏钢焰、王丕祥、贺鸿钧、霍松林、刘建军、莫伸、贾平凹、马林帆、戈壁舟（特邀）。

10月 于小寨写成短篇小说《猪的喜剧》。刊《延河》1980年第2期。

12月 于小寨写成短篇小说《立身篇》。刊《甘肃文艺》（1981年更名为《飞天》）1980年第6期。后获《飞天》文学优秀作品奖（《飞天》编辑部）。

本年 写成散文《躯干》。刊1980年3月2日《陕西日报》。

1980年　38岁

1月 于小寨写成短篇小说《石头记》。刊《群众艺术》第7期。

本月 京夫的短篇小说《手杖》发表于《延河》1月号，后获中国作家协会1980年全国优秀短篇小说奖。

本月 贾平凹短篇小说集《山地笔记》由上海文艺出版社出版。内收短篇小说37篇。其中《满月儿》被评为1978年全国优秀短篇小说。

本月 西安市文学艺术界联合会主办的文学杂志《长安》创刊。16开本,月刊。1985年将刊名改为《文学时代》,1986年1月又恢复为《长安》。

3月12日 致信《甘肃文艺》编辑、祖籍陕西渭南人李禾:

二月十三日信及所惠寄的一期刊物收到,谢谢。在你的家里见了一面,很荣幸地结识了你。

春节前后,我的爱人突然病倒,一月多来,我的学习和创作基本停缀(辍)了,思想颇多负担。近来病情大有好转,我的精神也基本解脱。所应诺的稿件拖迟至今,让你催促,实在有愧,望鉴谅。稿子交给你,由你处置。我最近在家,未能上班,加之郊区重新区划,乱,亦不能干事。新区划后我可能回归灞桥区,一时地址不定,请尔后来信落"西安郊区毛西公社西蒋村",待新区划一定,再告你新的通讯(信)地址吧。

3月25日 1979年全国优秀短篇小说评选结果揭晓,颁奖大会在北京举行。大会由《人民文学》副主编葛洛主持,中国作协第一副主席巴金发奖,并致祝词。高晓声代表获奖作者发言,中宣部副部长、全国文联主席周扬出席大会并作了讲话。陈荒煤、冯牧、秦兆阳等也参加了大会。评选委员会主任委员为茅盾,委员有丁玲、王蒙、巴金、孔罗荪、冯牧、刘白羽、刘剑青、孙犁、沙汀、严文井、李季、张天翼、张光年、陈荒煤、林默涵、欧阳山、草明、贺敬之、唐弢、袁鹰、曹靖华、冰心、葛洛、魏巍等。陈忠实短篇小说《信任》获奖，他因妻病未进京领奖。《1979年全国优秀短篇小说评选获奖作品集》本年5月由上海文艺出版社出版。

3月 于西蒋村（陈忠实家乡村名）写成短篇小说《回首往事》。刊《长安》1981年第2期。

春 写成报告文学《分离》（与程瑛合作）。刊《陕西青年》第9期。

4月1日 西安市人民政府撤销西安市郊区建制，西安市郊区一分为三，恢复雁塔区、灞桥区、未央区建置。灞桥区机关设在纺织城。

4月5日 中共西安市郊区党委任命陈忠实为灞桥区文化局副局长。陈忠实调入西安市灞桥区文化局，为该局副局长兼该区文化馆副馆长。

4月 于灞桥（即灞桥区文化馆，其地在灞桥古镇上。新设立的灞桥区党政办公地在西安东郊纺织城，一时缺少办公房舍，就把文化馆暂时安排到距区政府机关约十里之外的灞桥古镇上）写成短篇小说《枣林曲》。刊《延河》第7期。

本月 写成言论《我信服柳青三个学校的主张——〈信任〉获奖感言》。刊4月23日《陕西日报》。

5月 根据同名短篇小说改编的电视剧本《信任》刊《陕西戏剧》第5期。

6月26日 上午，陕西电视台给宣传口一些人员播映由陈忠实编剧的单集电视剧《信任》，陈忠实同灞桥区委宣传部的陈鑫玉一同去看。

7月10—20日　参加《延河》编辑部在太白县召开的农村题材短篇小说创作座谈会。参加这个座谈会的有陕西近年涌现的以写农村生活为主的中青年作家陈忠实、路遥、贾平凹、邹志安、京夫、徐岳、王晓新、王蓬、蒋金彦等，有胡采、肖云儒、蒙万夫等文艺评论家，共二十余人参加了会议。会议遵循实事求是、理论和实际相结合的原则，研究、探讨了当前农村题材创作的新情况和新问题。陈忠实说："我从事创作，发表作品以来，还从来没有这么多的同行和评论家给自己的作品挑毛病。希望作协以后把力量集中到这种会上来。"《陕西日报》肖云儒以一个记者的眼光评论说："这是一次深入到艺术创作过程去指导创作的会，领导创作就要这样切实的领导。"省委宣传部主管文艺的副部长方杰在会上说："评价作品，探讨文学艺术规律，开小会是个很好的经验。"

这次会议期间，陈忠实与西北大学中文系教师蒙万夫被会议安排住一个房间，两人认识不久，因同住一屋彼此熟悉起来。陈忠实的短篇小说《信任》刚获全国优秀短篇小说奖，但陈对新的生活和自己的创作还有一些惶惑，聊天中，蒙万夫对陈说："你就写你的，你按你的兴趣写。《信任》好得很！有个性。没有个性的作品就跟没有个性的人一样让人难以接受。"陈受到鼓舞，也觉得蒙与自己性情相投，此后视蒙为良师益友，蒙也对陈的创作一直关注并有研究。

7月29日　参加作协西安分会在西安召开的农村题材创作漫谈会。《文艺报》编辑部为了进一步了解各地反映农村生活创作的情况，派人来陕西调查研究，为此，作协西安分会举行了一次漫谈会。出席会议的有从事农村题材创作的中青年作家陈忠实、贾平凹、邹志安、蒋金彦、王晓新、峭石、路遥和作协西安分会、

《延河》编辑部的韦昕、陈贤仲、王愚等。漫谈会由分会常务理事、《延河》主编王丕祥主持。《文艺报》雷达学（雷达）出席了会议。

7月30日　于灞桥写成短篇小说《早晨》。刊《长安》第10期。

8月　中石油旗下的长庆油田举办文学创作学习班，应邀与贾平凹等作家到甘肃庆阳长庆油田总部为石油文学青年授课。在此期间，陈忠实去野狐沟的钻井队采风，于庆阳—西安写成以长庆油田石油工人为主题的散文《山连着山》。刊1981年的《西安晚报》。

10月　于灞桥写成短篇小说《第一刀——冯家滩记事》。刊11月2日《陕西日报》。后获本年《陕西日报》好稿奖一等奖（《陕西日报》）。

本月　于灞桥写成短篇小说《苦恼》（后改名为《反省篇》）。刊《人民文学》1981年第1期。

11月24日　灞桥地区文学创作会议于11月22日在灞桥饭店召开，此日邀请《长安》杂志编辑杨振邦和作家贾平凹到会作报告。陈忠实主持，介绍说：杨振邦在（二十世纪）五十年代名噪一时，反右那年被打成右派，遣回农村，去年落实政策后安置到《长安》编辑部工作。贾平凹已经发表了一百多篇文章，其秘密就在于能吃苦，能持之以恒，每月坚持至少写两篇文章……

11月　于灞桥写成短篇小说《尤代表轶事》。刊《延河》1981年第1期"陕西青年作家专号"。

本年　参加西安市文联举办的"文学讲习班"。

本年　短篇小说《信任》获中国作家协会1979年度全国优秀短篇小说奖。

本年　陕西电视台录制播映了陈忠实创作剧本的单集电视剧《信任》。

1981年　39岁

1月11日　于灞桥草成短篇小说《乡村》，2月改定。刊《飞天》第6期。

1月18日　于灞桥写成短篇小说《短篇二题：张文之；见面礼》。刊《延河》1982年第5期。

1月　《延河》1月号为"陕西青年作家小说专号"，推出莫伸、路遥、王晓新、邹志安、陈忠实、王蓬、贾平凹、李天芳、京夫的小说。陈忠实的作品是《尤代表轶事》（短篇小说）。该作12月8日获《延河》短篇小说奖。

本月　于灞桥写成短篇小说《土地诗篇》。刊《长安》第6期。

本月　写成中篇小说《初夏》第一稿，寄《当代》杂志编辑何启治。何认为"有基础"，对小说中冯景藩和彩彩两个人物很感兴趣，希望能"充分"写他们，退回让修改。此后他再改后，《当代》主编秦兆阳阅后指出，"冯景藩等人物身上有很大潜力可挖掘"，让他再改。他后来用三年多时间三次修改始得完成。后在《在〈当代〉，完成了一个过程》一文中回忆说，"这是我写得最艰难的一部中篇，写作过程中仅仅意识到我对较大篇幅的中篇小说缺乏经验，驾驭能力弱。后来我意识到是对作品人物心理世界把握不透，才是几经修改而仍不尽如人意的关键所在。"

2月　中共陕西省委通知：任命胡采为中国作家协会西安分会党组书记，王汶石、李若冰为副书记，杜鹏程、王丕祥为党组成员。

3月5日　参加由西安市文联、市总工会、团市委、作协西安分会联合召开的茶话会，座谈如何办好本年的文学讲座。出席茶话会的有作协西安分会主席胡采，市文联副主席杨公愚，市总工会副主席葛瑜，各讲题主讲人陕西师大中文系副教授马家骏、高海夫，西北大学中文系副教授石昭贤及讲师张华、蒙万夫，作家毛锜、贾平凹、晓蕾，电影编剧郑重等近三十人。

3月26日 于灞桥写成言论《短篇小说集〈乡村〉后记》。

4月中旬 "笔耕"文学研究组就文学创作如何更深刻、广泛地反映农村生活，召开了一次专题讨论会。参加座谈会的"笔耕"组成员有：刘建军、薛瑞生、费秉勋、陈贤仲、李星、王愚、肖云儒、蒙万夫、李健民。该组顾问胡采参加了座谈会，并讲了话。以写农村题材为主的中青年作家陈忠实、贾平凹、李天芳、李凤杰应邀参加了座谈会。《延河》月刊、《陕西日报》文艺部、中国作家协会西安分会会务工作室、陕西现代文学学会、《西北大学学报》、《绿原》丛刊、《人文杂志》等单位的负责人和有关人员也参加了座谈会。

老新闻工作者、评论家杨田农在发言中说：究竟当前农村生活的主要矛盾是什么，"左"的东西还是不是主要的东西？应该说，当前生活中的种种矛盾，还是来源于"左"。陈忠实的作品，受到人们的重视，一个总的主题，就是批判农村中"左"的错误思想。前几年，他的作品揭露批判"四人帮"的"左"的路线的危害；这几年则是清理"左"的流毒，像最近发表的《第一刀——冯家滩记事》等就是这样。广大人民要求从中国国情出发建设社会主义，当然要清理这些"左"的错误思想。陈忠实发言说，这几年在写作中最大的苦恼就在于对农村生活中主要矛盾和矛盾的各个方面摸不准、看不透，常常陷入就事论事的境地。只有更深入地认识我们这个变革的时代，才能更深刻地表现我们这个时代的变革。

4月　写成散文《面对这样一双眼睛》。刊7月12日《西安晚报》。

本月　于灞桥写成中篇小说《初夏》修改稿。

6月8日　农历五月初七，父亲陈广禄患食道癌去世，享年76岁。陈广禄生于1906年8月11日，农历六月二十二日，20岁左右时，在洛南一家商铺当过徒工，后回乡务农。当过农业社监察委员，生产队会计、出纳、生产组长。

6月25日　中国作家协会西安分会在西安举行茶话会，祝贺陕西三十多位作家的36篇（部）文学作品获奖。参加会议的有近几年获得全国优秀短篇小说奖、中篇小说奖和新诗奖的中青年作家莫伸、贾平凹、陈忠实、郭京夫、路遥、李凤杰、毛锜、刘斌，以及获得各省（市）、有关系统文学创作奖的作家贺抒玉、李天芳、王晓新和张敏、秦凤岗、张兴霖、赵茂盛、柯洁、成宗田、全政、张登第（师大中文系代表）、郄政民（西大中文系代表）等20人。陕西省党政领导对会议十分重视，省委常务书记章泽、省委书记陈元方、省委常委兼宣传部部长黄植、省人大常委会副主任孙作宾、省人民政府副省长谈维煦到会祝贺。陈忠实近年获奖的作品是：短篇小说《信任》，原刊1979年6月3日《陕西日报》，获中国作协1979年全国优秀短篇小说奖；短篇小说《立身篇》，原刊《甘肃文艺》（1981年更名为《飞天》）1980年第6期，后获《飞天》文学优秀作品奖；短篇小说《第一刀——冯家滩记事》，原刊1980年11月2日《陕西日报》，获1980年《陕西日报》好稿奖一等奖。陈忠实在会上发表获奖感言《回顾与前瞻》，后刊中国作家协会西安分会编的1981年第3期《文学简讯》。获奖感言后又以《党性·生活·虚心——在我省文学作品获奖者座谈会上的发言》为题刊8月1日《陕西日报》。

夏 在与青岛隔海相望的黄岛参加由《北京文学》小说组组长傅用霖领头组织的文学笔会。这是陈忠实第一次出远门参加文学写作笔会。与会的作家有汪曾祺、锦云等。在黄岛住了一周，闭门写作。而后到青岛、济南、泰安，登了泰山，去曲阜，看了"三孔"。

7月9日 晚，写信给人民文学出版社《当代》编辑何启治，信中说"好多年没有通讯息"，偶在《当代》看到何为编辑，很是高兴。信中谈了他的一些生活和工作情况，最后说他准备写中篇小说，"第一个中篇，无论好坏，一定先送您，不管能否刊用，得到真诚的指导这一点以及及时的处置，那是无须怀疑的"。

9月 写成言论《看〈望乡〉后想到的》。刊《银幕与观众》第11期。

10月14日 于陕西礼泉县袁家大队写成报告文学《崛起》。该作主要记写袁家大队及其领头人郭裕录的事迹。刊《延河》1982年第1期。

10月30日 《文艺报》派阎纲等人来陕召开农村题材创作座谈会，胡采、王汶石、贺抒玉、董得理、贾平凹、路遥、陈忠实、邹志安、王吉呈、王蓬、王晓新、王愚、杨韦昕、路萌、陈贤仲等参加座谈。会议发言记录先后在《文艺报》和《延河》（1982年1月号）发表。

10月 短篇小说《正气篇——〈南村纪事〉之一》刊《北京文学》第10期。

12月8日 《延河》举办1980年10月—1981年9月所发表的短篇小说评奖。获奖的有：《诗圣阎大头》（王晓新）、《雪花飘飘》（莫伸）、《姐姐》（路遥）、《喜悦》（邹志安）、《尤代表轶事》（陈忠实）、《银秀嫂》（王蓬）、《琴姐》（贺抒玉）、《村愁》（余君亮）。

本年 写成特写《可爱的乡村》。刊11月8日《陕西日报》。

本年 写成短篇小说《征服——〈南村纪事〉之二》。刊《奔流》1982年第1期。

本年 写成短篇小说《丁字路口——〈南村纪事〉之三》。刊《奔流》1982年第12期。

本年 陈忠实感觉生命已到中年，自觉有一种紧迫感，欲在文学上寻求一种突破。

本年 在灞桥区文化局任副局长，分管农村业余文化，抓农村业余文化创作活动。从本年开始，他连续办了九期"文学讲习班"，为灞桥区农村培养了一批业余创作人才。

本年 中国作协西安分会党组决定调进三位青年作家，到创作组（专业作家部门）搞创作，其中有陈忠实。陈忠实知道后，一则以喜，喜的是能进作协大院搞专业创作；一则以惧，惧怕的是万一创作难再发展提升，坐在专业作家那个位置上很难受。就在他得知这个消息几天后，西安市文联一位素未谋面的领导驱车来到灞桥文化馆，见了他，握手之后便直言相告，要调他去西安市文联。不待他表态，领导又直言不讳地说，得知省作协要调他，当即和相关领导交换了意见，要调他到市文联。陈忠实表示不愿去市文联。领导听后呵呵一笑，说他已经给人事局交代过了，不许放走陈忠实；说你如不愿去市文联，也去不了省作协。陈忠实为其坦白直率所折服，回话："那我待在文化馆也挺好。"事情就搁了下来。

1982年　40岁

1月15日　写信给何启治,谈中篇小说《初夏》的修改问题。说他1981年"八月下旬回到西安,我做了一个计划,想先做完当时比较急的两件事,一是报告文学,二是一个短篇,十一月下旬到十二月底改完那个小中篇,时间估计是充足的。这期间,有两位搞评论的同志看了原稿,又谈了些意见。综合考虑之后,动起手来,却很不顺当,无奈又停下,到十二月头上,再改,已写了近二万字,仍觉得不行,于是又停下"。

1月　于灞桥写成短篇小说《蚕儿》。刊2月4日《光明日报》。

本月　于灞桥写成短篇小说《初夏时节》。刊2月14日《陕西日报》。

本月　于灞桥写成短篇小说《土地——母亲》。刊《雨花》第7期。

春　写成散文《春风吹绿灞河岸》。刊《长安》第8期。

2月6日　参加在西安举行的《延河》优秀短篇小说评奖颁奖会。中共陕西省委副书记、省委宣传部代部长白文华,省委宣传部副部长方杰,中国作家协会西安分会主席胡采,副主席王汶石、杜鹏程、李若冰以及评奖委员出席了颁奖会。与其他获奖作者邹志安、莫伸先后在会上发表获奖感言,表示要努力创作,为人民和社会主义服务。

2月9日—4月30日　由灞桥区委安排,到渭河边一个公社落实中央一号文件,分田到户,逐村完成任务。

3月30日　写信给何启治,谈近况和《初夏》修改事。

5月3日　写信给何启治,谈近况和《初夏》修改事。

5月6日　由中共陕西省委宣传部通知，出发去延安，参加中国作协西安分会在延安举行的毛泽东《在延安文艺座谈会上的讲话》发表40周年纪念活动。中国作协西安分会主席胡采率领包括陈忠实在内的七八个刚刚跃上新时期文坛的陕西青年作家赴会。

同日　去延安的路上，经过一个叫介子河的地方，介子河是共产党在陕北时期红区与白区的分界线。同车坐了四位老作家，"都是20岁上下从秦晋两地的乡村奔到延安寻求光明和进步的青年"，其中一个是杜鹏程，一个是王汶石，两位老作家看到介子河，都激动地话起当年。陈忠实在这一天日记的末尾，感慨地写道："我来到这个世界的时候，正是老一代共产党人在延安处境最困难的时候。我是属于第一代享受革命胜利成果的青年。我切切感到，今天去延安，在我，是'寻根'来的。"

5月8日　参观王家坪。日记中写道："参观完延安革命纪念馆，站在王家坪的坪场上，我在思索'革命'这两个字的含义。"

5月9日　参观杨家岭。日记中写道："这是杨家岭，两壁土墙围成的小院，一幢灰砖砌成的小楼，上刻'中共中央办公厅'。哺育了一代又一代中国无产阶级艺术家的《讲话》，毛主席就是在这里演讲的。"中国作协西安分会主席胡采，是陕西参加过那次座谈会的唯一健在的老人。站在参加《讲话》的合影照跟前，大家围住胡采，询问了当年座谈会召开的情况。

5月10日　在延安剧院看历史文献片《延安散记》。

5月15日　于延安改定短篇小说《霞光灿烂的早晨》。刊《北京文学》第8期。

5月16日　去万花山，参观花木兰故里。感叹："万花山美，牡丹花美，万花山的传说更美。"于延安写成散文《万花山记》。

刊 5 月 22 日《西安晚报》。

  5 月 在延安开会期间，晚上，来自陕西各地的青年作家喜欢聚在某一个人的房间，谝着闲传，同时也交流创作信息，议论新发表的小说。有一天晚上，路遥说他的一个中篇小说《人生》将在《收获》杂志第 3 期发表，路遥向大家介绍了这部小说的梗概，又讲了《收获》责任编辑对这部中篇的高度评价。陈忠实记住了《人生》，着急想看，但在延安没有找到。他从延安一回到灞桥镇，当天就到文化馆，拿到馆里订阅的第 3 期《收获》。然后迫不及待地回到自己的房间，一屁股坐在椅子上就没有起来，几乎是一口气读完了这部十多万字的中篇小说《人生》。读完之后，他坐在椅子上，"是一种瘫软的感觉"，这种"瘫软的感觉"不是因了《人生》主人公高加林波折起伏的人生命运引起的，而是因了《人生》所创造的"完美的艺术境界"。这是一种艺术的打击。他很受震撼，他当时创作激情正高涨着，读罢《人生》之后，却是一种几近彻底的摧毁。此后连续几天，他一有空闲便走到灞河边上，或行或坐，却没有一丝欣赏的兴致，思绪翻腾，不断地反思着他的创作。《人生》中的高加林，在他所阅读过的写中国农村题材的小说里，是一个全新的人物形象。高加林的生命历程和心理情感，是包括他在内的乡村青年最容易引发共鸣的。他真诚地认为，《人生》是路遥创作道路上的里程碑，也是中国当代小说史上的里程碑。他在灞河沙滩和长堤上的反思是冷峻的。他重新思考怎样写人。思考的结果是，人的生存理想，人的生活欲望，人的种种情感情态，只有准确了才真实。而一个真实的人物形象，可以超越时空，不受生活地域文化背景以及职业的局限，可以和世界上一切种族的人交流。

本月　于延安写成散文《延安日记》。刊7月8日《西安晚报》。

本月　写成言论《和生活的创造者一起前进》，主要谈深入生活问题。刊6月14日《陕西日报》。

本月　《收获》第3期发表路遥中篇小说《人生》，同年11月由中国青年出版社出版单行本，后获1981—1982年度全国第二届优秀中篇小说奖。

6月17日　草写，7月10日于灞桥改定短篇小说《绿地》。刊《延河》第9期。《小说选刊》第11期转载。

7月　写成短篇小说《田园》。刊《飞天》第10期。

本月　陕西人民出版社出版短篇小说集《乡村》。这是陈忠实出版的第一部个人作品集。

9月2—11日　参加中国作家协会在西安召开的西北、华北部分青年作家座谈会。在会上作了题为《深入生活浅议》的发言，主要谈深入生活问题。发言刊《人民文学》第11期。出席这次座谈会的陕西青年作家还有：贾平凹、莫伸、邹志安、路遥、王蓬、京夫、赵熙、李凤杰、梅绍静。另有：甘肃省的匡文立、窦新国，宁夏的张武、马治中，青海省的王文泸、刘文琦，新疆的吴连增、艾海提·吐尔迪，山西省的张石山、成一，内蒙古的刘成、汪浙成，北京市的毋国政、凌力，天津市的吴若增，河北省的铁凝、张学梦等。

9月27—29日　中共陕西省委宣传部、陕西省军区、中国作家协会西安分会在西安召开了军事题材文学创作座谈会。文学方面参加的有：林江、胡忠斯、陈忠实、莫伸、韩起、周矢、黄盛衡、刘明琪、叶广芩等。

9月18日—11月3日　于灞桥写成、改定中篇小说《康家小院》。刊《小说界》1983年第2期。这是陈忠实发表的第一部中篇小说。

10月10—12日 应《铜川文艺》之邀，在铜川市红星剧院为文学爱好者讲《短篇小说创作漫谈》，听众超一千人。铜川文化人陆炳寰、黄卫平、刘新中、赵勃、封筱梅等接待。

在铜川期间，由《铜川文艺》负责人朱文杰等陪同，到铜川桃园矿下煤井体验生活。钻黑咕隆咚的巷道，爬低矮仅六七十厘米的掌子面，头顶煤层龇牙咧嘴，如黑煞神鬼挡道，全靠矿灯那一点荧光照明。突然，陈忠实抓住朱文杰的手腕，劲很大，捏得朱文杰生疼。朱文杰抬头问陈："咋咧？"陈答："心悸得很。"朱文杰说他感到了陈的心跳。朱文杰说："过去就全是大巷道了。"出井后，陈忠实感慨："在这样恶劣环境下我见识了矿工的伟大！"又说，"头美美地碰了几下，这才知道矿工帽的作用"。朱文杰说："人在屋檐下不得不低头，何况石头下？"陈忠实说："人要掂得来自己的轻重，在大自然面前，不要骚情。低头弯腰，趴倒匍匐着，都是为了走过艰难。"

某晚，朱文杰与陈忠实在房间闲聊。谈到陈忠实发表在《人民文学》1976年第3期的短篇小说《无畏》，朱文杰说：这是"文革"期间，他读到的最令他震惊最扎实最漂亮的作品。语言，情节，丰富的生活，典型人物，营造那种大场面，矛盾冲突和掀起的高潮，都显示出不凡的艺术功力。朱文杰说，这篇小说比你获全国短篇小说奖的《信任》好！陈忠实诧异："真的？！"朱文杰说："就是。我因了这篇《无畏》，才一定要请你来铜川讲课的。"随后陈忠实讲了这篇小说给他带来的尴尬处境和一时的彷徨，然后叹道："唉！跟风，让我跌了一跤，因此我自罚到郊区文化馆。"朱文杰说："没啥！我也写过一些像《批林批孔气势雄》《五七干校是春天》的烂诗呢。放眼全国有几个没跟风，连一些大人物……"

(朱文杰《心中的陈忠实》,《文艺报》编《写作就是他的生命——陈忠实纪念文集》,作家出版社,2016年版,第107—108页)

10月 农村实行了大包干责任制以后,生产队分给陈家五六亩地,其中一半是山坡地。陈的母亲和妻子有病,收种庄稼全靠陈干。家里没有成年男劳动力,养不起牛,耕作相当困难。国庆节后,陈自己拉犁,播完了小麦。

秋末 一位在灞桥区委工作的老同学到文化馆来,高兴地对陈忠实说,市上要下属区县为市上推荐两名年轻的备选干部,本区推荐的人中有你。老同学向陈忠实祝贺,这无疑是一个难得的提升的良机。老同学走后,陈忠实却陷入慌乱,他早已确定以写作为终生事业,根本不想再回到行政部门。他担心一旦调令下达就麻烦了,当即决定到省作协通报此事。第二天一早,他进城找到省作协秘书长王绳武,说了他的情况。王绳武很热情,也说了调人的问题,说他到市人事局调人遭到拒绝,暂时还没有好的办法。这时有人给指出一条道,说王汶石的老师、作曲家张寒晖的夫人是市人事局局长,可找王汶石给其说说话或写封信。王绳武当即找到王汶石,如此办理,陈忠实调动事项很快就办妥了。

11月 调入中国作家协会西安分会(后来的陕西省作家协会)创作组从事专业创作。

冬 写成短篇小说《珍珠》。

1983年 41岁

1月 月工资为52元,行政23级。

3月8日　写信给何启治,信中说:"《初夏》这部稿子折腾我的时间太长了,几次三番,改不出一个新的面貌,中途辍笔,而最终把马驹及其伙伴们的命运放到整个农民这一阶层的背景上去思考,这就在构思中撑开一个新的天地,多少增加了历史的纵深感,所以如此,我尚感激您对这部稿子从一开始就给予的肯定、建议,热情的关切和鼓励。从一九七三年认识您,整十年了,我才能第一次跟您配合,想来愧惭。但总有了这一次。您以及几位编辑老师早就热情鼓励过我试写中篇,我一直不敢动手,觉得自己文学的基本素养太差,即使现在,仍有此感,去年在西安召开了西北、华北作者会议,我受到同辈的感召,回来写了一个小中篇,四万字,写解放初期的乡村农家生活,上海文艺出版社编的《小说界》采用了,发排在今年二期(季刊)。这一稿子的较为顺利的脱手,鼓舞我拼一拼,重写《初夏》,有了这两个小中篇的实践,我现在对中篇的结构稍为踏实了,不像最初那么茫然了。我更觉得,创作的素养,每一步进步,最终都要通过创作实践本身去解决。"

3月10—11日　中国作家协会西安分会召开路遥的中篇小说《人生》座谈会,作家、文学评论家、编辑王丕祥、王绳武、董得理、余念、王宝成、王吉呈、畅广元、刘路、韩玉珠、任士增、李小巴、路萌、陈贤仲、王愚、李星、白志钢(白描)、解洛成、徐岳等二十余人与会。中国作家协会西安分会主席、评论家胡采出席了会议。座谈会邀请路遥出席,共同进行讨论。会议由中国作家协会西安分会会务工作室主任杨韦昕主持。

3月17日　晚,写信给何启治,祝贺何报告文学作品获奖。

4月27—29日　"笔耕"文学研究组召开现实主义和现代主义问题讨论会,这是当时文学理论、创作界普遍注意和争论的议题。

5月　根据"专业技术干部的农村家属迁往城镇"的相关政策，陈忠实的妻子和子女四人的户口由灞桥农村迁到西安市。

夏　自收自种了后，陈忠实把土地交回了村委会，却没有把家搬进城市，他自己也从灞桥镇搬回了偏僻的老家，成为村里最特殊的住户。他要冷下心来回嚼他20年的乡村生活体验。

8月29日　写信给何启治，谈"《初夏》修改得很不顺利"。"这次修改时，我重新做了人物分析，逐一写了人物自传，争取改出一个新的面貌，可是付诸实践以后，感情上很不顺畅，别别扭扭。改下两万多字，返回来一看，又觉得丧气，我索性放下了。这样的痛苦是我写稿中很少有过的现象。改不下去，我又冷静下来回忆这篇作品产生和修改的整个过程，我最初要表现什么，有了怎样的变化？现在修改要表现什么？这样重新进行归结，我现在虽然中止了修改，仍在进行这样的考虑……一俟可以重新动手，我再接着干。您不要急，遇见我这样的笨人，您这样的编辑就要费更多的心力，我因此很不安，觉得自己的文学功力太差了，有负于您的厚望。前天到作协，听小巴说您可能来西安，那时我再向您详细汇报。"

9月11—16日　参加在西安召开的中国作家协会陕西分会第三次会员代表大会。本次会议上，中国作家协会陕西分会副主席王汶石、杜鹏程先后致开幕词、闭幕词，主席胡采作了题为《高举社会主义文学的旗帜，攀登文学的新高峰》的报告。中共陕西省委书记曾慎达、中共陕西省顾问委员会主任章泽出席讲话。会议选举出52位理事，组成第三届理事会。会议通过了中国作家协会陕西分会章程。在三届一次理事会上选举胡采任主席，王汶石、杜鹏程、李若冰、王丕祥任副主席，傅庚生任主席团顾问。

出席此次代表大会的代表108人,特邀代表13人。

10月18日 写成特写《诗情不竭的庄稼汉》。

10月20日 于西安写成短篇小说《旅伴》。刊《丝路》1984年第1期。

11月2日 给一位业余作者回信,谈如何"突破自己"。后以《突破自己》为题刊《百花》1984年第1期。

12月5日 陕西省文学艺术工作者第二次代表大会在西安开幕。会议讨论通过了《陕西省文学艺术界联合会章程(草案)》,选举了省文学艺术界联合会第二届委员会,胡采当选省文学艺术界联合会主席,方杰、关鹤岩、鱼讯、杜鹏程、王汶石、林丰、黄俊耀、方济众当选副主席。

12月27—29日 "笔耕"文学研究组座谈讨论陕西省近年来的三十余部中篇小说创作,包括《惊心动魄的一幕》《人生》《在困难的日子里》(路遥)、《二月杏》《小月前本》(贾平凹)、《春》《南来的雁》(赵熙)、《喜鹊泪》《海中金》(王宝成)、《倩倩》(峭石)、《针眼里逃出的生命》(李凤杰)、《山林雾茫茫》(莫伸)、《康家小院》(陈忠实)、《军人》(京夫)、《一个报复事件》(邹志安)、《青山吟》(任士增)、《啊,故土》(李小巴)、《温暖的土地》(王晓新)、《干杯,为那挺拔的小白杨》(尚英)等,以推动中篇小说创作的进一步发展。

1984年 42岁

1月3日 胡乔木在中共中央党校作题为《关于人道主义和

异化问题》的讲话，1月27日《人民日报》、《红旗》第2期转载全文。

同日 于西安东郊原下（家乡西蒋村）改完中篇小说《初夏》，12万余字。这是陈忠实写的最早的一部中篇小说，也是最长的一部中篇小说，发表却在中篇小说《康家小院》之后。陈忠实在致王汶石信中说，写此作他用了三年时间。据考，先是写好后寄《当代》杂志编辑何启治，何基本肯定后提了一些意见退回让他改。按写三年时间计，则开笔为1981年。后刊《当代》1984年第4期，并获1984年《当代》文学奖（《当代》文学奖评委会）。

1月 于白鹿园（家乡西蒋村老屋）写成短篇小说《送你一束山楂花》。刊《延河》第4期。

本月 陕西省群众艺术馆主办的《群众艺术》改名为《百花》，公开发行。

2月 于西安东郊（按前《初夏》文末所注，此地具体地点似应为陈家乡西蒋村）写成中篇小说《梆子老太》。刊《文学家》第2期。

3月7日 西安市作家协会成立，黄悌为主席，贾平凹、权宽浮为副主席。次年，增选和谷、景平、商子雍、子页为副主席。西安市作家协会的前身为西安市文学工作者协会，成立于1950年8月，主席郑伯奇，副主席李瑞阳。

3月上旬 与路遥一道参加中国作协在河北涿县召开的"全国农村题材创作座谈会"。

这次会上，路遥在大会上有一个发言。陈后来回忆说，他对路遥大会发言印象最深的，是路遥讲"我不相信全世界都要养澳大利亚长毛羊"。因为澳大利亚有一种长毛羊，品种好，正在推广，路遥借"澳大利亚长毛羊"比喻当年文学上的现代派主张,认为现代派可以搞,但现实主义也应该有自己的立足之地,不能"全世界都要养澳大利亚长毛羊",让"澳大利亚长毛羊"一个品种独行,而扼杀世界上一切羊的品种。这个说法在当时文学上的现代派呼声甚高、行情看好的时候,一方面给人提供了关于文学走向上的另一种思考,另一方面也显示了路遥独立思考、敢于发言、不怕别人说他"土"的艺术勇气。

开会期间,陈忠实看到《十月》杂志副主编、作家郑万隆会议间歇校对《十月》"长篇小说专刊"拟刊发的《百年孤独》文稿,就想先睹这部1982年获得诺贝尔文学奖的拉美作家作品。此时《百年孤独》还未正式出书。会后,郑万隆把刊有《百年孤独》的《十月》寄给了陈忠实。这一辑"长篇小说专刊"于1984年3月出版。《百年孤独》由高长荣翻译,同期还刊发了两篇文章,一篇是由张永泰翻译、赵绍天校注的马尔克斯在瑞典文学院接受诺贝尔文学奖时的演说《拉丁美洲的孤独》,一篇是译者高长荣写的评介性文字《魔幻现实主义作家加西亚·马尔克斯和他的〈百年孤独〉》。陈忠实读到这部《百年孤独》应该在1984年3月以后。

3月11日　写信给何启治。信中先谈参加涿县"全国农村题材创作座谈会"的收获:"这次农村题材讨论会是开得不错的。几年来,在农村题材的创作中,面对变化着的新的生活潮流,我不至(止)一次感到困惑,甚至痛苦。这种困惑,首先是对复杂的生活现象缺乏一种高屋建瓴的理论把握。至于作品从怎样的角度去反映现实,以避免图解政策的前车之鉴,又当别论,而作者总应该搞清楚当前政策的理论基础,我以为这是我个人独有的困惑,因为我缺乏高等教育,缺乏系统的理论学习,又长期囿于比较狭隘的一隅,因而导致如此。所以这次会议,我是从内心感到踊跃的,企图得到启示特别是活跃于当今文坛的农村题材的名家蜂拥而至,我想我会受益的。会上,绝大多数的作家都谈到困惑了。困惑成为大家的口头禅了。我心里踏实了,看来大家面对新的生活现象都有类似的思考、类似的苦恼,我甚至想,严肃的作家对变化着的农村生活的思考是必然的。而对这种新的生活现象觉得轻易可以认识,可以表现,往往使人感到了某种图解的简单化作品。我这次主要是带着耳朵去的,我达到了目的,听到了许多长期保持着与生活联系的新老名家的精彩发言,尤其听到杜润生的报告,获益匪浅。我的直觉是:需要学理论,强化对生活的认识能力,更应坚定不移地研究自己的生活,应该相信自己对生活的认识和把握,而不应人云亦云。作家首先应该知道他的研究对象是生活。"接着谈《初夏》,"《初夏》仍需您再费神删节,我心里很不安,这部稿子已使您过多地耗费了精力,我现在倒是轻松了。我只能说,您放心去删改,我完全信任。我的另一篇小中篇也已改定,陕西出版社新创办的《文学家》拟定二期刊用。我现在该当作今后的学习创作计划了,经过前三部中篇的试写,我对中篇的形式兴趣愈浓,想探求中篇的种种表现形式,以丰富艺术表现能力"。

3月23日 写信给何启治,"得知《初夏》发稿,十分欣慰"。回答何的一个问题:"(二十世纪)六十年代的中学生自觉回乡,不一定都要经过申请的手续,而对学生中的领袖式人物,校长总是无一动摇地鼓励促进他们能进入高级学府深造,以铸造国家的栋梁之材。志强是同级学生中的佼佼者,却又下了回乡的决心,于是就有三次申求回乡的情节。这个情节,是从一位六十年代初的模范人物身上得来，并非随意设想。不过，这不是什么大问题，而结尾时马驹一伙青年在坟上读那份申请书的必要性和合理性，我受到你的提示，似乎也有些文绉绉。这样，我还是前信的意见：由你处置吧，这不是什么大的问题。"

4月17日 中国作家协会陕西分会与省文学艺术界联合会共同召开有作家、评论家、编辑二十余人参加的座谈会，讨论胡乔木《关于人道主义和异化问题》一文。

5月 中篇小说《康家小院》获上海文艺出版社举办的《小说界》第一届文学奖（1981—1983）。第一次到上海，参加颁奖活动。在上海买了第一双皮鞋。有天晚饭，陪同的《小说界》编辑魏心宏点了红烧鳝丝，也是第一次吃黄鳝。

本月 写成言论《从昨天到今天》，谈对变化的农村生活认识。

6—7月 于西安东郊写成中篇小说《十八岁的哥哥》。刊《长城》1985年第1期。

6月17日 写信给何启治。谈《初夏》终于要刊出了，"我现在依然不能忘却这部稿子的修改历程，只有我和你最清楚了。我不禁想，如果当初我把这篇东西不是送给你，大约不会有后来的二稿和三稿的，可能早已付之一炬了。我现在翻看当初给你看的那一稿底稿，自己都觉得无法看，而你从中看到了主要之点（当时很不明显），而终于促成了这部稿子的发展，我每想到此，真是感佩之至！"

7月8日 写成散文《鲁镇记行》。

7月27日 晚，写信给何启治。信中说："六月份，我大部分时间参加整党活动，自我检查阶段已告结束，整改还要继续一些时日。这儿的初步方案，提出给专业创作人员发75%工资，讨论中大家觉得问题不少,尚未定,正在七嘴八舌的议论中。新近写完一个小中篇,不大行,送给一家刊物了。"又说:"六月份的《解放军文艺》发了一部中型报告文学《大寨在人间》,起初我不大注意,整党会上,魏钢焰和杜鹏程都热烈地提到这篇文章,并让我读读。读后,确实觉得不错。作品从历史唯物主义的客观立场,写了大寨的过去和现在,关键在于从过去到现在的那个转折(转折下有着重点——笔者注)上。在这个转折上,大寨那一代英雄的心理过程是极为真实的。在一定的意义上,他们本身是一个悲剧,很容易使人联想到四方面军那些在错误路线下表现了慷慨悲壮的英雄史诗的战士。大寨人的思想转变过程,不是他们独有的,而数不清的南方、北方的那些基层干部(如某些文学作品中揭露过的不正之风者,强奸知青者除外),那些解放以来在极'左'的钢丝上忠诚奋斗的人,大都经历了不同程度的如梁便良们一样的思想转变过程。由此我想到了习作《初夏》中的冯景藩老汉。我至今仍然遗憾没有把它(他)写得更丰满,但一点可以自慰:我的冯景藩是我对生活体察的结果,我没有背向实际生活。现在回想起来,我觉得马驹的形象还是比较弱些。"

7月 《十月》第4期发表贾平凹中篇小说《腊月·正月》。后获中国作家协会第三届优秀中篇小说奖。

8月9日 散文《绿色的南方》刊《西安晚报》。

9月25日 《康家小院》(中篇小说)获陕西省文艺创作"开拓奖"荣誉奖(陕西省文联)。

同日 陕西省首届文艺创作"开拓奖"在西安举行颁奖大会。文学方面获奖的作品有:《腊月·正月》(贾平凹)为一等奖,《干杯,为那挺拔的小白杨》(尚英)、《啊!我们的"一线天"》(姚泽芊)、《人镜》(韦昕)、《北方,我的北方》(王观胜)、《唢呐声声》(梅绍静)、《啊,我的关中》(马林帆)、《黄河古渡》(和谷)为二等奖;《青青的竹》(韩起)、《种一片太阳花》(李天芳)为三等奖。获"知音奖"的有"笔耕"文学研究组、《延河》编辑部小说组。获荣誉奖的还有路遥、王戈、李小巴等。

10月上旬 中国作家协会陕西分会党组、主席团根据改革形势需要,宣布对《延河》实行补贴承包。经过酝酿、讨论并听取各方意见,对两个承包方案比较后,中国作家协会陕西分会党组、主席团决定由白描承包,并任命白描为《延河》主编。11月24日,《延河》召开座谈会,白描宣布了承包后《延河》的办刊方针及有关措施,同时宣布新组成的顾问委员会、编委会成员名单。顾问委员会:胡采、王汶石、杜鹏程、李若冰、王丕祥、魏钢焰、贺鸿钧、董得理、余念;编委会:毛锜、白描、李小巴、邹志安、京夫、陈忠实、韦昕、闻频、贾平凹、莫伸、晓蕾、路遥。

10月8日 王汶石读了《当代》杂志刊发的陈忠实中篇小说《初夏》,致信陈忠实谈读后感。

10月21日 于西安东郊写成短篇小说《鬼秧子乐——〈我自乡间来〉之二》。刊《文学时代》(原《长安》杂志)1985年第4期。

10月 于西安东郊草写并改定短篇小说《马罗大叔——〈我自乡间来〉之一》。刊《延河》1985年第1期。

11月4日 于西安东郊写成致王汶石的回信《关于中篇小说〈初夏〉的通信》。王、陈通信刊《小说评论》1985年第1期。

11月 《北京文学》11月号发表邹志安短篇小说《哦,小公马》。后获中国作家协会1984年全国优秀短篇小说奖。

12月28日 以陕西代表身份赴北京参加中国作家协会第四

次会员代表大会。12月29日至翌年1月5日，中国作家协会第四次会员代表大会在北京举行。会议通过了新的中国作家协会章程、中国作家协会理事和顾问名单。1月6日，新的一届中国作家协会理事会举行第一次全体会议，巴金当选为中国作家协会主席。

出席大会的陕西代表是：胡采、李若冰、王丕祥、魏钢焰、余念、贺鸿钧、霍松林、黄悌、陈忠实、邹志安、京夫、李天芳、王德芳（代表王汶石、杜鹏程、路遥请假），特邀代表是贾平凹、王愚、戈壁舟。

在这次会议上，杜鹏程、贾平凹、王汶石、胡采、李若冰、魏钢焰当选为中国作家协会第四届理事会理事。

本年 写成短篇小说《田雅兰——〈我自乡间来〉之三》。刊《中国西部文学》1985年第2期。

本年 写成短篇小说《拐子马——〈我自乡间来〉之四》。刊《长江文艺》1985年第12期。

本年 写成中篇小说《夭折——献给一位文学的殉道者》。刊《飞天》1985年第3期。

本年 写成特写《一九八三年秋天在灞河》。

1985年　43岁

1月12日　于西安东郊写成短篇小说《夜之随想曲》。刊《现代作家》第6期。

1月25日　中共陕西省委决定：胡采担任中国作家协会陕西分会党组书记，王丕祥、杨韦昕（主持日常工作）任党组副书记，路遥、陈忠实任党组成员。

1月 中国作家协会陕西分会主办的《小说评论》创刊。胡采任主编，王愚、李星为副主编。

2月27日 于西安东郊写成言论《答读者问》。刊《延河》第5期。

春 写成中篇小说《最后一次收获》。刊《莽原》第4期。

3月5日 中共陕西省委、陕西省人民政府召开优秀文艺创作表彰大会。省委副书记周雅光和副省长张斌、林季周、孙达人等向九位优秀文艺创作者颁发了优秀证书，文学方面有青年作家路遥、贾平凹和李凤杰。省长李庆伟到会祝贺，省委副书记周雅光讲话。

4月7日 报告文学《大地的精灵》刊《西安晚报》。

4月21—24日 中国作家协会陕西分会三届二次理事会（扩大）在咸阳召开。会议由胡采主持，王丕祥作会务报告。会议增补16位会员为理事，选举路遥、贾平凹、陈忠实、杨韦昕为副主席，选举李小巴、京夫、王愚、邹志安、贺鸿钧、董得理、余念、刘建军、峭石、李凤杰、黄悌、魏钢焰、莫伸、毛锜、任士增、戈壁舟、霍松林为主席团委员。在主席团会议上，通过由杨韦昕、王愚、李小巴、姜洪章、白描、汪炎6人组成书记处，在主席团和党组的领导下负责分会的日常工作。中共陕西省委副书记周雅光到会讲话。本次理事会有46名理事出席。

5月6—18日 由中国作家协会新疆、青海、宁夏、甘肃、陕西分会和西安电影制片厂发起主办的"大西北科学与文学笔会"在西安召开，有作家、评论家、电影剧作家、编辑等79人参加，会议还邀请首都的一些学者和陕西的企业家出席。邀请科学家、企业家和作家一起开会，科学与文学结合，共同探讨文学的发展。

5月 草成短篇小说《毛茸茸的酸杏儿》，11月于西安改定。刊《北京文学》1986年第8期。

6月18日 写成散文《迪斯科与老洞庙》。

6月 1984年《当代》文学授奖大会在北京举行。中篇小说《初夏》荣获该奖。

7月24日 中共陕西省委宣传部正式行文，任命陈忠实为中国作协陕西分会副主席。

夏 作协陕西分会发扬作家挂职深入生活的传统，安排一批新时期出现的青年作家到农村和工厂去任职。陈忠实挂职为中共灞桥区委副书记。

8月20—30日 参加中国作协陕西分会于延安、榆林召开的"长篇小说创作促进座谈会"。路遥、陈忠实、贾平凹、京夫、王宝成、李小巴、王绳武、董得理、任士增等三十多位作家和评论家与会。召开这个会议的起因，是连续两届"茅盾文学奖"评奖，陕西省都推荐不出一部可以参评的长篇小说，自新时期以来，陕西的新老作家尚无一部长篇小说出版，所以会议要促进一下。会议讨论了国内长篇小说的发展状况，深入分析了陕西长篇小说创作落后的原因，制订出三五年内陕西长篇小说创作发展的规划。会上，有几位作家当场表态要写长篇小说。会后，路遥就留在了延安，开始写《平凡的世界》第一部。陈忠实在会上有一个几分钟的简短发言，他一是明确表态，尚无写长篇小说的丝毫准备，什么时候写，也没有任何考虑；二是谈了阅读马尔克斯长篇小说《百年孤独》的感受，认为如果把《百年孤独》比作一幅意蕴深厚的油画，那么他迄今为止的所有作品顶多只算是不大高明的连环画。

8月30日 农历中元节，"陕西长篇小说创作促进会"全体与会者乘车行进到大漠深处一片"海子"边。事前已从当地人家那里购得柴火、嫩玉米棒等物，带了酒水，人员集结后，会议主事人宣布了晚会的"律条"：不分职务高低，不分男女长幼，不分名头大小，今夜，大家都是文学的信徒；这个群体，组成了"大漠文学酋长国"。大家推举白洁、封筱梅两位女作家为"取火女神"，王观胜和朱玉葆两位壮汉为"圣火保护神"，贾平凹为"大漠文学酋长国巫师"。当两位"保护神"护卫着两位"女神"走向摞起的木材堆，点燃"圣火"的那一刻，全体人员齐刷刷跪倒，"巫师"贾平凹用一种颤抖的巫气十足的声音念诵"咒语"——那一刻，原本带有轻松玩耍性质的篝火晚会，在每个人心中倏然转为肃穆隆重的仪式，也许不少人在那一刻已在心中立誓。白描后来称这次篝火晚会为文学陕军的"大漠盟誓"。

8月—11月 于西安东郊写成中篇小说《蓝袍先生》。刊《文学家》1986年第2期。

10月6日 于西安写成言论《忠诚的朋友》。该文谈书与读书。刊《中学生阅读》1986年第2期。

10月 写成短篇小说《灯笼》。

12月20日—1986年1月4日 随中国作家代表团到泰国考察。这是中国作协派往泰国的第二批作家访问团，第一批是1983年以陈残云为团长的访问团。访问团先后参观了曼谷玉佛寺、阿瑜陀耶古城、曼谷盘谷银行、清迈及清迈的帕亚朴大学、素可泰古城及素可泰王朝的遗址、北榄坡（此为华人起的名字，泰语"那空沙万"）、波特亚、泰国国家图书馆等，与泰国有关方面进行了文化交流和文学交流。

12月20日　中共陕西省委决定：任命李若冰担任中国作家协会陕西分会党组书记，免去胡采党组书记职务。

本年　写成短篇小说《广播体操乐曲算不算音乐》。

本年　由竹子根据陈忠实原著改编的三集电视剧《初夏》，由陕西电视台录制播映。

1986年　44岁

1月11—13日　参加中国作家协会陕西分会党组召开的扩大会议。会议总结1985年工作，制订1986年工作计划，提出要立足陕西，面向全国，锐意进取，开拓前进，做出更大的成绩。

1月　于白鹿园写成短篇小说《失重》。刊《延河》第4期。

2月14日　于西安东郊整理完成散文《访泰日记》。刊《文学家》第5期。

3月　《十八岁的哥哥》（中篇小说）获1985年"《长城》文学奖"（《长城》编辑部）。

春天　西蒋村老家新房建成，辟出一间书房，有十多平方米。

4月14日　于小寨草成言论《创作感受谈》，4月23日于灞桥改定。刊《文学家》第4期。

5月11日　散文《湄南河上——访泰散记》刊《西安晚报》。

6月27日　于白鹿园写成短篇小说《桥》。刊《延河》第10期。

6月　《初夏》（中篇小说集）由上海文艺出版社出版。

本月　《北京文学》6月号发表邹志安短篇小说《支书下台唱大戏》。后获中国作家协会1985—1986年度全国优秀短篇小说奖。

本月 应聘在西安外语学院任教的日本学者前川幸雄，在3月、6月先后与中国作家协会陕西分会胡采、王汶石、杜鹏程、路遥、陈忠实、王愚、田奇、毛锜等二十余人座谈，了解陕西文学的历史、现状及发展趋势。

8月 于白鹿园草写并修改完成中篇小说《四妹子》。刊《现代人》1987年第3期。《中篇小说选刊》1988年第2期转载。

9月17—21日 中国作家协会陕西分会召开小说创作突破与提高研讨会，省内从事小说创作的老中青作家、评论家和文学编辑六十余人出席会议，会议回顾了新时期陕西小说的创作历程与现状，并就农村题材与农民问题、陕西作家群、作家个人的突破、陕西小说创作持续繁荣等问题进行了深入广泛的讨论。会议肯定了陕西文学创作形成的三个特点：一是继承和发扬现实主义的文学传统；二是贴近时代和人民群众的生活；三是具有强烈的责任感和使命感。探讨陕西创作存在的不足时，认为观念需要更新，作家群体艺术功底和知识结构存在不足。中国作家协会陕西分会副主席王汶石、李若冰、王丕祥出席，副主席、党组副书记杨韦昕主持。

10月31日 王愚任《小说评论》主编。

10月 散文《星空》刊《小说家》第5期。

11月22日 于白鹿园写成短篇小说《到老白杨树背后去》。刊《延河》1987年第4期。

12月11日 于白鹿园写成短篇小说《打字机嗒嗒响——写给康君》。刊《奔流》1987年第7期。

12月29—30日 路遥的长篇小说《平凡的世界》（第一部）在《花城》第6期发表，《花城》《小说评论》编辑部在北京召开座谈会，首都的二十多位评论家出席会议，给予积极肯定的评价，认为是一部具有内在魅力和激情的现实主义力作。

12月 中国文联出版公司出版路遥多卷本长篇小说《平凡的世界》第一部单行本。

本月 写成言论《收获与耕耘》。刊《飞天》第12期。

本年 开始认真思考创作上如何突破、如何面对未来人生的重大课题。

1987年 45岁

1月 《延河》文学月刊停止实行承包责任制，任命白描为主编，闻频、晓蕾为副主编。

2月24日 参加中国作家协会陕西分会党组召开的扩大会议。会议总结1986年工作，通过1987年工作计划。

2月 于白鹿园写成短篇小说《兔老汉》。刊2月15日《西安晚报》。

3月底至4月初 到蓝田县查阅《蓝田县志》。

5月12日 参加中国作家协会陕西分会、陕西延安文艺学会等六个单位召开的座谈会，纪念毛泽东《在延安文艺座谈会上的讲话》发表45周年。胡采、王汶石、李若冰、陈忠实、王愚、王平凡、周健、和谷、白描等发言，表示要发扬该讲话精神，促进陕西文学的继续繁荣和发展。

5月19日 中共陕西省委任命刘成章为中国作家协会陕西分会党组副书记，免去王丕祥党组副书记职务。后经中国作家协会陕西分会主席团同意,刘成章任作家协会书记处书记。

5月　写成报告文学《皮实》。刊7月12日《西安晚报》。

6月6日　于白鹿园写成言论《中篇小说集〈四妹子〉后记》。

6月　评论《文兰之"快"》刊《延河》第6期。

7月21—22日　《小说评论》编辑部召开贾平凹长篇小说《浮躁》(刊《收获》1987年第1期)讨论会,与会者认为该作是对现实进行严峻思考、试图全方位把握时代脉搏的重要作品。贾平凹及三十余位评论家、作家出席了座谈会。

8月13日　写成散文《第一次投稿》。

8月　在长安县查阅《长安县志》。有一天晚上,与笔名李下叔的《长安报》编辑李东济在旅馆,一边吃桃一边闲聊。两人说得投机,陈忠实第一次向外人透露了他创作《白鹿原》的信息。说到后来,陈忠实谈起自己艰难而又屡屡受挫的创作历程,叹说自己已经是45岁的人了,说一声死还不是一死了之,最愧的是爱了一辈子文学写了十几年小说,死了还没有一块可以垫头的东西呢。关中民俗,亡者入殓,头下要有枕头,身旁还要装其他物什,这些东西,有时是由死者生前准备或安排妥当的。陈忠实说:"东济,你知道啥叫老哥一直丢心不下?就是那垫头的东西!但愿——但愿哇但愿,但愿我能给自己弄成个垫得住头的砖头或枕头哟!"

9月　贾平凹长篇小说《商州》由北京十月文艺出版社出版,被称为新方志小说。

10月8日　于白鹿园写成言论《刀声》。

10月20日　写成短篇小说《山洪》。刊11月8日《西安晚报》。

10月25日　在北京参加中国共产党第十三次全国代表大会。当日在日记中写道:

汽车在天安门广场停下，走过这阳光灿烂的广场，踏上通向大会堂的石阶，我的心里像绚烂的太阳一样热烈。

人生道路上的台阶，不似通向大会堂的台阶这样平整。那是60年代初，我忍受着瓜菜代粮的饥饿，坐在学校操场的浓密的柳荫下，听一位戎马疆场的人民解放战争的英雄慷慨激昂的演讲。"我一生无他求，高官嘛，没意思；金钱嘛，太乏味！我唯一的人生目标，就是做一个真正的共产党员。"这段话，一字一句浮雕般地铭刻我心头……

在开阔的大会堂里，我找到了自己的座位，静静地坐下来等待，等待那个重要时刻的到来。我一向缺乏等候的耐心，而今天却异乎寻常。我瞅着涌进会场戴着代表证急急寻找座位的男女各族代表，瞅着大会主席台上十面红旗簇拥着的金色的由铁锤镰刀构成的党徽，我的心里是如此安详却又思潮澎湃。

那是21年前的一个冬天的早晨，在公社一个简陋狭小的房间里，我羞怯不安地坐在一个角落里，听那些比我年长的共产党员们对我的评价，听介绍人向支部汇报对我的考察结果……我被接收了。我走出那个狭小房间的时候，看见灿烂的太阳，几乎流下泪来。同时又想到了在学校听战斗英雄演讲的情景，特别是那段话。我那时是一个社办农业中学的教员，民办的，这似乎并不影响我当时圣洁的心境……整整21年过去了。

我没有奢望过能有参加党的代表大会这样的机会。我知道，我是坐在整个中国和世界都在翘首以望的北京人民大会堂啊！我感到了一种从未有过的幸福！21年过去了，而且是人生的最重要的21个年头，我现在竟然如此冷静地回首这一切，有几步走得顺畅，可也有几步摔得鼻青脸肿，唯一所幸者，我知道路很长，我依然往前走着。我没有因为些微的成就而忘记了目标,忘记了赶路。此刻,既往的那些曾经确也令人激动的赞誉和荣耀顿然失去了光彩,那些曾经使人焦灼愧悔甚至痛苦不堪的失误也变得冷寂了,我在面对着主席台上那庄严的党徽的此刻,心里只剩下了必须继续往前走这样一个单纯而坚定的信念了。

那个重要的时刻,正在分针、秒针的运转中逼近。

8时50分,大会堂骤然沉静下来,不闻一丝声息。主席台前拥集的中外记者,也稳定不动。

一种自然的沉静。

一种重要企盼里的沉静。

8时55分,大会堂主席台的出口处,走出来那位全国和全世界都十分熟悉的矮矮的巨人,暴风雨般的掌声骤然响起来。

邓小平以他稳健的步履走向主席台。他微笑着回报代表们的鼓掌。

陈云同志在赵紫阳的搀扶下,缓慢地移着小步,那是一种强烈的意志力支配下的步履。那搀扶与被搀扶,正是中国两代人的形象。

邓小平同志以他沉稳雄浑的四川口音宣布大会开幕,暴风雨般的掌声经久不息……

企盼已久的那个重要时刻到来了!

10月26日 讨论学习大会报告《沿着有中国特色的社会主义道路前进》。晚上看中国和日本足球队为争夺1988年汉城奥运会资格赛决战。中国队胜利后,走到大街上与球迷一起欢呼庆祝。

10月27日 参加大会。

10月29日　参加大会。大会讨论中央委员、中纪委候选人。邓小平提出全退，中央委员都不进。

11月1日　下午，在北京新侨饭店，参加中国作协书记处召集的参加中共十三大的作家代表座谈会。

11月21—23日　中国作家协会陕西分会召开小说创作座谈会，有六十余位小说作者出席，就两年来陕西省小说创作状况和创作中的问题充分交流了意见。

10—11月　写成参加中国共产党第十三次全国代表大会的散文《最珍贵的记忆——日记五则》。

冬　写成短篇小说《窝囊——献给古原的女儿》。刊《飞天》1988年第2期。

本年　写成短篇小说《石狮子》。刊《飞天》第9期。

本年　写成中篇小说《地窖》。刊《延河》1988年第1期。

1988年　46岁

1月6日　写成散文《敬上一杯酒》。

1月8日　于西安枣园写成言论《关于〈四妹子〉的附言》。

2月13日　于白鹿园写成短篇小说《辘轳子客》。刊《延河》第5期。

2月　为了安下心来创作长篇小说《白鹿原》，请求不再挂职担任中共灞桥区委副书记。

本月　贾平凹长篇小说《浮躁》由北京作家出版社出版。

3月12日　署名陈忠实、未艾编剧的电影文学剧本《四妹子》

改成。本月由中国人民解放军八一电影制片厂文学部编辑部打印成册，编辑赵鹏。此剧本应为未艾编剧，陈忠实联合署名。1989年中央电视台录制播映了二集电影剧《四妹子》。

3月31日　参加中国作家协会陕西分会三届二次主席团（扩大）会议。会议讨论研究1988年工作要点及改革问题。

4月1日　在草稿本上写下《白鹿原》的第一行字。开始创作《白鹿原》。

4月　《四妹子》（中篇小说集）由中原农民出版社出版。这本小说集原计划本月出版发行，因征订数低而延迟至1989年出版，但版权页仍标注为1988年4月第1版第1次印刷。

本月　中国文联出版公司出版路遥长篇小说《平凡的世界》第二部单行本。

5月22日　随笔《短文三篇》刊《西安晚报》。

5月　在中共陕西省委第七次代表大会上，当选为省委候补委员。

6月13日　中国作家协会陕西分会召开纪念柳青逝世十周年、获奖作家优秀编辑颁奖大会。省委副书记牟玲生出席讲话。大会颁发了优秀作品奖，还向获首届文学期刊优秀编辑的王愚、获文学期刊编辑荣誉奖的王丕祥、余念、贺鸿钧、董得理颁奖，向王丕祥、余念、贺鸿钧、董得理、王愚、刘广英、张沼清、路萌、解洛成、杨韦昕、黄桂华颁发了国家新闻出版署、中国出版工作者协会授予的荣誉证书。

6月27日　于白鹿园写成短篇小说《害羞》。刊《鸭绿江》1989年第1期。

7月13—17日　在太白县参加中国作协陕西分会、《小说评论》编辑部组织召开的陕西长篇小说研讨会。中国作家协会陕西分会领导及小说作家、编辑、评论家四十余人出席。会议对1985年长篇小说创作促进会后出版的16部长篇小说进行了实事求是的分析,并对长篇小说进一步的突破和超越从不同的角度提出了各自的见解。作家和评论家在坦诚的对话中加强了交流,增进了理解。讨论会分别由《小说评论》主编王愚、副主编李星,中国作家协会陕西分会创联部主任汪炎主持,分会负责人李若冰、陈忠实、杨韦昕参加了会议并讲了话。参加讨论会的评论家、作家、编辑有刘建军、畅广元、肖云儒、李健民、蒙万夫、赵俊贤、高尔纯、王仲生、邹志安、董得理、赵熙、李天芳、李凤杰、赵炳坤、赵宇共、王宝成、文兰、京夫、任士增、路萌、马建勋、魏亚平、谢雪畴、邢小利、常智奇、李昱、韩鲁华、高海松、杨云峰、陈瑞琳、冯莉霞等,陈学超寄来了书面发言。

会议期间,晚上与参会的西北大学中文系教师蒙万夫散步,谈了他正在创作的长篇小说。蒙万夫对他的创作一直很关注,说:"长篇小说是一个结构的艺术,结构好了小说就立起来了,有骨有肉就立起来了;结构不好,小说就像剔了骨头的肉,提起来是一串子,放下去是一摊子。"此后一段时间,陈忠实在阅读中就重点研究长篇小说的结构,读了王蒙的《活动变人形》和张炜的《古船》,又读了马尔克斯的《百年孤独》《霍乱时期的爱情》等。

11月1日 致信长安县作家、朋友李下叔。信中说:"……我已回到乡间,多少有点寂寞。写作之余,有点惘然于没有听的对象。只有到河边、山坡上溜达,舒缓一下。秋来的萧索和城市四季几乎不分的喧嚣形成巨大的反差。我的家乡现在仍保存着一种田园气氛，这种气氛除一般意义上的感受之外，又教人有点冷凄的感觉。……"

11月8日 中国文学艺术界联合会第五次代表大会在北京召开，陕西代表团文学方面的代表是胡采、李若冰、杨韦昕、李凤杰、王汶石、杜鹏程、贾平凹（请假）。17日，胡采、李若冰、杨韦昕参加中国作家协会四届三次理事会，至19日闭幕。

12月10日 复信长安县作家、朋友李下叔。信中说："我仍在做那部书的素材梳理工作，尚谈不到初稿。我想把那些素材先摆出来，看看究竟有多少货色。长篇我未弄过，有点不踏实，总觉得这算不算个玩艺（意儿），甚至不敢想将来会不会被编辑们接受。确实不敢想，想得多了就弄不成了。只能自己安慰自己，什么且不管，把自己的感受和理解写出来再说。更谈不上艺术上的什么主义。想到太多的主义时也就弄不成了。原想元旦前做完梳理工作，前不久因故耽搁了时间，看来春节前能弄一段落就不错，我正这样打算，如能实现，春节后就该认真搞正式稿了。因您诚挚关注，如实汇报，祝愉快……"

本年 写成短篇小说《两个朋友》《舔碗》。

本年 写成言论《美玉出蓝田》。

1989年 47岁

1月28日 于白鹿原下（即白鹿园，西蒋村老家）写成纪念西北大学中文系教师、文学评论家蒙万夫（1988年11月3日因病去世，年仅50岁）的散文《默默此情谁诉》。

1月　《白鹿原》草拟稿完成,约四十万字。

3月4日　参加中共陕西省委宣传部、中国作家协会陕西分会、陕西省文学艺术界联合会召开的文艺家兼职深入生活座谈会。近几年来,作家兼职深入生活的有:陈忠实(西安灞桥区)、路遥(铜川矿务局)、赵熙(太白县)、邹志安(礼泉县)、莫伸(西安铁路局)、王宝成(临潼县)、京夫(商州市)等。

3月9日　中共陕西省委宣传部、中国作家协会陕西分会召开座谈会,五十余人出席,讨论贾平凹获美孚公司"飞马奖"的长篇小说《浮躁》。

4月1日　在灞桥区西蒋村老家开始写《白鹿原》二稿。

4月17日　复信长安县作家、朋友李下叔。信中说:"……信悉请释念。去法门寺的事打退堂鼓了,没有什么原因,只是游兴不高,大约是心头负担太多,我现在无心出门走动。如果卸去了心里的负担,我们将来再轻松地出游一番。"

8月8日　酷热难耐,寻到灞桥区文化馆馆长、作家李君利(笔名峻里)位于洪庆镇郭李村的老家,开始住在李家窑洞中写作。

在李家窑洞中写作,历时十余天,完成了《白鹿原》第十二章。有一天下午饭后,与李君利在河谷中散步,心情极好,正走着,忽然回首吼了一声:"也弄它一个马孔多(马尔克斯《百年孤独》中一个小镇的名字)……"稍后又笑着对李君利说,"这话现在还不能给人说"。

8月下旬　中国作协陕西分会急电召回,开始参加为期数月的"整党""学习"等会议。

8月　中国文联出版公司出版路遥长篇小说《平凡的世界》

第三部,全书出齐。同年由中国电视剧制作中心拍摄成14集电视连续剧。1999年《平凡的世界》被评为"百年百种优秀中国文学图书(1900—1999)"之一。

10月21日 写信给李君利及其夫人周改群。信中谈及正在写作的《白鹿原》,说他现在无法进入写作的"心境"。又说,"我已经感觉到了许多东西,但仍想按原先的构想继续长篇的宗旨,不做任何改易,弄出来再说,我已活到这年龄了,翻来覆去经历了许多过程,现在就有保全自己一点真实感受的固执了。我现在又记起了前几年在文艺生活出现纷繁现象时说的话:生活不仅可以提供作家创作的素材,生活也纠正作家的某些偏见。那时是有感而发,今天回味更觉是另一种感觉"。

12月9日 复信长安县作家、朋友李下叔。信中说:"……上次见面时说到作协的事,就那样结局(束)了,工作组完成审查领导干部的任务,已转另一个协会。无事,请释念。

"……这些琐碎的事,都太烦人,但都是事,我不做就不行。我的朋友中有实际办事能力的太少,所以把您占住了!真是迫不得已,也就不说不好意思的话了。"

12月 在清查工作中由四人具名写的关于陈忠实的考察材料中说:"当前正在日夜笔耕,赶写一部长篇小说;动乱中该同志住在农村,集中突击完成长篇小说,很少到作协机关来,因此没有什么问题。学潮初期,思想上曾一度对学生提出的'惩治腐败、打倒官倒'等口号有同情,但在言论和行动上,能和党中央保持一致。'双清'以来,认识明确,态度积极,能按时赶来机关参加会议和学习,自觉清理自己思想。作为'双清'小组成员,能积极参与清查工作。"考察材料最后,说陈忠实的"主要问题是:

作为作协一个领导成员,长期住在农村,埋头创作,对机关工作主动关心不够,过问少"。中共陕西省委组织部在1992年1月对陈忠实的考察材料中也说:"在1989年的'两乱'斗争中他住在农村,正赶写一部长篇小说,没有参加游行等各种声援活动,在言论和行动上能同党中央保持一致。对'双清'工作认识明确,态度端正,能按时赶来机关参加学习和会议,自觉清理思想,积极参与清查工作。"(《陈忠实档案》)

本年 在中国作协陕西分会经高级职称评委会评为"一级文学创作"职称。

1990年　48岁

1月6日 于白鹿园写成言论《我说关中人——〈灞桥区民间文学集成〉序》。

2月23日 写成言论《篇篇珠玑说〈泥神〉》。

3月9日 于白鹿园写成言论《唯有真情才动人——读〈肖重声散文选〉》。

3月 这个时期的月工资是158元。

本月 根据路遥长篇小说改编的电视连续剧《平凡的世界》,由中国电视剧制作中心拍摄播放,导演及主要演员来陕西与评论界三十余人座谈。

春 写成报告文学《山里有黄金》。

3—7月 继续《白鹿原》正式稿写作。

8月至年末 参加"整党"的各种会议。

9月19日　于白鹿园写成言论《巨人与矮子——〈长安风〉序》。

10月24日　写信给何启治。信中说，"朱盛昌同志曾两次来信约稿，我都回复了。他第二次信主要约长篇，大约是从陕西去北京的作家口中得知的消息，我已应诺，希望能在贵刊先与读者见面，然后再做修改，最后出书。关于长篇的内容，我只是说了几句概要的话。作品未成之前，我不想泄露太多，以免松劲。所以我想告诉您，这个作品我是倾其生活储备的全部以及艺术的全部能力而为之的。究竟怎样，尚无把握，只能等写完后交您评阅。原计划国庆完稿，未想到党员登记的事，整整开了两个多月的会"，加之一些家事干扰，"弄得我心神不宁"，"我了过此番心事，坐下来就接着修改工作，争取农历春节前修改完毕最后一部分。此书稿1987年酝酿，1988年拉出初稿，1989年计划修改完成，不料学潮之后清查搞了四个月，搁置到今春，修改了一部分，又因登记党员搁置。全书四十五六万字，现剩下不到三分之一，我争取今冬拼一下。大致情况如此，待成稿后我即与您联系，您不要惦记，我已给朱应诺过，不会见异变卦的。也不要催，我承受不了催迫，需要平和的心绪做此事。盼常通信息，并予以指导，我毕竟是第一次搞长篇"。

同日　致信长安县作家、朋友李下叔。信中说：

"……（咸阳那篇报告文学）总算有着落了……一当事成，我即去长安见您，也想和您聊聊了。

"……黎力毕业分配的事，现已到实施阶段，估计十一月中旬前可以落实，您也可以放心了。一俟最后落实，我就搬掉'一座大山'了。这段时间里，我因此事搅得心神不宁，坐不下来。'三座大山'哩……"

10月 与田长山合写报告文学《渭北高原：关于一个人的回忆》，写农业科学家李立科的事迹。刊《陕西日报》11月20日。1991年5月获中国作家协会1990—1991年度全国优秀报告文学奖。

12月22日 西安市作家协会召开第二次会员代表大会，贾平凹为主席，景平为常务副主席，和谷、权宽浮、商子雍、董子竹为副主席。

1991年　49岁

1月 《创作感受谈》（文论集）由陕西人民出版社出版。

本月 《到老白杨树背后去》（短篇小说集）由陕西人民教育出版社出版。

本月 短篇小说《两个朋友》刊《莽原》第1期。

2月4日 致信长安县作家、朋友李下叔。信中说："……我元旦后才坐下来熟悉自己编织的故事，企图重新进入。不料闹了一阵病，只吃不消化，后也很快不能吃了，持续半月之久。渐次恢复，现已完全正常，不计干湿，开始进入工作，只是一年又完了……"

春 致信中共陕西省委宣传部部长王巨才，辞谢关于让他做陕西省文联党组书记的人事安排。

3月10日 早上，从西蒋村风尘仆仆赶到西安市北大街，参加陕西人民出版社在办公楼七层会议室举办的文学创作座谈会。早间中央人民广播电台广播新闻，路遥长篇小说《平凡的世界》获中国作家协会主办的第三届茅盾文学奖。由于路远，陈忠实晚到了一会儿，路遥正在发言，陈忠实坐在会议提前安排好的位子上，就在路遥身旁。坐在路遥另一边的评论家李星这时从路遥背后侧身过来告诉陈忠实，路遥获茅盾文学奖了。陈忠实早上走得急，没有听广播，听到这个消息，他说："这是大好事。"陈忠实想等路遥发言完毕即表示祝贺，李星又从路遥背后侧过身来说："你的长篇写完了吗？"他回答："还没有。"李星说："几年了，你躲在乡下都干了些啥？咋还没有完？"他说："不急。"停了一会儿，路遥还在发言，李星又招手让他俯过头去说："今年再拿不出来，你就从这七楼跳下去。"陈忠实没有说什么。直到1993年，《白鹿原》火了之后，陈忠实才几次旧话重提："李星让我从出版社七楼跳下去，心急我了解，但我是不以为然的。自己还不满意的作品，匆忙拿出来又有什么意思？只能是又多了个印刷垃圾。"

4月15日　路遥长篇小说《平凡的世界》荣获中国作家协会主办的第三届茅盾文学奖，中共陕西省委宣传部、中国作家协会陕西分会、陕西省文学艺术界联合会召开表彰大会。省委副书记牟玲生、副省长孙达人及宣传文化新闻部门负责人、作家、评论家等各界人士三百余人出席。会上，宣读了《关于表彰〈平凡的世界〉作者路遥的决定》，授予路遥表彰证书、纪念花瓶和奖金。路遥致答谢词。

4月27日　致信中国社会科学出版社编辑、评论家白烨。信中请白烨为他即将出版的中篇小说集《夭折》写一个序言。该书由邢良俊任责任编辑，陕西人民出版社于1992年12月出版。

4月　与田长山合写的报告文学《高原、魂魄》刊《延河》第4期。

5月20日　《文论两题》刊《小说评论》第3期。

5月　陕西人民出版社出版《柳青文集》二册，第一册收入《创业史》第一、第二部，第二册收入其他小说、散文、文论。印数：1000册。

夏　再次致信中共陕西省委宣传部部长王巨才和主管文艺的副部长郧尚贤，力辞省文联党组书记的人事安排，着重申明两点：一、自己不愿意调离作协。组织部门如果径下任命书硬调，自己不遵从，不仅自己被动，于领导也不大好。如果不开除党籍，他是不会调离作家协会的。二、直言不讳地表明，如果作家协会人事不好安排，他甘愿放弃现任的副主席职位，只要能保留专业创作这个职业就心满意足了。

伏天，在西安丈八沟宾馆参加省委会议，与省委宣传部部长王巨才相遇，王巨才说：那你就原样不动，倒是觉得亏了你啊。

8月21日　由中国作家协会主办的1991年度庄重文文学奖颁奖大会在西安举行。西北五省（区）青年作家16人荣获该奖，陕西获奖作家是贾平凹、杨争光、高建群。此奖由我国香港爱国人士庄重文设立，已评奖三次。本届评委会由陕西省省长白清才任名誉主任，省委副书记牟玲生任顾问，庄绍绥任主任，胡采任评委会副主任，李若冰等任评委。

8月30日　致信白烨。信中说，"陕西文联和作协的换届又推至十月末十一月初，人选在不断捋码中，一阵一种方案的传闻，变化甚大。无论如何，我还是以不变应多变，不求官位，相对地就显得心安了"。提到正在写作中的《白鹿原》，"长篇这段时间又搁下了，因孩子上学诸事，九月即可投入工作，只剩下不足十万字了，能出不能出暂且不管，按原构思弄完，了结一件心事，也可以干些别的"。

9月19日　致信白烨。对白烨为他中篇小说集《夭折》写的序表示满意和感谢，其中说到，"您对我的创作的总体把握和感觉也切中实际，尤其是您所感到的新变"。"鉴于此，我更坚定信心写长篇了，且不管结局如何；依您对《蓝袍》以及《地窖》的评说，我有一种预感，我正在吭哧的长篇可能会使您有话说的，因为在我看来，正在吭哧的长篇对生活的揭示对人的关注以及对生活历史的体察，远非《蓝袍》等作品所能比拟，可以说是我对历史、现实、人的一个总的理解，自以为比《蓝袍》要深刻也要冷峻一些了……"

11月17日　于白鹿园写成言论《〈风雪娘子关〉阅读笔记》。该文系为陕西户县作家段景礼中篇小说集《风雪娘子关》写的序言。刊《文学自由谈》1992年第2期。

12月16日　参加《小说评论》编辑部召开的编委暨中国小说学会在陕理事扩大会议。

本年　继续《白鹿原》写作。

1992年　50岁

1月6日　写成报告文学《腼腆——余长庚印象》。

1月29日　农历辛未年十二月二十五日，《白鹿原》书稿写完，全书四十九万六千字。

2月下旬　给人民文学出版社时任《当代》杂志常务副主编的何启治写信（何启治与他1973年冬就有长篇小说之约），告诉何启治他的长篇小说《白鹿原》的写作已经完成，修改也将于3

月下旬完成，稿子是送到北京还是出版社派人来取，请何启治定夺。

3月7日　致信长安县作家、朋友李下叔。信中说："……我还在乡下，长篇到最后的完善工作，尚需一些时日。当然，编辑看后的情况尚难预料，我不乐观，所以也不急迫。正是您说的'挖祖坟'的题旨，您想想能令人乐观起来吗？……"

3月23日　天不明便起身，请来一位乡党照看生病的母亲，踏着夜来的大雪步行七八里赶到远郊汽车站，搭乘头班车进城，到西安火车站迎接人民文学出版社高贤均、洪清波两位编辑。接到后，把二位编辑带到西安市建国路作协陕西分会招待所住下，安排好食宿，说稿子还有最后的三四章需要修改，请二位编辑安心休息两天。他又赶回原下老屋，一边修改书稿，一边照护输液的母亲。

3月25日　早晨，提着《白鹿原》的手稿赶往城里，在西安市建国路作协陕西分会招待所，他把近五十万字的厚厚一摞手稿（原稿。自己留的是复印件）交给高贤均和洪清波。

3月29日　将《白鹿原》手稿复印件送至西安文理学院王仲生教授家，请王仲生阅读并给出总体评价。

3月31日　早上，收听中央人民广播电台的新闻广播，听到邓小平南方谈话的报道。邓小平在南方谈话中指出："不坚持社会主义，不改革开放，不发展经济，不改善人民生活，只能是死路一条。""革命是解放生产力，改革也是解放生产力。""改革开放胆子要大一些，敢于试验，不能像小脚女人一样。看准了的，就大胆地试，大胆地闯。"听了邓小平南行中关于要继续坚持改革开放的讲话，感到很振奋，同时，也敏感地意识到，中国思想文化的春天也将随着自然界的春天一起到来了，《白鹿原》的出版也有望了。

4月16日　人民文学出版社当代文学编辑室编辑高贤均致信陈忠实。

老陈：

　　您好！

　　我们在成都待了十来天，昨天晚上刚回到北京。在成都开始拜读大作，只是由于活动太多，直到昨天在火车上才读完。感觉非常好，这是我几年来读过的最好的一部长篇。

　　犹如《太阳照在桑干河上》一样，它完全是从生活出发，但比《桑干河》更丰富更博大更生动，其总体思想艺术价值不弱于《古船》，某些方面甚至比《古船》更高。《白鹿原》将给那些相信只要有思想和想象力便能创作的作家们上一堂很好的写作课。衷心祝贺您成功！

　　出书我看是不成问题了。责任编辑是刘会军，也是您认识的。关键是《当代》。我将向朱盛昌、何启治建议分二期全文刊载。洪清波与我看法完全一致，他会在《当代》尽力鼓吹。

　　先简单写几行字，以解悬望。《当代》方面一有消息即告。如见到田长山、小阎请代为问候。问您夫人好，感谢你们的热情接待。

　　握手！

高贤均
四月十六

4月18日　《当代》杂志洪清波对《白鹿原》签署初审意见：

　　作品最突出的优点是，所描写的生活非常扎实，因而就大大丰富了作品的内涵……当代文学创作中，如此生动、丰富、真实描写农村生活的还不多见。

其次，人物形象非常成功。白嘉轩、鹿子霖是两家的家长，他们的命运无不与历史许多重大事件相关，所以他们是那个时代中国农民的缩影。用既定的思想观点很难判断他们一生的是是非非。但是读者无法怀疑他们的真实性。

在艺术表现上，总体看来十分朴素。作品以叙述为主。一般说来叙述得比较清楚，并显示出一定的丰富性，但也有个别地方有枝蔓（和）不合理的问题。当然，作为一部长篇，这种朴素的表现方式，显得有些单调，特别是有时候该出情绪的地方，烘托不上气氛。但是这也与作者的写作风格、描写内容有关。此作是比较冷静的现实主义，很少渲染夸张。

总之，此作可读性较强，内容丰富，认识深刻，我以为是很不错的作品。

4月21日　邀请李星和王仲生到家面谈，两位评论家一致肯定了《白鹿原》，认为该作获得了巨大的突破。

4月27日　致信白烨。信中说，《白鹿原》"长篇终于弄完，于三月底交给来拿稿的两位编辑高贤均（人民文学出版社一编室副主任）和洪清波（《当代》），他们在四川活动半月后回到北京，即告知读罢《白鹿原》书稿的印象，悬空的心才落到实处，确真是大喜过望。当然，编辑初读后说点赞誉的话是情之所至，不可依此自恃，但仅出书能落实这一点，夙愿已经足矣"。又说，"稿子受审的半月里，我惶惶不可终日，先让李星读了，给我把握一下，李星在这儿是公认的艺术感觉最敏锐最好的评论家，给我吃了定心丸"。不久接到高信，由于高信验证了李星此前对《白鹿原》把握和判断的准确，陈忠实对李星佩服得简直有些五体投地了。

5月3日 《当代》杂志常振家对《白鹿原》签署复审意见：

这是近年来一部比较扎实的作品，历史感强，人物形象鲜明而丰满。特别是作者能把人物的命运与性格的展示同整个社会的历史变迁结合起来，这就不仅加强了人物性格的深刻性和丰富性，而且使作品产生一种厚重感。

作品不足之处在于笔墨过于均匀，变化较少，"浓淡相宜"注意不够。有些性的描写似应虚一些。但总的来说，这还是一部不错的作品。

5月22日 中国作协陕西分会举行首届"双五"文学奖颁奖大会。路遥、贾平凹获突出贡献奖，杨争光获荣誉奖，李天芳、晓雷的长篇小说《月亮的环形山》获最佳作品奖，陈忠实的中篇小说集《四妹子》、邹志安的长篇小说《多情最数男人》、程海的《我的夏娃》、王宝成的长篇小说《爱情与饥荒》和竹子的长篇小说《黑谷》获优秀作品奖。

5月26日 下午，应邀到灞桥区委宣传部参加"纪念毛主席《在延安文艺座谈会上的讲话》发表五十周年报告会"，讲了三个问题：一是纪念该讲话的现实意义；二是陕西作家群的情况；三是他个人的创作情况。报告后，又回答了业余作者提出的一些问题。

6月6日 致信白烨。信中谈到即将出版的《白鹿原》时说，

"您喜欢《蓝袍先生》。这部书稿仍是循着《蓝》的思路下延的，不过社会背景和人物都拓宽了，放开手写了。另外，您是关中人，我是下劲力图写出这块地域的人各个风貌的，您肯定不会陌生，当会有同感"。

6月30日 《当代》杂志常务副主编何启治对《白鹿原》签署终审意见：

这是一部扎实、丰富，既有可读性又有历史深度的长篇小说，是既有认识价值也有审美价值的好作品。

1.此作体现了比较实事求是的历史观、革命观。在政治上是反"左"的，是拥护十一届三中全会正确思想路线（实事求是）的。写国民革命、写国共又合作又斗争的历史相当冷静、准确、可信。可以说比较形象、真实地描绘了国共两党初期闹革命阶段的真实面貌，如十六章写白灵、鹿兆海以铜元（圆）的正反定入党的对象，其后又在实践中互变为另一党的党员，就很有时代特色。

2.此作通过白、鹿两个家族、两代人的复杂纠葛反映国民革命到解放这一时期西安平原的中国农村面貌，也是准确而有深度的。我们有一个时期以简单的阶级斗争（甚至扩大化）观点来统率一切，事实已证明这是不符合历史真实的。《白鹿原》在这一点上显示了作者的冷静和勇气，而作为文学作品，则显得既新鲜又深刻、准确，因而特别值得肯定，值得重视。

3.作品的历史观和革命观都不是概念的表述，而是通过活生生的艺术形象塑造和生动、形象的生活画面来表现的。

如老一代的白嘉轩、鹿子霖、朱先生就写得很好。朱先生作为一个有骨气的正直博学的知识分子写得很成功。白嘉轩作为一个有原则且能身体力行的倔强的族长形象也很动人。十六章写他被打断了腰仍不失威仪,夺过鹿三的牛鞭子在夕阳中扶犁耕地,就像一幅充满悲壮意味的夕照图。鹿子霖干尽了坏事,但也不是简单地(写他)干坏事,都按一定的生活逻辑落笔。凡此,显示了作者的冷峻和艺术功力。(长工鹿三的形象也值得注意。)

当然,鹿兆鹏、鹿兆海兄弟和白灵、白孝文、黑娃等形象也不错。特别是小娥这个表面看似淫荡而实际上并未泯灭人性的艺术形象也是成功的,值得注意的。

这就牵涉到此稿的性描写如何处理的问题。首先,我赞成此类描写应有所节制,或把过于直露的性描写化为虚写,淡化。但是,千万不要以为性描写是可有可无的甚至一定就是丑恶的、色情的。关键是:应为情节发展所需要,应对人物性格刻画有利,还应对表现人物的文明层次有用。自然,应避免粗俗、直露。试想,如果《静静的顿河》去掉了阿克西妮亚会成个什么东西?如果《子夜》删掉了冯云卿送女儿给赵伯韬试图以美人计刺探经济情报这段情节,又怎么样?(这情节不但写活了赵伯韬的狂傲、冯云卿的卑鄙,也写出了冯女的幼稚和开放。)《白鹿原》的小娥就是个很重要的形象。她在鹿子霖挑唆下拉白孝文下水这一段性情节,就很能表现鹿子霖的卑鄙、白嘉轩的正直、严厉以及小娥和白孝文的幼稚和基本人性、为人态度等等,是不可少的情节。

此外,作品还有一些比较弱的或比较经不起推敲的部分(如992页写白灵发动学潮,1218页鹿兆鹏让鹿兆海送白灵到张村,1427页反反复复讲白孝文买鹿家门楼等等),应在编辑时或删或做适当改动处理。

陈忠实迄今最重要、最成功的小说就是这一部……赞成适当删节后采用，刊《当代》今年第6期和明年第1期。请发稿编辑把文字加工工作做细一些。（大约可删去五万字左右？）

6月 由中共咸阳市委宣传部组织，于本月写成报告文学《生命礼赞——神针赵步长》。

7月6日 中共陕西省委任命陈忠实为作协陕西分会党组成员、副主席。

7月10日 致信白烨。信中谈到即将出版的《白鹿原》，"前几天与《当代》和出书部通过话，《当代》已定为本年六期和明年一期连载，大约得删掉10万字，主要是怕有失大雅的'性'影响观瞻，每期约发20万字，两期发完"，"因为主要是删节，所以我决定不去北京，由他们捉刀下手，肯定比我更利索些。出书部也有定着，高贤均已着责编开始发稿前的技术处理工作，计划到8月中旬发稿，明年三、四月出书，一本，不分上下，这样大约就有700页。我提出出点精装本，作为赠好友和自己保留，他说得与社里商议后再定"。"原以为我还得再修饰一次，一直有这个精神准备，不料已不需要了，反倒觉得自己太轻松了。我想在家重顺一遍，防止可能的重要疏漏，然后信告他们，我免了旅途之苦，两全其美"。谈到工作安排，信中说，"我已与陕西宣传部部长谈通，不再去文联，也不在作协任实职，算是了却了这件事"。谈及下来的写作计划，信中说，"可以谋划下一个脚窝了，该跷向何处？也希望听到您的灼见。有个想法是，不干这么大规模的长篇了，十几万字，写精粹点耐嚼点，另辟一条路子，艺术上也不能重复自己，重复写起来没劲！"

8月10日 时任人文社副总编辑、实际主持《当代》杂志工作的朱盛昌签署了在《当代》1992年第6期和1993年第1期连载《白鹿原》的终审意见：

按何启治同志的意见处理。

关于性描写，我不是反对一般的两性关系描写。对于能突出、能表现人物关系、人物性格和推动情节发展所需要的两性关系的描写是应当保留的。但直接性行为、性动作的详细描写不属此例，应当坚决删去，猥亵的、刺激的、低俗的性描写应当删去，不应保留……不要因小失大。

8月　于西安写成散文《又见鹭鸶》。刊《文苑（经典美文）》2009年第7期。

夏　写成言论《天下谁人不识君——肖重声〈珍蔬佳话〉序》。

夏　填词《小重山·创作感怀》。

夏　填词《青玉案·滋水》。

9月24日　中共陕西省委任命赵熙为中国作家协会陕西分会党组副书记，雷进前为党组成员。免去李若冰党组书记，刘成章、杨韦昕副书记职务。

10月　当选为出席中国共产党第十四次全国代表大会代表。

11月7日　作协陕西分会召开主席团会议。会议决定，分会书记处停止工作，任命雷进前为秘书长；同时，成立换届筹备领导小组；组长王汶石，副组长路遥、赵熙，成员陈忠实、杨韦昕、刘成章、雷进前。

11月17日　作协陕西分会副主席、党组成员路遥病逝，享年43岁。

11月21日 举行路遥悼念大会。省委副书记刘荣惠及文艺界、路遥生前友好三百余人参加,赵熙主持大会,介绍路遥生平,陈忠实致悼词《别路遥》(刊《电影画刊》2003年第4期)。路遥,原名王卫国,1949年12月2日出生于陕西省榆林市清涧县一个贫困农民家庭,7岁时因为家里困难被过继给延安市延川县农村的伯父。当过农民和小学教师。1973年作为工农兵大学生入延安大学中文系学习,1976年毕业后在《陕西文艺》编辑部工作。历任《延河》编辑、小说散文组负责人,中国作家协会陕西分会副主席,专业作家。1982年加入中国作家协会。主要作品有中篇小说《人生》,长篇小说《平凡的世界》,创作随笔《早晨从中午开始》。

11月26日 草成诗歌《猜想死亡》,1993年9月16日改写。刊《延河》1993年第11期。

12月18日 作协陕西分会党组调整《延河》编辑部领导班子,陈忠实任主编,徐岳任执行主编。《小说评论》编辑部由王愚任主编,李星任执行主编,李国平为副主编。

同日 人民文学出版社当代文学一编室刘会军对《白鹿原》签署初审意见:

这部作品既有严肃深刻的思想内容,又有生动引人入胜的故事情节。两者完美的结合,提高了小说的品位。它对生活的冷峭、深邃的描写,对人物琢磨不定,但又入(合)情合理的性格刻画和总是出人意料的情节发展,以及篇幅宏大而情节、人物单线发展却又完整自然的框架式的艺术结构,都显示出作品的独到之处。它既能引起作家、出版家、评论家、学术研究者的重视,也能受到一般文学爱好者的喜欢,能引起社会的强烈反响。它的经济效益在目前情况下不敢企盼过高,但希望在文学评奖中获奖,还是抱有信心的。

12月20日　《当代》第6期刊载《白鹿原》(上)。

12月22日　《陕西日报》刊发署名李山写的本报讯:

我省作家陈忠实创作的第一部长篇小说《白鹿原》,已在今年《当代》杂志第六期面世。作家自甘寂寞,简居乡村耗时5年,终于完成50万字的创造工程,以宏阔的思想视野和艺术结构,展现了从上世纪(十九世纪)末到本世纪(二十世纪)中叶白鹿原上白、鹿两个家族激动人心的兴衰史,刻划(画)了几十个血肉丰满的人物,再现了这个时期关中平原所发生的许多重大历史事件,不仅有史的价值而且具有丰富的文化内涵。人民文学出版社将发排《白鹿原》明年二季度出版。

此消息由陈忠实和田长山商量拟定,田长山执笔。

12月　《夭折》(中篇小说集)由陕西人民出版社出版。

冬　于白鹿园写成言论《渭南有个李康美》。

1993年　51岁

1月11日　人民文学出版社当代文学一编室高贤均对《白鹿原》签署复审意见:

同意刘会军同志对作品的分析和评价。

这部以叙事为主要表现手段的小说，其艺术感染力却强于众多浓墨重彩着力描绘的作品，原因就在于生活本身的丰富和魅力。作者沉潜数年，努力探索生活本质，研读名著，反思以往创作，终于摆脱了过去种种观念、戒律、创作模式的束缚，走上了真正的现实主义创作道路，并调动了自己的全部生活积累和生活感悟，完成了这部现实主义巨著，从而在自己的创作历程上飞跃了几级台阶。这部作品在艺术手段的运用上少有出新之处。但它的恢弘（宏）气势，扑面而来的真实感，生动复杂鲜活的人物形象，内涵无穷，使人见仁见智的情节，都令人信服地说明了生活的力量，真正现实主义的力量。这是近几年不可多得的长篇小说佳作，远非那些耍花枪的时髦作品所能比拟。应该作为我社重点作品推出。

1月15日 陕西作家王晓新读了《当代》杂志刊发的《白鹿原》（上）后致信陈忠实。信中说，"浪迹天涯底层时，看见《当代》上载有您的长篇新作《白鹿原》。对于《当代》这个由颇具权威的人民文学出版社所操办的刊物，近几年来我也久违久疏，像一个俗辈僧道看见长辫子娘儿，心里怦然片刻便垂脸而去。一个写小说的人不读小说岂非咄咄怪事？可这是严酷的现实！我日感无论是小说制造者还是小说消费者，阅读小说的功能正在急遽退化或萎缩"。"《白鹿原》题头的那幅肖像画，使我联想到离生你养你的白鹿原不远处的蓝田猿人，您好像刚从地狱里钻出来一样，肝胆炫炫而又挂霜刻皱，踌躇满志而又心力交瘁。潜心于鸿篇巨制的作家大抵都是这副德行吧。当您用蓝田猿人般冷敛的嘴脸含蓄疲惫而又庄严地宣告《白鹿原》是一部民族的秘史时，我除了替您诚惶诚恐之外，期望值也陡然增高。细细阅览时，疑惧一扫而去，感到分外震惊，连连闭气。极具震撼力的秘史式的情节细节和绝唱般的艺术营造，大大出乎一个写小说的人的预料"。此信后刊3月18日《陕西日报》。

1月17日 作家邹志安病逝，享年46岁。1月20日举行遗体告别仪式，雷进前主持大会，赵熙致悼词。中国作家协会陕西分会机关及文艺界、邹志安兼职所在地礼泉县领导同志一百余人出席。

1月18日 何启治（1992年9月调任人民文学出版社副总编辑，分管当代文学的出书工作）对《白鹿原》出书签署终审意见：

这是一部显示作者走向成熟的现实主义巨著，作品恢弘（宏）的规模，严谨的结构，深邃的思想，真实的力量和精细的人物刻画（白嘉轩等可视为典型），使它在当代小说之林中成为大气（磅礴）的、有永久艺术魅力的作品。应做重点书处理。

1月 《悼路遥》刊《小说评论》第1期。

本月 京夫的长篇小说《八里情仇》由中国文联出版公司出版。

本月 《路遥文集》五卷本由陕西人民出版社出版。

2月20日 《当代》第1期刊载《白鹿原》（下）。

3月3日 陕西作家王晓新读了《当代》杂志刊发的《白鹿原》（下）后致信陈忠实。信中说，"下半部已读完了，直觉告诉我，一部扛鼎举标的长篇在陕西文学界问世了。可以毫不夸张地说这是多少年来罕见鲜现的大作品。文学家的历史使命和艺术使命在这里得到了至诚至贵呕心啼血的发挥"。"《白鹿原》是一部构成复杂的作品，一时很难条分缕析地说出其深邃博大的意蕴，只好留待评论家和读者去评说了。但是有一点却是毋庸置疑的，由近当代的志士仁人和芸芸众生共同用鲜血生命开创的中华民族的大业，正展示出更富魅力的未来，也为我们提供了更恢宏的画面，不努力地去表现这一切，就有负于时代的呼唤和厚望了。奇怪的是，面对自己的作品您竟连一句完整的感述也道不出来。长久的相对无言引发出的是另外的感慨，二十年前，当陕西中青年作家群的一群穷娃神圣亢奋地擎着殉道者的头颅，从陕北高原商州山地渭北平川西岐咸阳左道还有秦巴深处，血气方刚地走出来的时候，脚下踩的是这方厚土，肩上扛的也是这方厚土，而今已经有好几位为此流尽了最后一滴血！在昂奋呼啸'下海'的呐喊声中，纯文学的经营者只能喊一声我们是在下油锅。油锅里炸出了《白鹿原》。这是陕西文学界的一件幸事。我相信评论界会迅速地做出仁山智水左龙右虎般的评介"。此信后刊3月18日《陕西日报》。

3月11日　中共陕西省委宣传部发文任命陈忠实为《延河》杂志主编。

3月15日　上午10点多，李星将关于《白鹿原》写作的诸问题交给陈忠实，陈忠实没有午休，答至下午5点左右，一口气写成一万五千字的《关于〈白鹿原〉与李星的对话》。后以《关于〈白鹿原〉的答问》刊《小说评论》第3期。

3月23—24日　中共陕西省委宣传部、中国作协陕西分会联合召开了《白鹿原》研讨会。中共陕西省委宣传部部长王巨才出席开幕式并讲话。《当代》杂志何启治、常振家专程从北京赶来参加。陕西作家、评论家、文学编辑六十余人出席讨论会。由邢小利撰写的研讨会综述《一部展现民族灵魂的大作品》（署名小雨）刊《小说评论》第4期，《一部展示民族秘史的力作》（署名邢小利）刊《陕西日报》4月26日。

春　写成报告文学《忠诚与潇洒——我理解的王福禄》。

4月2日　写成悼念路遥、邹志安的文章《黑色的1992》。刊《文学自由谈》第3期。

4月11日　中共陕西省委批准陈忠实为中国作家协会陕西分会第五届主席候选人。

4月　中国作家协会陕西分会党组决定：陈忠实任《延河》主编，徐岳任执行主编，晓雷、闻频、王润华任副主编。

5月25日　《光明日报》刊登记者韩小惠的文章《陕军东征》称："不知是巧合还是什么原因，北京的四大文艺出版社——北京十月文艺出版社、人民文学出版社、作家出版社、中国文联出版公司近期各自推出的一部重头长篇小说，全是陕西作家所著。这就是贾平凹的《废都》、陈忠实的《白鹿原》、高建群的《最后一个匈奴》、京夫的《八里情仇》……这一举动震动了文坛，被首都评论界称为'陕军东征'"。

5月　在中共陕西省委第八次代表大会上，当选为省委候补委员。

本月　写成《〈白鹿原〉创作漫谈》。刊《当代作家评论》第4期（7月25日出刊）。

6月1日　《陕西日报》转载韩小惠文章《陕军东征》。

6月8—10日　陕西省作家协会第四届会员代表大会在西安召开。王汶石致开幕词。胡采代表第三届理事会作题为《以邓小平建设有中国特色社会主义理论为指针，改革开拓，为繁荣发展我省文学事业而奋斗》的工作报告。中共陕西省委副书记刘荣惠讲话。会议通过修改后的《陕西省作家协会章程》，选举理事83名，选举常务理事43名。陈忠实致闭幕词。

在四届一次常务理事会上选举陈忠实为主席，王愚、王蓬、孙树淦（莫伸）、刘成章、李凤杰、杨韦昕、赵熙、贾平凹、高建群、雷进前为副主席。在四届主席团会议上决定聘请胡采、王汶石、王丕祥、魏钢焰为名誉主席，聘请名誉理事26名。任命雷进前兼任秘书长。

根据中央有关规定，中国作家协会陕西分会更名为陕西省作家协会。

截至1993年6月前，陕西省作家协会共有会员527名（女会员38名）；出席此次代表大会的会员代表共176名。

6月10日　下午在陕西省作家协会第四次会员代表大会上宣读《陕西作家应对中国当代文学做出无愧贡献——陕西作协第四次会员代表大会闭幕词》，结尾时说："我们倡导这个群体的每一个成员，有勇气有锐气有志气有才气有骨气。我们相信在这个群体里会形成大胸怀大气魄大视野，出现大作品大作家。我们的目的是一致的，陕西作家应该而且能够对中国当代文学做出无愧贡献！"

同日　中国作协陕西分会第二届"双五"文学奖在西安举行颁奖大会。《白鹿原》获本届文学奖最佳作品奖。

6月11日　陕西八位作家在西安聚会，接受民办的长安影视制作公司的聘请，成立长安影视创作中心。贾平凹在成立宣言中说，敢以天下强，为振兴中国文学影视作贡献。这个中心的成员除小说家陈忠实、贾平凹、高建群、王蓬外，其他都是西安电影制片厂的职业编剧，他们是电影《黄土地》编剧张子良、《双旗镇刀客》编剧杨争光、《野山》编剧竹子和《霸王别姬》编剧之一芦苇。长安影视制作公司是半年前成立的,已先后与其他单位联合摄制了电视连续剧《莽塬》《香叶》《我的地平线》等。《光明日报》12日对此作了报道。

6月17日　于小寨写成言论《陈忠实中短篇小说选萃自序》。

6月18日　于小寨写成随笔《文学这个魔鬼》。刊7月1日《西安晚报》。

同日　散文《汽笛·布鞋·红腰带》草于小寨,6月21日改定。

6月19日　于西安写成词作《踏莎行·人民大厦四十年》。

6月　《白鹿原》(第1版第1次印刷)由人民文学出版社出版。印数:14850册。定价:12.95元。责任编辑:刘会军、高贤均、何启治。

7月4日　《白鹿原》在西安北大街新华书店举行首发式,参加首发式并为读者签名售书。清晨5点,来自四面八方的读者陆续聚集书店门前。陈忠实由上午8点签到中午1点,吃过午饭后又给书店签了一部分书。

7月14日　赴北京,参加由人民文学出版社、中共陕西省委宣传部、陕西省作家协会在北京联合召开的《白鹿原》研讨会。

7月16日　人民文学出版社、中共陕西省委宣传部、陕西省作家协会在北京文采阁联合召开《白鹿原》讨论会。中国作协副主席冯牧作书面发言。中国作协书记处书记张锲、中共陕西省委宣传部部长王巨才及京、陕文学评论家和文学、新闻界知名人士出席会议并发言。会后与白烨等陕西乡党相聚。

7月17日　上午,在北京王府井新华书店参加《白鹿原》签名售书活动。

7月21日 乘火车离开北京。在京期间，先后访问许觉民、郑伯农等。

8月 程海长篇小说《热爱命运》由中国工人出版社出版，并由中国工人出版社在北京召开座谈会。

9月 《陈忠实短篇小说选萃》《陈忠实中篇小说选萃》由西安出版社出版。

本月 应邀与王愚、京夫等陕西作家到兰州，参加"陕甘作家座谈会"。其间，由甘肃作协主席高平陪同，在兰州新知书店签名售书，并接受报社、电视台采访。

本月 高建群的长篇小说《最后一个匈奴》由作家出版社出版。

10月12—26日 意大利"蒙得罗国际文学奖"评委会在10月中旬举行的第19届年会上授予中国作家协会特别奖。冯牧受巴金委托，于10月13日赴意领奖并参加活动。应意大利"蒙得罗国际文学奖"评委会主席兰蒂尼邀请，由四川省作协主席马识途和中国作协书记处书记张锲为正副团长的中国作家代表团一行五人于10月12日赴意参加第19届意大利"蒙得罗国际文学奖"颁奖活动。代表团成员有陈忠实、中国作家协会创研部副主任蒋巍和意大利文学专家王焕宝。访问意大利期间，陈忠实随团参观了西西里、威尼斯、佛罗伦萨、米兰、罗马等名胜古迹。后写《中国餐与地摊族》《贞节带与斗兽场》两篇散文记述这次出访。

10月21日 因"陕军东征"个别作品有争议，中共陕西省委宣传部部长王巨才、文艺处处长孙豹隐，召集陕西六位评论家王愚、李星、肖云儒、刘建军、畅广元和王仲生，入住西北大学留学生楼，以封闭方式，讨论"陕军东征"作品，主要讨论了《白鹿原》和《废都》两部作品。与会评论家肯定了《白鹿原》和《废都》，一致认为两部作品都是了不起的作品。会后形成纪要，呈送中共中央宣传部。

10月底至11月初 由台湾《秋水》等报刊组成的台湾诗人大陆参访团到西安参观访问。其间，应邀参加在西京饭店举行的两岸作家联谊会，用陕西方言朗读了《白鹿原》中一段关于白鹿传说的文字："很古很古的时候，这原上出现过一只白色的鹿，白毛白腿白蹄，那鹿角更是莹亮剔透的白。白鹿跳跳蹦蹦像跑着又像飘着从东原向西原跑去，倏忽之间就消失了。庄稼汉们猛然发现白鹿飘过以后麦苗忽地蹿高了，黄不拉几的弱苗子变成黑油油的绿苗子，整个原上和河川里全是一色绿的麦苗。白鹿跑过以后，有人在田坎间发现了僵死的狼，奄奄一息的狐狸，阴沟湿地里死成一堆的癞蛤蟆，一切毒虫害兽全都悄然毙命了。更使人惊奇不已的是，有人突然发现瘫痪在炕的老娘正潇洒地捉着擀杖在案上擀面片，半世瞎眼的老汉睁着光亮亮的眼睛端着筛子拣取麦子里混杂的沙砾，秃子老二的癞痢头上长出了黑乌乌的头发，歪嘴斜眼的丑女儿变得鲜若桃花……这就是白鹿原。"

11月22日 于渭南写成散文《晶莹的泪珠》。刊《儿童与健康》1994年第2期。

11月 《白鹿原》由香港天地图书有限公司出版繁体字本。

本月 《陈忠实爱情小说选》由太白文艺出版社出版。

12月 写成散文《毛泽东的人格力量》。

冬 写成散文《寓言两则：老母鸡和小公鸡的故事 关于人脸的争论》。

1994年　52岁

1月10日　随笔《〈梆子老太〉后话》刊《西安晚报》。

1月　《白鹿原》由台湾新锐出版社出版。

2月　《蓝袍先生》（中篇小说集）由作家出版社出版。

本月　以《延河》主编身份写成言论《大将林立，佳作纷呈——编稿絮语》。

3月15日　于小寨写成散文《秦人白桦》。刊《中国作家》1996年第4期。

3月21日　写成言论《故乡，心灵中最温馨的一隅》。

3月　于西安写成词作《阳关引·梨花》。

4月8日　于西安写成言论《沟通，我的期待——〈白鹿原〉韩文版序》。

4月　《地窖》（中篇小说集）由台湾汉湘文化事业股份有限公司出版。

6月13日　写成关于刘广明（时任陕西省高级法院院长）诗集《春晖集》的评论《铁骨柔肠赋华章》。

6月14日　于小寨写成追念作家邹志安的文章《虽九死其犹未悔》。刊《延河》2003年第1期。

6月22日　写成随笔《足球与古典式——歪看足球之一》。

同日　写成随笔《上帝之手——歪看足球之二》。

7月　为军旅作家党益民写的评论《小说最是有情物》刊《文学自由谈》第4期。

夏　携妻子王翠英到中国作家协会北戴河创作之家疗养。返程时到北京，由作家白描陪同，用三天时间，游览了天安门、故宫、八达岭长城、十三陵水库、颐和园、圆明园等处。

8月14日 写回信《文学是一种沟通——与莫斯科大学留学生汪健的通信》。莫斯科大学中国留学生汪健于7月13日来信，提出四个问题，陈在信中回答了四个问题。

8月27日 上午，赴灞桥区参加由灞桥区政协主办的《历代诗人咏灞桥》一书发行仪式，陈忠实为该书写有《故乡，心灵中最温馨的一隅——〈历代诗人咏灞桥〉序》。会后，由灞桥区有关人员陪同，到灞河观看隋代古灞桥遗址。

9月1日 写成言论《文学依然神圣》。刊9月5日《陕西日报》，又刊9月22日《西安晚报》。

9月 写成言论《最好的纪念——陕西名家丛书序》。

10月 带队参加陕西省作家协会在汉中举办的"汉水之源"散文笔会。笔会由汉中市《衮雪》杂志社承办，10月8日开始。刘成章、京夫、张虹、朱鸿、方英文、邢小利、姚逸仙、姜洪章、冯积歧、汪炎、胡小海、鲁曦、张宣强、肖重声、史小溪、郭树兴、李佩芝、宋丛敏、汪炎、刁永泉、李汉荣、郝昭庆、张尚忠、蔡如桂、吴全民等全省六十余位散文作家与会。笔会有关于散文的讨论会，也有夜宿张良庙，探访古蜀道，参观武侯墓，游览圣水祠，举办汉江篝火晚会等活动。这次笔会旨在检阅近年来陕西散文创作的实绩，总结经验，以期形成一支更为有力的创作队伍。会后，《衮雪》连发两期散文专号。

11月 写成言论《不妨极端，自成气候——我看成章散文》，系在刘成章散文研讨会上发言的整理稿。

本月 《初夏》（中篇单行本）由陕西人民出版社出版。

本月 人民文学出版社举办的第二届"炎黄杯·人民文学奖"

在京揭晓。本次评奖对象包括1986年至1994年在人民文学出版社出版的数以百计的长篇小说和长篇纪实文学作品。经过评委认真审读和选评，共遴选出14位作家的作品获奖，其中，长篇小说有魏巍的《地球上的红飘带》、王蒙的《活动变人形》、陈忠实的《白鹿原》、张炜的《古船》等；长篇纪实文学有四川作家邓贤的《大国之魂》等。颁奖仪式于12月16日在北京举行。

12月9日 写成散文《绿蜘蛛，褐蜘蛛——我的树之二》。刊《大家》1995年第3期。

12月 《白鹿原》获人民文学出版社第二届"炎黄杯"人民文学奖。

本年 写成散文《生命之雨》。

本年 写成散文《拥有一方绿荫——我的树之一》。

本年 写成言论《〈梆子老太〉后话》。

本年 陕西省文艺评论家协会成立。王愚、肖云儒为主席。

1995年　53岁

1月1日 于西安写成散文《绿风——我的树之三》。

1月15日 作《七律·和宁夏张其玮先生》和《七律·和路友为先生诗》。后一首诗刊4月14日《西安晚报》。

1月22日 写成言论《文学无封闭——文学话题之一》。刊《文学自由谈》第2期。

1月 写成散文《最初的晚餐——〈生命历程中的第一次〉之一》。刊《文苑（经典美文）》2010年第12期。

本月 于西安写成散文《尴尬——〈生命历程中的第一次〉之二》。

2月6日 于西安写成散文《沉重之尘——〈生命历程中的第一次〉之三》。

2月15日 于西安写成散文《破禁放足不做囚》。

2月20日 写《七律·悼魏钢焰》。

2月 写成散文《中国餐与地摊族——意大利散记之一》。刊2月17日《西安晚报》。

本月 创作谈《兴趣与体验——〈白鹿原〉获奖感言》刊《当代》第1期。

春 写成报告文学《创造礼赞》。

3月18日 写成言论《兴趣与体验——〈陈忠实小说自选集〉序》。

3月24日 于西安写成言论《生命易老,文学不死:寄语〈陕西青年作家小说专号〉》。刊《延河》第6期。

4—5月 由北美华人作家协会邀请,到美国和加拿大参观、访问和文化交流。同行的有西安联合大学教授王仲生,《西安晚报》编辑、学者庞进。

参访期间,应邀到美国哈佛大学和耶鲁大学作演讲。4月22日上午,北美华文作家协会纽英伦分会在哈佛燕京大礼堂举办了关于中国当代长篇小说的演讲,北美华文作家张凤担任主持。会上除了中国大陆作家外,郑愁予等来自台湾的作家也同台演讲。其间,王仲生的讲题是《评〈白鹿原〉兼谈中国当代文学》,陈忠实演讲的题目是《漫谈〈白鹿原〉的创作及反应》。

4月23日 晚间,在波士顿城郊,张凤约请纽约佩斯大学的郑培凯教授与陈忠实、王仲生在大波士顿区中华文化协会同台对话。谈到写作态度，陈忠实说："写作不能随波逐流，做违心之论。"

在纽约，应邀参加一个宴会，《美国之音》记者要现场采访，陈忠实认为这是突然袭击，强人所难，坚决拒绝。

5月22—25日 参加中共陕西省委宣传部、陕西省文学艺术界联合会、陕西省作家协会联合在西安召开的陕西长篇小说创作座谈会。这次会议一是肯定长篇小说创作取得的成就，二是重在寻求长篇小说创作新的突破。

6月26日 于西安雍村（陕西省作协办公地——笔者注）写成关于画家劳石的评论《美髯公的画与文》。

6月28日 于雍村写成散文《贞节带与斗兽场——意大利散记之二》。刊《飞天》第10期，又刊11月30日《西安晚报》。

6月 系列散文《绿蜘蛛，褐蜘蛛——我的树之二》刊《大家》第3期。

7月1日 于雍村写成散文《那边的世界静悄悄——美、加散记之一》。刊《中学生阅读（高中版）》2008年第6期。

7月 《关于陕西长篇小说创作的回顾与展望》刊《小说评论》第4期。

本月 散文《绿风》刊《神州学人》第7期。又刊《教师博览》2013年第11期。

8月15日 应邀于西安为天津市文联《文学自由谈》杂志写成《寄语》。寄语说："对于以文学为生命依托的我来说，关于自由的基本含义都是文学的。文学的自由说到底是作家心灵的自由。能够自由地弄自己的文学，即充分地自由地展示生命和艺术的独特体验，自觉足以慰藉生存的全部意义了。"刊

《文学自由谈》第 4 期。

10 月 21 日　致信西北大学中文系教授李鲁歌："现就您提的几个问题作以回答:《白》(指《白鹿原》——笔者注)书自(一九)九三年夏出版引起广泛兴趣以后,到初冬时就有某部长内部指示下达,不许宣传不许评论不许提书名的所谓'冷处理',据说'历史倾向有问题'等等,无人向我传达。我也是间接听到的,然事实被证明是确凿的。"

11 月 23 日　参加由陕西作家协会、《小说评论》编辑部在西安召开的蒋金彦长篇小说《最后那个父亲》研讨会。

12 月 25 日　于雍村写成散文《北桥,北桥——美、加散记之二》。

1996年　54岁

1 月　《陈忠实小说自选集》(三卷本)由华夏出版社出版。

2 月 20 日　陈忠实母亲贺小霞逝世,享年 82 岁。

2 月　《陈忠实小说精选》由太白文艺出版社出版。

本月　写成书信《送平凹赴华西》。刊 2 月 23 日《西安晚报》。

3 月 28 日　德国北莱茵—威斯特法伦州对外协会作家代表团一行 18 人来西安访问,会见并与他们座谈。参加会见与座谈的还有陕西省作家协会京夫、徐岳、赵熙、汪炎、李天芳等。

4 月 4 日　写《七律二首·故乡》。

4 月 9 日　西安市作家协会召开第三次会员代表大会,出席大会并讲话。

西安市作家协会会员有五百余名。会议选举产生了第三届理事会和主席团。主席：贾平凹。副主席：商子雍（常务）、王仲生、宋丛敏、曹天富、叶广芩、王心玲、陈长吟。

4月13日　于雍村写成言论《解读徐岳》。

5月4日　于陕西渭南写成言论《致日本读者——〈白鹿原〉日文版序》。

6月6日　诗《回故乡二首》刊《西安晚报》。

6月17日　以萧飒为团长的台湾高雄市文艺家代表团一行12人来西安访问，本日与代表团成员座谈交流。参加座谈交流的还有陕西省作家协会京夫、王晓新、晓雷、徐岳、李星、汪炎等。

6月20日　参加中共陕西省委宣传部、陕西省作家协会、陕西省新闻出版局、太白文艺出版社于丈八沟陕西宾馆联合召开的陕西省长篇小说创作座谈会。

6月20—22日　以拉基蒂奇·斯洛博丹为团长的南斯拉夫作家代表团一行四人来西安访问期间，会见代表团成员并与他们座谈。参加会见座谈的还有陕西省作家协会京夫、王晓新、徐子心、汪炎等。

6月27日　到长安县柳青墓园祭柳青，并参加陕西省作家协会在西安雍村饭店举行的柳青80周年诞辰纪念大会。

同日　写成言论《柳青的警示——在柳青墓前的祭词》。刊白鹿书院院刊《秦岭》2008年夏之卷。

8月16日　于西安写成散文《告别白鸽》。刊《大家》第5期。

8月　《陈忠实文集》（五卷）由太白文艺出版社出版。

本月　《生命之雨》（陈忠实自选散文集）由陕西人民教育出版社出版。

9月3日　参加陕西省作家协会在西安举行的第六届505文学奖颁奖大会。本届文学奖授予文学评论和报告文学。获优秀作品奖的是：王愚的评论集《当代文学述林》，王仲生的评论集《贾平凹的小说与东方文化》，李星的评论集《读书漫笔》，刘建军的评论集《换一个角度看人生》，畅广元主编的研究论文集《神秘黑箱的窥视》和肖云儒的评论集《独得之美》；报告文学类有：张会民、冯灵生的《让生命之河奔腾》，张志军的《为了中国的"哈佛"》，仵埂、阎建滨的《人类健康的新曙光》和张晓梅的《来自大山深处的报告》。

9月10日　上午，赴灞桥区鹿原中学与教师欢度教师节。此前受聘为鹿原中学名誉校长，给学校题写了校牌，编写了《鹿原之歌——鹿原中学校歌》。

9月　写成散文《一株柳》。刊《中文自修》2000年第10期。

本月　《陈忠实创作申诉》（文论集）由花城出版社出版。

10月　写成散文《感受文盲——美、加散记之三》。刊11月29日《西安晚报》。

本月　写成散文《口红与坦克——美、加散记之四》。刊11月29日《西安晚报》。

本月　《白鹿原》由日本中央公论社出版日文版。

12月16—20日　在北京参加中国作协第五次全国代表大会。参加中国作家协会第五次全国代表大会的陕西代表是：胡采、王汶石、李若冰、贾平凹、陈忠实、赵熙、王蓬、王愚、王宝成、叶广芩、刘成章、刘建军、权海帆、汪炎、李星、李天芳、李凤杰、京夫、贺鸿钧、莫伸。陈忠实、赵熙、贾平凹、李天芳当选为中国作家协会第五届全国委员会委员。

12月下旬　参加陕西作协、《小说评论》编辑部、中共咸阳市委宣传部、咸阳市文联在西安召开的李春光长篇小说《情使》讨论会。

本年　写成言论《注钙》。

本年　联系长安县委县政府等单位及长安县企业家董颖夫等人，购地重修柳青墓园。

1997年　55岁

1月　写成散文《五十开始》。刊5月8日《西安晚报》。

2月1日　太白文艺出版社、陕西作协、新华社陕西分社、陕西华讯经济发展总公司在西安陇海大酒店举行《陈忠实文集》（五卷）首发式暨新闻发布会，陕西省省长程安东等省市有关领导及文艺界、新闻界一百余人参加了首发式暨新闻发布会。

2月16日　于西安写成散文《朋友的故事》。刊《新大陆》第1期。

3月　与张英对话录《白鹿原上看风景——关于当前长篇小说创作和〈白鹿原〉》刊《作家》杂志第3期。

4月25日　于西安写成书序《敞开心灵之窗——〈走出白鹿原〉自序》。刊8月28日《西安晚报》。

5月21日　由陕西省作家协会举办的陕西省青年文学创作座谈会在延安举行。主持开幕式。中共陕西省委宣传部副部长秦天行，陕西省文联主席李若冰，延安市委副书记忽培元，陕西省作协副主席赵熙、王蓬，北京《小说》杂志主编赵日升等出席了会议。

6月3日　参加陕西作协、陕西省技术监督局和《小说评论》编辑部联合召开的任君子长篇小说《军旅情祭》研讨会。

6月12日　在西安半坡参加"商洛作家群作品研讨会"。

6月20日　作词《酹江月·香港回归感赋》。

6月　于西安写成言论《回声·钟声·双刃剑》。

7月16日　于西安写成言论《踏过泥泞》。刊1998年5月8日《西安晚报》。

7月　关于吴书诚的小说书稿《放鹰》的评论《清风扑面》刊《延河》第7期。

8月　《延河》杂志从8月号调整编辑部负责人，主编：陈忠实，子心（执行）；副主编：张艳茜。

10月　写成散文《陶冶与锻铸》。刊11月5日《西安晚报》。

11月19日　于雍村写成言论《寻找属于自己的句子：寄语〈陕西青年作家小说专号〉》。刊《延河》1998年第1期。

11月22日　于雍村写成散文《喝茶记事》。

12月16日　于广东河源写成散文《追寻貂蝉》。

12月30日　晚上，陕西作协、《西安日报》、《西安晚报》和大峡谷俱乐部联合召开《白鹿原》获奖（茅盾文学奖）庆贺会，一百多位各界人士参加了庆贺会。贾平凹说，刚一听到陈忠实获奖的消息，他就写了一段文字，他现在就把这段文字念一下，题目是《上帝的微笑》：

当我听到《白鹿原》获奖的消息，我为之长长吁了一口气。我想，仰天浩叹的一定不仅我一人，在这个冬天里，很多很多的人是望着月亮，望着那夜之眼的。

其实，在读者如我的心中，《白鹿原》五年前就获奖了。现今的获奖，带给我们的只是悲怆之喜，无声之笑。

可以设想，假如这次还没有获奖，假如永远不能获奖，假如没有方方面面的恭喜祝贺，情况又会怎样呢？但陈忠实依然是作家陈忠实，他依然在写作，《白鹿原》依然是优秀著作，读者依然在阅读。污泥里生长着的莲花是圣洁的莲花。

作品的意义并不在于获奖，就《白鹿原》而言，它的获奖重在给作家有限的生命中一次关于人格和文格的正名，从而供生存的空间得以扩大。外部世界对作家有这样那样的需要，但作家需要什么呢？作家的灵魂往往是伟大的，躯体却卑微，他需要活着，活着就得吃喝拉撒睡，就得米面油茶酱，当然，还需要一份尊严。

上帝终于向忠实发出了微笑，我们全都有了如莲的喜悦。

贾平凹讲完，会场上响起了一片热烈的掌声。

12月　第四届"茅盾文学奖"揭晓，《白鹿原》（修订本）获奖。另外获奖的还有王火的《战争和人》（三部曲，人民文学出版社1987年、1989年、1992年出版）、刘斯奋的《白门柳》（第一、二部，中国文联出版公司1984年、1991年出版）、刘玉民的《骚动之秋》（人民文学出版社1990年出版）。本届评选范围为1989年至1994年间发表的长篇小说。评选委员会由23名成员组成，主任委员巴金，副主任委员为刘白羽、陈昌本、朱寨、邓友梅，委员有丁宁、刘玉山、江晓天、陈涌、李希凡、陈建功、郑伯农、袁鹰、顾骧、唐达成、郭运德、谢永旺、韩瑞亭、曾镇南、雷达、雍文华、蔡葵、魏巍。

本月　人民文学出版社出版《白鹿原》（修订本）。

本月　参加上海文艺出版社在沪召开的长篇小说创作笔会。此次笔会的主要议题是怎样提高长篇小说的质量和产量。参加笔会的还有韩少功、邓刚、李锐、陈世旭、陈村、江曾培、王安忆、格非等作家以及上海文艺出版社总编辑何承伟、副总编辑郏宗培等。

冬　写成对话《关于〈白鹿原〉获茅盾文学奖答诗人远村问》。

本年　《白鹿原》（五卷）由韩国文院出版韩文版。

1998年　56岁

1月5日　参加并主持韦昕历史题材小说集《大唐纪事》研讨会。研讨会由陕西省作家协会召开，出席研讨会的有李若冰、赵熙、王愚、李星、贺抒玉、京夫、姜洪章、李小巴、子心、闻频、王观胜、李国平、邢小利、张艳茜、庞进、丹舟、耿翔等作家、评论家二十余人，与会者就韦昕历史小说创作的艺术特色等问题进行了研讨。

1月10日　于雍村写成随笔《自题旧照》。

1月　《告别白鸽》（散文集）由湖南文艺出版社出版。

2月24日　中共陕西省委宣传部、陕西作协、陕西省文联在西安雍村饭店联合举办了《白鹿原》荣获第四届茅盾文学奖表彰大会。陕西省副省长范肖梅，省委常委、宣传部部长张保庆等领导以及文艺界、新闻界、出版界、企业界知名人士数百人参加。大会还宣读了中共陕西省委关于颁给陈忠实一万元奖金的决定。

2月26日　参加由太白文艺出版社、陕西省作家协会、西安市文学艺术界联合会在西北大学联合召开的"西风烈文丛"研讨会。参加研讨会的还有贾平凹、王愚、李星、肖云儒、费秉勋、张孝评、刘路、王仲生、孙见喜等五十余位作家、评论家、编辑、记者。"西风烈文丛"是太白文艺出版社年初推出的七位陕西青年散文家的散文集，与会同志对朱鸿的《放弃》、邢小利的《回家的路有多远》、穆涛的《俯仰由他》、冯积岐的《人的证明》、庞进的《慧雨潇然》、陈长吟的《行色匆匆》和刘明琪的《善待世界》七位散文家及其作品进行了深入细致的艺术分析和品评，并对这一代青年散文家的整体艺术风貌进行了讨论和概括。

3月6日 于渭南写成言论《历史和现实的追问——谈游记创作的一封信》。刊8月28日《人民日报》。

3月16日 西安市灞桥区委、区政府召开"庆贺《白鹿原》荣获茅盾文学奖座谈会"。灞桥区领导及省市文学界、新闻界、企业界人士和当地文学爱好者百余人参加了座谈会。灞桥区区长邢宏利代表区政府向获奖作家表示了真诚的祝贺。他说，《白鹿原》扛鼎茅盾文学奖是陕西人民的骄傲，也是灞桥百姓的光荣。陕西作协党组副书记赵熙和评论家王愚、肖云儒、李星、王仲生等到会并分别发表了讲话。

3月24日 参加在西安召开的陕西省文学艺术界联合会三届六次常委会暨全省德艺双馨优秀会员表彰会。陈忠实、赵季平、贠恩凤、米东风、石宪章等60人被授予"德艺双馨"称号。李若冰主持会议，中共陕西省委宣传部副部长秦天行发表了讲话。会议期间获得"德艺双馨"称号的全体同志向全省文艺家协会会员发出了弘扬德艺双馨精神的倡议书。

4月20日 参加在北京人民大会堂举行的中国作家协会第四届茅盾文学奖颁奖大会。

4月21—22日　中国作协召集第四届茅盾文学奖获奖者王火、陈忠实、刘斯奋、刘玉民和评论界、出版界有关人士就长篇小说的创作现状进行研讨。中国作协党组副书记陈昌本、书记处书记陈建功、副主席邓友梅出席研讨会。大家在发言中提出，长篇小说创作要注重质量、力戒浮躁、重视修改、关注读者。王火认为，长篇小说的创作离不开丰富的生活积累；陈忠实强调，作家要清楚小说是写给读者看的；刘斯奋认为，作家的素养决定作品的厚重；刘玉民认为，创作中要抓住生活和人物这两个灵魂。

4月末　在北京期间，由白烨陪同，到文艺理论家陈涌家中拜访。

本月　随中国作协代表团赴台湾进行文化交流。

夏　与画家范曾在北京会见。1995年夏，范曾把自己在甲戌年即1994年秋天在法国巴黎读《白鹿原》时有感所作的一首七律书写后交由陕西作家、《教师报》副刊负责人雷电送给陈忠实。其诗与跋是：

白鹿灵辞渭水陂，荒原陌上豑宗祠。
旌旗五色凫成隼，史倒千秋智变痴。
仰首青天人去后，镇身危塔蛾飞时。
奇书一卷非春梦，浩叹翻为酒漏卮。

陈忠实先生所著《白鹿原》，一代奇书也，方之欧西，虽巴尔扎克、斯坦达尔，未肯轻让。甲戌秋余于巴黎读之，感极悲生，不能自已，夜半披衣吟成七律一首，所谓天涯知己斯足证矣。

乙亥年抱冲斋主十翼
范曾于北京

5月　在中共陕西省委第九次代表大会上,当选为省委候补委员。

6月3日　于西安写成言论《跨越障碍》。刊7月10日《西安晚报》,又刊《文化月刊》第8期。

6月30日　出席陕西省和西安市文学艺术界举办的"庆贺《延河》诞生42年,出刊400期"座谈会。座谈会共同期望《延河》在市场经济条件下找准位置,坚持"二为"方向,多出精品力作,让《延河》之水长流!出席会议的还有秦天行、李敬寅、李若冰、赵熙及《延河》新老编辑、新闻界共四十余人。

6月　关于汉中茶业专家蔡如桂的文章《品读蔡如桂》刊《农业考古》第2期。

本月　写成言论《业已成荫的大树》,谈对《文学报》的感受。

本月　写成散文《无法超脱》。

本月　写成散文《谁打败了斗牛士》。

7月18日　在四川西昌卫星发射中心参观"鑫诺"卫星发射。

8月10日　于银川写诗《贤亮印象》。

8月17日　写成言论《心灵独白——〈陈忠实散文精选〉序》。

8月18—20日　参加由中共陕西省委宣传部、陕西省作家协会在眉县联合召开的陕西中青年作家专题研讨会。来自全省各地、市的作家、评论家五十余人参加了研讨会。被列为专题研讨的六位作家是从三个不同年龄层次遴选出来的,他们是50岁左右的王观胜、叶广芩,45岁左右的冯积岐、冷梦,40岁以下的红柯、寇挥。其中冷梦主要写报告文学,其他几位主要写小说。

9月18日　于雍村写成散文《喇叭裤与"本本"》。

9月28日—10月5日,参加由中国作家协会和泉州市政府主办、华侨大学协办的"北美华文作家作品研讨会",会议在华侨大学举行。出席会议的有於梨华、萧逸、张天心、裴在美、黄河浪、张凤等北美华文作家,王蒙、铁凝、陈忠实、叶辛等国内作家,刘登翰、赵遐秋、曾庆瑞、顾圣皓等文学评论家共47人。

中秋夜,华侨大学为研讨会举办了"月是故乡明"晚会。华侨大学师生将北美华人作家的作品进行配乐朗诵,大家边欣赏美文边品茶赏月。晚会上,陈忠实演唱了陕北民歌,张凤回忆:"只见他放声'吼'道:'人人都说咱们俩个好,自幼儿还没有拉过你的手;头一回到你家你不在,你家的大黄狗把我咬出来;二一回到你家你又不在,你爸爸打了我一烟袋;三一回到你家你还不在,你妈妈砸了我两锅盖……'"

10月8日　写成言论《生命价值的新启示》,祝贺魏军著《虫苑大师周尧》讨论会召开。刊《人民日报》1999年5月18日。

11月2日　于陕西蒲城写成言论《王国不神秘:再致雷涛》。刊《文艺报》1999年第30期。

11月6日　于陕西蒲城写成散文《伊犁有条渠》。刊《伊犁河》1999年第1期。

11月7日　于陕西蒲城写成言论《西安人武元》。

11月9日　于陕西蒲城写成言论《真情无瑕——读周养俊〈絮语人生〉》。刊《写作》1999年第9期。

11月13日　于陕西蒲城写成散文《灿烂一瞬——凉山笔记之一》。

11月　于陕西蒲城写成散文《神秘一幕——凉山笔记之二》。

12月28日　于雍村写成散文《旦旦记趣》。刊《散文》(海外版)2000年第2期。

冬　写成言论《从生活体验到心灵体验——与〈人民日报〉

记者高晓春的对话》。后以《从生活体验到心灵体验——访作家陈忠实》为题刊《人民日报》12月12日，作者高晓春。

1999年　57岁

1月8日　于西安丈八沟陕西宾馆写成言论《心灵剥离》。刊《当代作家》第1期。

1月13日　于西安丈八沟陕西宾馆写成散文《自家销售与自购盗本》。刊《时代文学》第3期。

1月　《陈忠实散文》由华夏出版社出版。

2月　散文《凉山二题》刊《中国三峡建设》第2期。

3月12日　参加由陕西省文学艺术界联合会、陕西省文化厅、陕西省作家协会、陕西延安文艺学会联合举办的祝贺李若冰文艺生涯60周年座谈会，座谈会在西安雍村饭店召开。

4月9日　于西安丈八沟陕西宾馆写成散文《自信是金》，写西安书院门"洗砚园"主人王勇超其人其事。

4月　写成评论李若冰散文的文章《大气·雄风》。刊《文艺报》第24期。

本月　《陈忠实小说精选》（二卷）由台湾金安出版社出版。

5月6日　参加由陕西省作家协会、陕西省文学艺术界联合会等六家单位在西安联合举办的诗人子贡的长篇小说《流浪家族》（作家出版社1998年出版）研讨会。刘成章、王愚、李星、王仲生、费秉勋、张孝评、刘建军、畅广元、王宝成、王戈、周大鹏等评论家、作家及文化界三十多人参加了研讨会。与会同志充分肯定了这部长篇小说的艺术成就,认为《流浪家族》是陕西省近年长篇创作的一个重要收获,是一部有分量、有较高艺术品位的长篇小说。

5月7日 写成创作历程回忆文章《在〈当代〉,完成了一个过程》。刊《当代》第4期。

5月11日 参加陕西省作家协会召开的座谈会,与省、市文学界知名人士一起,强烈谴责以美国为首的北约悍然使用导弹袭击中国驻南斯拉夫大使馆,造成重大人员伤亡的事件。

5月 《康家小院》(中篇小说集)由河南文艺出版社出版。

6月14日 香港《亚洲周刊》报道,20世纪中文小说100强排行榜日前揭晓。鲁迅小说集《呐喊》名列榜首。陈忠实的长篇小说《白鹿原》、贾平凹的长篇小说《浮躁》入选。

6月 写成谈论王定成书法的文章《灵人》。

本月 这个时期的月工资是634元。

7月 评论《民办教育家的辉煌足迹——电视连续剧〈荒原足迹〉笔谈》刊《小说评论》第4期。

夏 为《汉中五十年文学作品选》写成序文《滔滔汉江水》。

8月6日 于雍村为剧作家王军武著《梨园走笔》写成序文《痴情如你》。

8月中旬 应中国人民解放军总后勤部青藏兵站部的邀请,前往青藏线采风。8月12日夜,与青海省广电厅原厅长、作家、陕西乡党王贵如在西宁会面。事后写作散文《车过柴达木》二章,后收入《走出白鹿原》(陕西旅游出版社2001年1月版)。

关于这次采风活动,据青海油田职工子弟、《衡阳日报》高级编辑甘建华考证:"如陈公第二天踏上征途,进入柴达木盆地应为13日深夜或14日凌晨。《骆驼刺》(陈忠实散文《车过柴达木》之一——笔者注）第一句：'列车是在沉沉夜幕中进入柴达木的。'说明他是坐火车直接去兵城格尔木。《盐的湖》（陈忠实散文《车过柴达木》之二——笔者注）第一句：'恰好在我划拉着几笔感触印象的时间里,火车已经进入盐的湖了。'说明《车过柴达木》就是此行所写。"作家王宗仁（时任解放军总后创作室主任）为这次活动的组织者和领队,"当时组织几位军旅女作家奔赴青藏线采风,她们是《解放军文艺》主编王瑛、编辑文清丽,海政创作室副主任卢晓渤,沈阳军区创作室专业作家庞天舒,负责全程接待陪同的是青藏兵站部宣传科干事王鹏。最初的名单中并没有陈忠实,当他在西宁街头出现时,王宗仁吃了一惊,不过很快明白了原委,对这位乡党的加盟表示欢迎。到了格尔木,第二天登昆仑山,第三天兵分两路,王宗仁先生等人去拉萨,陈公和另一位飞往西双版纳。"（见甘建华《陈忠实的两次柴达木之行》,《瀚海潮》2016年白露卷）

  8月　写成散文《家之脉》。

  9月3日　于雍村写成散文《俏了西安》。该文为《如沐春风柳暗花明——"美丽西安"征文大赛获奖作品集》一书所写的代序。刊9月5日《西安晚报》。

  9月6日　根据陈忠实同名小说改编的秦腔《白鹿原》（编剧：丁会龙、丁爱军；导演：何尚达、杨三榆、姚峰）由西安市秦腔一团在西安市蓝田县向阳剧院首次公演,获得成功。

  深秋　某天傍晚,在西安打电话给在礼泉县城一家国企工作的赵润民,说:"请你帮我找个地方,我想清静几天。"赵润民按照安全、幽静、食宿方便的条件,实地考察,确定礼泉县城南紧邻西兰公路的一家酒店内的小四合院为接待地点。后入住此地。

10月17日 晚上，赵润民来看望。陈、赵走出酒店，沿着礼泉县城新修的环城路散步。走到北关与西北关交叉口——坡顶上，赵向坡道两边一指，介绍说："这里走出了陕西师范大学教授、作家侯雁北，你的老朋友、著名评论大家阎纲；还有西北大学教授、唐代文学专家阎琦，陕西师大中文系教授、鲁迅专家阎庆生。"陈说："耕读传家久，诗书继世长。阎家书香门第的内在脉象且不论，你看这宅地风水：头枕九嵕山，足登鸡娃岭，缓坡漫道，外聚内收。半个县城的水流经此坡，这是文脉汇聚呀！"他长叹一声，"难怪阎家出的都是大厨师呀！"又说，"侯雁北是咱陕西文坛一棵大树。胡采看重他，郭琦器重他。"接着说，"老蒙（指中文系教师蒙万夫——笔者注）在八十年代送我一本论创作的书。他说，咱这学院派里'嘴儿匠'多，往往把眼镜往上一推：你应该这样写！我知道，咱搞创作的人也不是平地卧的，当听到上述指教，不便说出的话是：你给咱来一篇！侯雁北是这样的人：既能指点该怎样写，又能来一篇。他的书名叫《文学创作：构思·结构·表达》。"又说，"省作协'笔耕'组评论我的作品，指出我的作品有禁不住自说主题的毛病。胡采拿出一本《陕西短篇小说散文选》，说你读读侯雁北的《井》。那次阅读使我的创作发生了颠覆性的变化。《井》那个年代，作家所抒写的对象，都有严格的时代规定。不同凡响的是：《井》的作者写一个风雪之夜，关中农民石火生夫妻因打井发生的风波，以及父亲石老仓、'细锯齿'周林茂、儿子周顶立的先后出场，死井复活，土地连成一片，给大家带来了喜悦。作者戴着镣铐跳舞，跳出了自己的精彩！《井》像海明威'冰山理论'下的实践，人物对话、环境描写简约、准确，作者把自己的情感与思想隐蔽起来，让人看到的仅仅是浮出海面的八分之一。通过把侯雁北营造的瑰丽的艺术建筑拆卸开来，窥看其中的一柱一梁，使我领悟到从生活到艺术，进入作家视野的东西应该是什么，使我感知了含蓄、凝炼（练）的艺术卯窍。后来，我向胡采叙说读《井》的艺术感受时，胡采笑模悠悠地说，《井》是五十年代国际获奖作品，主持评奖的是苏联的一位大作家。俄罗斯文学是啥水准，被他们称道的作品，当然是上品。"（赵润民《陈忠实说："侯雁北是陕西文坛一棵大树"》，《丝绸之路》2018年10期）

10月18日　于陕西礼泉写成答《劳动早报》记者问的文章《人生九问》。

10月19日　于陕西礼泉写成散文《拔出话筒》。刊11月11日《西安晚报》。

10月21日　于陕西礼泉写成散文《骆驼刺——车过柴达木之一》。

10月22日　于陕西礼泉写成散文《盐的湖——车过柴达木之二》。

10月24日　于陕西礼泉写成散文《天之池》。

11月9日　于陕西礼泉写成散文《何谓良师——我的责任编辑吕震岳》。刊《延河》2000年第1期。

11月12日　于陕西礼泉写成《蓝天抒情》（杜爱民主编）序文《蔚为壮观的诗章》。

11月18日　于陕西礼泉写成言论《人物才是撑起故事框架的柱梁》，为读长篇小说《草原染绿的爱》（张永昌、张翔麟合著）致作者张永昌的一封信。

11月25日　于陕西礼泉写成散文《为了十九岁的崇拜——

追忆尊师王汶石》。刊《人民文学》2000年第2期。

12月9日 于四川绵阳写成散文《千年的告别》。

12月22日 此日冬至。到陕西户县寻访1962年写《当前形势怀感》（又名《一叶知秋》）作者、农民思想家杨伟名事迹。户县作家、杨伟名事迹收集整理者仝德普、户县作家赵丰等陪同。上午，在靠近杨伟名墓地（在一工厂内，坟头已无）前的农田里祭奠，燃香，垂首，鞠躬。中午，在涝河桥头一简易饭馆吃户县软面，与杨伟名儿子交谈，听了杨子对家事及父亲往事的回忆，详细询问并记录。下午，去县城北街七一村杨伟名旧宅，看了杨伟名的遗物，与杨伟名的邻居、曾任户县文化馆馆长的谢志安进行了长谈，拜访了多位与杨伟名一起生活过的老人。寻访过程中，对陪同人员说，"我来就是祭奠一下这位伟大的先哲"，"我后半生的一个愿望，就是为杨伟名写一本书，让历史记住这位农民思想家"。

12月 由人民文学出版社、北京图书大厦联合发起组织的"百年百种优秀中国文学图书"（1900—1999）评选揭晓。陕西作家柳青的《创业史》、杜鹏程的《保卫延安》、陈忠实的《白鹿原》、路遥的《平凡的世界》入选。

2000年 58岁

2月 《白鹿原》（上下册）由台湾金安文教机构出版。这个版本内容用的是"初版本"内容。

3月18日 应鲁迅文学院副院长、诗人雷抒雁的邀请，做客网易嘉宾聊天室，接受网上"文学迷"提问，后整理而成《网上夜话》。

3月下旬 到西安周至县来辉武庄园住了三天，给王宝成的新长篇小说写序。

春 冷梦长篇小说《特别谍案》研讨会召开之际，致信冷梦。信中说："唯一的又十分久远的印象还是在'文革'当中，你我都作为市艺术馆辅导的工农兵业余作者。新时期的文坛没有听到你的声音，到90年代再见到你时，我已认不出你了，也认不出你的大作了。我自然会想到，你出山之前做着怎样的不动声色的磨炼与准备……"

冷梦对陈忠实信里的话有解释如下：

20世纪70年代初期，尽管整个中国还在"文革"硝烟的笼罩之下，但如今回想起来，不可否认的便是——那个时期真的是工农兵业余文学创作的黄金期。不客气地说，如果没有那个时期全社会对业余文学创作的高度重视和当时各级组织对工农兵业余作者的悉心培养，以及当时全社会所特有的一种波澜壮阔的文学氛围，不要说我不会走上文学道路，恐怕就连路遥、陈忠实、贾平凹他们都很难说能走上文学创作的道路——后来成为文学大家的他们那时候都有一个共同的名称：工农兵业余作者。路遥在陕北和曹谷溪他们正在办《山花》，那个时候他是个青年农民，我呢，我是个"青工"——严格意义上连"青年工人"都算不上。我刚刚十七岁，刚进工厂就发表了平生第一篇小说，于是被"网罗"进了西安的工农兵业余作者队伍里。就像陈忠实所说，我们都是"（西安）市艺术馆辅导的工农兵业余作者"。哦，那个时候文学创作真的就像雨后春笋一样在社会的各个角落遍地开花！不要说西安市（群众）艺术馆——能到这个级别的"业余作者"那已经是优中选优了，西安的各个区县文化馆也都在"辅导"业余作者进行文学创作：有专门的机构，专门的经费，还有专门的人员，定期或不定期地开展各种文学创作活动。不仅如此，一些大型企业也有自己的工人创作队伍，比如西安仪表厂、陕西钢厂等等，团结了一大批工人业余作者。开始的时候我属于"莲湖区文化馆工人业余创作组"，成员基本都是来自莲湖区所属的各个工厂，有诗人徐剑铭，写小说的西安仪表厂的韩贵新、申晓，还有写歌词的党永庵、张郁等等。等到我们这些人"升级"到市一级的群众艺术馆，这个时候，就认识了当时在毛西公社任革委会副主任及党委副书记的陈忠实……

这一大批人，实际上就是"文革"末期活跃在陕西文坛上的"工农兵业余作者"。

客观地说，没有"文革"末期这一批文学爱好者以及那个时期的文学氛围，就不可能产生后来在改革开放初期的文学繁荣——因为正是这批人很多后来都成了这么多年陕西文学创作的骨干和基本队伍。"毛西公社革委会主任陈忠实"——这是我最早对陈忠实的头衔认定——那个时候他已经是我们中间的佼佼者，我尤其喜欢他的中篇小说，比如《高家兄弟》《梆子老太》等等。我不敢说我是"慧眼识珠"，但小小年纪的我那个时候却已经能够辨认出他作品的厚重与大气，这倒是一点都不夸张。而且记得我当时还曾预言说，从陈忠实的中篇小说可以看出，如果陕西将来要出大作家的话那就是陈忠实了。那时候的陈忠实，刚刚三十岁出头，正值人生壮年，印象中最深刻的，壮年陈忠实是四方脸庞，不瘦，是方方正正和棱角分明的一张四方脸——不是后来人们所熟悉的瘦长脸。至于他为什么后来就一直这么瘦下去了，以至于在我的眼里他多多少少瘦得有些脱相？我想，是他拼了性命写作的缘故吧！（冷梦《文学楷模：忠实先生不死》，雷涛主编《天地白鹿魂永存——陈忠实纪念文集》，陕西新华出版传媒集团、太白文艺出版社，2017年版。）

4月7日　乘火车赴汉中参加王蓬《山河岁月》研讨会。

4月8日　在汉中市主持王蓬《山河岁月》研讨会。与会的作家、评论家有：韩梅村、李凤杰、晓雷、李国平、邢小利、李康美、杨乐生、方英文、徐子心、赵宇共、杨立英、郝昭庆、李锐、李汉荣等。

会上讲话：

到汉中参加作家王蓬《山河岁月》研讨会，从一踏上火车直到进入会场，一直萦绕在心的居然是一种感慨。不完全是故地重游的原因。记得上次参加王蓬纪实文学研讨会，是在1990年，今年是2000年，整整十年了。十年在一个人尤其在一个高远心志的作家人生历程中，我可以掂量到它的分量。这十年，对于年富力强、正处于艺术创造旺盛期的王蓬来说，是太重要的一个生命区段。他的整个创造活动和创造成果表明，在艺术和对生活的感知这两个至关重要的方面，王蓬已经走向成熟。

1990年，王蓬的《巴山茶痴》等五部影响广泛的纪实文学作品结集出版后，召开研讨会，不经意间已经过去了十年。十年里，王蓬不仅有《山河岁月》上、下两大部作品出世，此前还有《山祭》《水葬》两部长篇小说的出版,单以一个劳动者的角度讲,干了多少活儿呀,取得这样丰厚的收获是令人羡慕也令人钦敬的。这种坚韧专注的倾全部心力进行的创造性劳动过程,不仅对王蓬,对同代作家的我更容易发生感慨,包括《山河岁月》书名中"山河"和"岁月"这些词,似乎更容易触及追求事业者的那根人生沧桑的神经。"山河"隐蕴着某种历史,"岁月"更包含着某种沧桑,人的追求,人的创造,人的精神和人文情怀,人在现实中的奋斗,瞬即就会成为过去的历史。

王蓬的发轫之作《油菜花开的夜晚》和《银秀嫂》,一出手就标示着新时期文学全新的艺术风貌,一出手就显示出很高的起点也获得很高的声誉。二十年过去,正是王蓬,已经显示出学者型作家的征象和风范。多年以前,王蒙曾提出"作家学者化"的观点,我觉得有很合理的因素。解放后成长起来的作家,历经极"左"的各式运动,文艺思想左得不能再左,读书也受到严格的限制,客观上造成了一代作家的知识结构的残缺不全,与(二十世纪)二三十年代鲁迅、郭沫若那一代作家的知识积累和文化素养无法相比。知识结构的残缺和知识面的狭隘,对于作家的艺术视野和创造思维的局限是不言而喻的。我在读王蓬的《山河岁月》时,首先品味到一种脱俗的文化品位,颇为惊异,王蓬已经脱胎换骨了。《山河岁月》集中考究的是汉中地域性的历史文化,需得具备以国学坐底的基本的学问和修养,王蓬付出了以健康为代价的扎实的文化和历史知识的自修。对于今天的王蓬来说,二十岁左右做农民的人生体验,成为他成就文学事业的难以替代的础石。

2000年又将开始一个新的十年,王蓬刚过五十岁,在未来的岁月里，我祝福王蓬呈现出更新的风貌。那时我们将再聚汉中，再说王蓬。

会后又为王蓬写条幅以赠："2000年春，正油菜花泛金放黄时节，余来汉中参加王蓬新著《山河岁月》研讨会。多所感慨，感慨王蓬亦感慨自己，掐指二十年矣，今日不似昨日，成四韵句：苍山虽无言，江河自有声。旧岁接新年，日月鉴平生。与王蓬共勉。忠实记。"

讲话稿后以《我说〈山河岁月〉》刊8月17日《人民政协报》。

4月11日　在汉中写成王宝成新长篇小说的序言《你写的书，让我不敢轻率翻揭》。刊《朔方》第11期。

4月13日　于汉中写成散文《口声》。

4月18日　于汉中写成散文《活在西安》。

4月21日　晚上，乘火车离开汉中。在汉中待了15天。王蓬在汉园宾馆（原汉中地区招待所）后楼安排了套间，很安静。与王约定，上半天写稿，各自忙碌。其他活动，如朋友见面、签名、写字等都放在下午。在汉中期间，由王蓬陪同，看巴山茶园、石门栈道、洋县朱鹮和古路坝西北联大遗址等。

4月29日　于西安写成散文《动心一刻》。

5月1日　于雍村写成散文《取名》《自题照片》。

5月3日　于雍村写成散文《拜见朱鹮》。

5月7日　于东方（具体地点似为西安小寨东方大酒店——笔者注）为白阿莹报告文学集《中国9910行动》写成书评文章《校验人生》。刊11月4日《人民日报》。

5月8日　为作家冷梦的《特别谍案》研讨会写成致贺信《致

冷梦的一封信》。

  5月底至6月初 应邀到浙江省金华市参加中国小说学会第五次年会。其间，应当地一位文学爱好者吴金宣之邀，5月30日下午到武义县。5月31日下午，在细雨中游览了江南著名的民俗文化村郭洞，6月1日离开武义县到金华市区，参加中国小说学会年会并在浙江师范大学文学院做关于创作的讲座。离开金华后又与李建军等人去了绍兴。在绍兴，他说："每个弄文学的人都应该到这里来归宗认祖。咱们这是来归宗认祖哩。"对于一些丑化诋毁鲁迅的言论，他大感不解："这些人都不想想，把鲁迅都否定了，那现代文学史上还剩下啥东西不能否定？问题是到现在为止，还没有谁达到鲁迅的高度，还没有谁像鲁迅那样对我们这个民族的病根和问题挖得那么深。"

  6月10日 于雍村写成评论徐剑铭报告文学的文章《一个堂堂正正的人——致徐剑铭》，徐的报告文学写一个叫陈盈朴的人由公务员而下海创业的事迹。后以《堂堂正正做人》为题刊《人民论坛》第5期。

  6月14日 到礼泉县，住县城边由朋友赵润民安排的小院，读书写作。12月20日离开，实住九十余天。

  6月16日 中共陕西省委任命雷涛为陕西省作家协会党组书记。

  6月19日 陕西省作协新任党组书记雷涛和《小说评论》副主编李国平到礼泉看望陈忠实。

  7月7日 于陕西礼泉致信俊超、王荣、冠军三人，写成《拒绝平庸——答〈刘琦之歌〉作者的信》，谈论他们合写的报告文学《刘琦之歌》。

7月17日　写成评论张书省散文集《仁山智水》的文章《卓尔不群这一株》。

7月　写成散文《威海三章》，其中包括《"天尽头"的咒符》《街心的碑》《哦！刘公岛》。

本月　《白鹿原》（百年百种优秀中国文学图书）由人民文学出版社出版。

8月23日　于陕西礼泉写成散文《球迷希尔顿》。

同日　《没有改变就没有前途》（舒晋瑜访谈）刊《中华读书报》。

8月24日　于陕西礼泉写成散文《如炬人生》。刊9月4日《新华日报》。

8月　散文《贞节带与斗兽场——意大利散记之二》刊《飞天》第8期。

9月6日　参加由人民文学出版社、小说评论杂志社和税收与社会杂志社联合召开的《〈白鹿原〉评论集》研讨会。《〈白鹿原〉评论集》由李国平、鹤坪、刘斌编选，责任编辑李建军，人民文学出版社2000年7月北京第1版第1次印刷，约三十五万字。来自北京和陕西省内的评论家、教授和编辑家等三十多人参加了研讨会。何启治、雷涛、王愚、李星、畅广元、费秉勋、薛迪之、王仲生、田长山、李建军、常智奇、杨乐生、李下叔等十多人从不同方面、不同角度对这部评论集及有关问题进行了广泛的探讨。陈忠实向与会的各界朋友坦诚地介绍了他最近一段时间读书学习、调整思维的情况。

研讨会上，与会者除了评价、讨论这部评论集之外，也比较广泛地探讨了诸如目前的文学状况、当下的文学批评等相关问题。

《〈白鹿原〉评论集》责任编辑同时也是该评论集的编选者之一李建军在发言时,除了介绍《〈白鹿原〉评论集》的编辑工作外,还对陈忠实的创作及目前批评界存在的问题作了发言。其中针对《白鹿原》中一个细节提出批评,他说:"伟大的文学可以表现民族情感,但不能狭隘,而应该有更博大的人道情怀。在这一点上,《白鹿原》是不能令人满意的。它写朱先生等人发表抗日宣言等等都是可以的,但在这之外,我们没有看到陈忠实为我们提供更博大的情感空间和更可取的人道立场。"《白鹿原》和《静静的顿河》"都写了民族战争,都写到了敌人的死亡,但读者感受到的作者的情感态度是完全不一样的。肖洛霍夫谴责战争,对所有死于战争的生命都给予同情和怜悯。陈忠实没有做到这一点。例如,两部小说都写到了一绺头发,在《静静的顿河》中格利高里杀死了一个德国士兵,他非常痛苦、难受,慢慢地走到死者的身边,发现他的口袋里有一个夹子,他打开来,看到一个德国姑娘的照片,与照片一起,还夹着姑娘的一绺金黄头发。""肖洛霍夫的伟大,就在于他能超越战争状态下的民族对立,来关注这一绺金黄的头发。陈忠实也写到了头发。那是鹿兆海每杀死一个日本兵,就要割取一绺头发,最后集成一束,被交到了朱先生手中。朱先生燃烧它来祭奠鹿兆海时,竟然被那股焦味恶心得嗷嗷地呕吐起来。""我的原则是仇恨止于死者。人都死了,还要这样,不是狭隘的民族主义是什么?所以,就这一点看,陈忠实显然远不如肖洛霍夫的。"陈忠实在当面,洗耳恭听。谈到批评问题时,李建军谈了他对当前批评界的严重不满,由批评又说到了评论界对贾平凹《怀念狼》的评价,李建军则谈了他对《怀念狼》的看法,出语惊人。会后,《三秦都市报》记者杜晓英采访了李建军。

这个访谈经过整理，形成了一个关于文学批评和陕西作家创作的长篇答问，题为《青年文学博士李建军"直谏"陕西文坛》（《三秦都市报》后来摘编刊发时易名为《青年文学博士"直谏"陕西作家》）。

9月14日 在礼泉写成《在"吉元文学奖"新闻发布会上的讲话》：

各位领导，与会的同志们：

我十分荣幸地郑重地宣布，由陕西吉元企业集团总裁陈元杰先生投资500万元设立的陕西吉元文学奖今天正式设立。这应该是陕西文学界的一件喜事、盛事。我代表陕西作家协会向热情关注并实力资助陕西文学事业的陈元杰先生，表示真诚的感谢，并为他富于远见卓识的举措感到由衷的钦佩和敬重。

陈元杰先生是一位成功的企业家，一位得改革潮头之先又经历了艰难、困境乃至失败而终于发展壮大起来的企业家，就我粗浅的了解和印象，他的不平凡之处，在于他善于学习新的知识，他的思维不断地强化着现代企业家的全新视野，这是既具备同代农民企业家诸种优秀品质的同时，又超脱了他们普遍性的局限，在一大批农民企业家花开也艳花谢也急的普遍现象里，陈元杰先生却发粗长壮独立成一方风景了。他对新的知识的吸纳，使他从思维到心理到看取世界的视角都发生了质的变化，完全从农民世界所难以避免的局限中跳离出来，具备了一个现代企业家良好的心理素质和开阔的视野。这应是他成功的秘籍。

吉元文学奖的设立，目的很明确也很单纯，就是奖掖陕西青年作家的优秀文学作品，资助青年作家作品的出版，以促进陕西年轻作家的成长和发展,造就新的更富于创造活力的青年作家群体。

设立这个文学奖的目的和愿望是不言而喻的。国家的未来和民族的命运都取决于一代又一代的青年人。文学事业的发展和繁荣,诺贝尔文学奖的中国得主寄希望于未来的中国青年作家身上。我虽不敢言老,最乐观的估计充其量也只能算下午三四点钟的太阳。但我相信不疑,希望在八九点钟的太阳这一代人身上。这是自然规律,也是国家和民族包括文学在内的各项事业的希望。正是清醒地意识到这一点,作家协会近几年的工作重点也指向这个目标。1997年,在延安召开了陕西青年作家代表大会,有点兵点将建立队列的用意;1998年召开了三个年龄区段的六位青年作家的作品研讨会,意在促进这个队列中的一部分人能尽快实现艺术突破,走上全国文坛。2000年伊始,中国作协主席团会议正式而又隆重地决定,今年中国作协的工作重点是培养青年作家,且有一系列举措。按照中国作协的工作方针,继续我们抓好青年作家的工作,陕西吉元文学奖的设立,将对我省青年作家的发展和成长起到激励的良好作用。

同志们,新时期以来,在改革开放的历史性进程中,造就了陕西一群卓有建树的青年作家,撑起了陕西文学的一方天空,陕西作家群各具个性的创造成就,是新时期中国文学的一个重要的组成部分。平心而论,这个作家群体的形成和发展壮大,得到历届省委省政府的关心和爱护,得到陕西老一代作家无私的指导、关爱和呵护,使他们充分地发挥了自己的创造才能,也为文学事业作出了贡献。尽管文学创作是一种个性标志很明显的劳动,但仍然需要党和国家以及社会的关心。既需要老一代作家、艺术家的指导，也需要同代人的共存和共鸣；既需要争鸣和批评，也需要鼓励，奖掖乃至叫好。（当然，批评和争论是纯粹艺术层面上的探讨，不是砸锅；奖掖和叫好是对优秀的艺术创造成果的鼓励，不是哄炒。）设立陕西吉元文学奖和出版基金的全部目的和用意，仅此一点，希望陕西能形成一个更为雄壮的富于创造活力的青年作家群体。这样，如我这样一茬已近六旬的人，面对老一代作家和后来者，方可告慰，陈元杰先生的热心也可告慰。

再次感谢省委省政府领导关心，

再次感谢陈元杰先生，

谢谢大家！

同日 《文学报》报道：由上海作协等单位发起组织的"百名评论家评选90年代优秀作家作品"问卷调查活动揭晓。在对近百份反馈表经统计后的得票数表明，大多数评论家认为：（20世纪）90年代最有影响的10名作家是王安忆、余华、韩少功、陈忠实、史铁生、张炜、贾平凹、张承志、莫言和余秋雨。最有影响的10部作品是《长恨歌》《白鹿原》《马桥词典》《许三观卖血记》《九月寓言》《心灵史》《文化苦旅》《活着》《我与地坛》《务虚笔记》。在10部最有影响的作品中，作家余华和史铁生分别有两部作品入选。此次调查结果中呈现出一些值得关注的现象：一是"严肃文学仍占主导地位"，二是"虚构文学绝对压倒了纪实文学"，三是"文体失衡。只有余秋雨以散文入选，其余都是小说当家，散文、诗歌、戏剧三大件黯然失色。诗歌和诗人都未能进入前十名"。

10月7日　《三秦都市报》刊发了题为《青年文学博士"直谏"陕西作家》的文章，发表了李建军对陈忠实的《白鹿原》和贾平凹的《怀念狼》的批评。由此引发了陕西文坛的震动，引起了陕西文学界以及广大读者的滚动式批评与反批评，并迅速波及全国。

10月18日　《三秦都市报》刊发了记者采访录，题为《陈忠实贾平凹坦然面对"直谏"》。陈忠实说，"我现在最看重的是普通读者的意见"。

10月20日　陕西省政协主办的《各界导报》文化版用整版篇幅全文刊载了李建军的答问，题为《青年博士直面陕西文坛》。吉林省文学艺术界联合会主办的《文艺争鸣》杂志闻讯后则迅速撤掉了一篇已经发排的稿子，换上了李建军对原答问内容有所补充的文章，题为《关于文学批评和陕西作家创作的答问》，加了编者按，于2000年第6期刊发。《中华文学选刊》则于2000年第11期迅速转载了这篇答问。此后，由作家、评论家、读者以及国内众多媒体共同参与的讨论与争鸣，余波不断，一直持续到次年的3月，历时半年之久，影响甚大。

10月　《白鹿原》蒙古文本由内蒙古人民出版社出版。译者：敖特根、色旺吉格吉德等。

本月　《家之脉》（散文集）由广州出版社出版。

11月1日　参加由陕西省文艺评论家协会召开的陕西文艺评论现状、问题与展望研讨会。会上，面对到会的众多评论家和多家媒体记者，针对李建军的"直谏"和他11月17日《三秦都市报》刊发的记者采访录中他所说的"我现在最看重的是普通读者的意见"这句话，陈忠实笑着对大家做了解释，他说："有记者问我对李建军批评《白鹿原》持何看法，我说，讨论刚刚开始，我现在不便于表态,说对说不对都不利于对问题的深入探讨,我说,对李建军的批评,我现在最看重的是普通读者的意见,我指的是对李建军的批评,而不是说对《白鹿原》的看法。记者写采访录在这一点上没有说清,造成了一些误解。"又说:"李建军的批评,对我来说不感到惊奇,我想,贾平凹也不应惊奇。我能理解,我想贾平凹也能理解。平凹虽然比我年轻十岁,却是年轻的老作家,经受过文坛的种种风波,二十世纪八十年代初从《二月杏》开始,他的作品就惹起争论,所以听到批评应当和听到表扬一样,心气平和。其实李建军对我的批评并不自今天始,李建军曾写过一部叫《宁静的丰收》的专著,对我的整个创作状况进行了评论,他对《白鹿原》以前的作品几乎是全部否定的,很多读者不知道这个情况。"

11月20日 带队与京夫等11位作家,乘坐火车绕道汉中,于晚上到达安康市。

11月21日 上午,在安康瀛湖翠屏岛参加陕西省作家协会(安康片)会员大会暨安康地区作家协会第二届会员代表大会。下午,为安康作家作了题为《锤炼思想,勇攀高峰》的文学讲座。

11月22日 午饭后离开安康。

12月1日 入夜,在《三秦都市报》记者杜晓英的一再催促下,很认真地写了《答杜晓英》文,就"博士直谏"这场讨论涉及的一些问题谈了他的看法。这个答问12月12日以《感到文学活着》(出文集时易名为《文学活着——答〈三秦都市报〉记者杜晓英问》)为题在《三秦都市报》发表。《三秦都市报》同日还刊发了李建军题为《我为什么批评陈忠实贾平凹》的访谈录。

关于这场讨论,陈忠实回答说:"我的总体印象和看法也应坦诚相告,这是一场始料未及的又是近几年来影响最广泛的一次关于陕西文学的讨论。""尤其使我感动的是,这场纯粹属于文学话题的讨论,竟然引发了远离文学圈子的那么多读者的热烈反响并参与了讨论,且不论他们的看法如何,单是他们对陕西文学的至诚的关注之情就足以使我陡增信心,文学活着。"关于那个"头发"细节问题,陈忠实认为,朱先生的"恶心"反应是作品中人物的心理和情感反应。而在人道主义情怀及其在创作中的意义问题上,他与李建军没有分歧。

12月3日 《延河》原副主编董得理逝世,前往吊唁并安排后事。

12月7日 于金花落写成《〈匿影〉阅读笔记》。刊《文学自由谈》2001年第3期。《匿影》系在京陕籍作家亦夫的一部长篇小说(该长篇小说在出版时易名为《城市尖叫》,故此文收入人民文学出版社2016年版《陈忠实文集》时易名为《〈城市尖叫〉阅读笔记》,同时将写作时间也改为"2001年4月",未标写作地。此处以《文学自由谈》2001年第3期所刊文章的题目、文末所标时间和写作地点为依据——笔者注)。

12月12日 于陕西礼泉写成散文《从盗书到盗名》。刊12月20日《中华读书报》。后以题为《陈忠实说:从盗书到盗名作假者毫不避讳》刊《中国防伪》2001年第3期。

12月下旬 在西安唐都医院住院治疗。

12月 写成散文《释疑者》。

本月 散文《活在西安》获"走进西部"散文征文二等奖(人民日报社文艺部主办)。

冬 写成言论《说税》。

本年 《白鹿原》由越南岘港出版社出版越南文版。

2001年　59岁

1月　《走出白鹿原》（散文集）由陕西旅游出版社出版。

本月　言论《靠作品赢得读者》刊《鸭绿江》第1期。

春节过后　买了二十多袋无烟煤和吃食，回到乡村祖居的老屋。

2月20日　于原下写成散文《何谓益友》，该文写与人民文学出版社编辑何启治数十年的交往。刊《作家》第9期。

2月　太白文艺出版社出版了由朱鸿、周凯策划，邢小利、李宏编撰，惠西平主编的《突发的思想交锋——博士直谏陕西文坛及其他》一书。这本书在2000年11月即关于"直谏"的讨论正在进行当中就已经策划完成，并开始编辑。惠西平时任太白文艺出版社副社长、副总编（该书出版后调离该社），朱鸿是该社编辑。全书28万字，图文并茂，在汇集"博士直谏"事件由始到终所有论争文章、报讯和采访录的同时，还配有讨论参与者的照片。同时，该书还有两个第一：第一手资料，很多文章是第一次全文亮相，有的因故未能刊发的文章是第一次面世；第一次披露，书中有当事人对"直谏"事件由起始到结束有关内情及背景的翔实介绍，一波三折，峰回路转。书中还收有二十世纪九十年代陕西文坛重大文学论争的回放和二十世纪九十年代中国文坛一些文学论争的回顾。

3月6日　应邀到北京哥伦比亚驻华大使官邸参加《回归本源——加西亚·马尔克斯传》中译本出版（达索·萨尔迪瓦尔著，胡真才译，人民文学出版社本年2月出版）暨加西亚·马尔克斯74岁生日庆祝酒会。庆祝酒会由哥伦比亚驻华大使、马尔克斯的朋友罗德里戈·格鲁宾举办。来自北京大学、中国社科院外文所、北京外国语大学、人民文学出版社等单位以及新闻界、创作界、外交界和拉美驻华使团近五十人出席了这一活动。

开会时，陈忠实非常认真地阅读发到手中的材料，他对马尔克斯谈教育的两段话赞不绝口，说："大师之所以是大师，就是因为他看问题看得比常人要深远，要透彻。我们都在谈教育问题，但是很少有人说出这么深刻的观点。"马尔克斯的一段话，谈的是国家的强制性教育对孩子的有害影响："在我们特有的强制性教育中，我们向来是强迫孩子适应一个他们没有概念的国家，而不是把国家置于他们身边让他们去改变它使它变得更加崇高伟大。这一切都压制了他们天生的创造性和直观能力，妨害了他们的想象力和早熟的视觉，阻止了他们心灵智慧的发展，以至到最后孩子们所理解的东西其实一出生他们就知道了：现实并非完全像书中讲的那样，他们的世界观更多的是同大自然联系在一起，而不是同成年人的天性；如果人们能做他们最喜欢做的事，生活会幸福得多，仅仅是让他干自己最喜欢干的事就够了。"另一段话，是回答"我们怎样面对第三个千年"这个大问题的："回答只能落到教育上。从摇篮到坟墓的教育。一种非顺从的教育。一种更热情更有同情心的教育，它鼓励新的思维方式，使我们自己能置身于一个更温暖、更和善的社会。这种教育可以调动我们无穷的创造力，为我们要改善自己状况的热切而合法的欲望发明一种伦理和审美方式。一个伟大的现代诗人断言说，把艺术与科学分开就等于认为所有的姊妹都是敌人；教育可以按照这位诗人的计划将艺术和科学联合在同一个屋檐下。这种教育不是把我们巨大的创造力引向我们已遭受了数百年的暴力和破坏，而是最后为我们提供第二次得到土地的机会，这种机会是奥雷良诺·布恩地亚的后代们永远未能得到的。为了一个繁荣和正义的民族，我们必须想到一个孩子们身边的国家。"

3月17日　在西安止园饭店参加由太白文艺出版社召开的《突发的思想交锋——博士直谏陕西文坛及其他》出版发行新闻发布会暨当前文艺思潮研讨会。"直谏"者李建军应太白文艺出版社之邀专程从北京到会，陕西的老中青评论家、作家、读者代表及新闻出版界六十余人参加了研讨会。被"谏"的两位作家，陈忠实到场，贾平凹缺席。与会者对"博士直谏"的积极意义和《突发的思想交锋》一书给予了充分肯定，认为这部书是一本好书。研讨会上，关于文学批评和媒体批评，关于《怀念狼》的评价，老一代评论家和青年评论家之间，有交流，也有激烈的争论。如关于大众传媒参与文学批评，一些老评论家对此多有指责，甚至对媒体从业人员的文学水平和文字表达能力进行质疑。青年诗人苑湖也说："即使今天，我还是认为某一个学术话语、行业话语最后在陕西演变为一个社会话语这么一个流变过程而和肖云儒老师一样感到悲哀。我担忧在陕西这样一个所谓的文学大省，我们寄希望于靠群众的文学运动和批评运动来推动陕西文学批评成熟，这种寄托是脆弱的甚至荒谬的。"对这样的观点，与会的青年评论家和其他青年作家以及陈忠实都表示了不同意见。评论家仵埂说，文学研究固然有其专业的一面，但把文学欣赏奉若只有极少数人才能搞的神明，把普通读者视为艺术欣赏的群盲，这是一种极其可笑的夜郎自大和妄自尊大。没有人希望靠群众的文学运动和批评运动来推动陕西的文学批评，在这场文学讨论中，无论是专业文学工作者还是普通读者，他们的参与讨论，完全是自愿和自由的，他们从各自的思想立场和审美趣味出发，真诚地表达他们对一些文学现象和文学作品的看法，这是一种文学欣赏和文学批评的自由，根本不存在"运动"一说。难道普通读者就不能表达他们对一些文学现象和作品的看法包括反对意见吗？文学的小圈子化不一定就是健康的表现。而文学批评与媒体结合，包括报纸上发表文学批评，则完全是一种正常的现象。上个世纪（二十世纪）二三十年代，鲁迅等人的大量的文学批评文字，恰恰就发表在报纸上。《三秦都市报》总编助理、作家方英文说，李博士的访谈发表后，原以为一发表就完了，没想到读者打来的电话把文艺部打爆了，头一天接了22个电话，有20个电话都同意李建军的观点。我们的报纸是为人民服务的，始终站在人民的一边，专家的意见和人民的意见不谋而合了，当然就值得继续做。我不同意苑湖的意见。说什么文学讨论媒体参与不好，文学批评就应该在《文学评论》这样的专业杂志上发，你把你那东西写成"内参"，有多少意义？没有哪个批评家愿意把他的文学批评用内参形式发表吧。陈忠实发言说，我是以一个作家的身份，一个讨论中的当事人，来参加这个会的。今天大家能坐到一起讨论文学，观点不管多么激烈，意见甚至相左，包括刚才轻轻地拍了桌子，我都觉得非常好，因为大家是在文学之内讨论问题。我在这儿感受到的，无论老少，仍然都是文学圣徒的精神，我多年来期望的就是这种精神。在文学的学术讨论上，不要管年龄问题，真理面前人人平等。关键是以思想说话，观点说话，交锋也可以。李建军批评我的，对与否已不重要。比李建军的批评更为严重的有的是。作为一个作家，我也活到了60岁，其他本事没有，承受批评的能力，不管愿意不愿意，痛苦或难受，我超脱不了，因此承受批评的能力比30岁时强了很多。坦率地讲，这场讨论中我最关注最感动的是读者的那一版文章。我的直接感受是，文学起码在陕西还活着。那么多读者关注这一场讨论，关注两个作家两部作品，这种现象恐怕在全国也不多见。读者正常的反应，也反讽了近年来文学批评的疲软。我们的文学批评不痛不痒，无人关注，包括我也能感受到。你写的东西，读者不看，那是作者最大的悲哀，读者不看，你写那弄啥么？陈忠实还谈了从人际关系角度看待文学批评的危害性，呼吁讲真话，培育健康的文学批评环境，让文学神圣起来。李建军发言说，我觉得文学的美好就在于它使人变得很真诚。有人问我为什么要那样讲话，为什么要讲那些话，还写了几篇东西陈述自己的见解，如果非要解释，我只能说：为什么要那样激愤，是因为我对文学爱得深沉。

3月22日　写成散文《足球与城市》。

3月23日　参加并主持由陕西省作家协会和陕西秦宇公司联合召开的冯积岐长篇小说《沉默的季节》研讨会。贾平凹、王愚、晓雷、京夫、肖云儒、李星、刘建军、畅广元、王仲生等数十位作家、评论家到会并发言。

3月27日　于蒋村写成言论《大地的精灵》，该文为何远波摄影集《人与自然》的阅读随笔。刊《西部人》2002年第2期。

4月20日　写成关于王焕庆的长篇小说《抽搐》的阅读笔记《乡村，喧哗与骚动》。以《〈抽搐〉阅读笔记》为题刊《文学自由谈》第6期。

同日　评论王宜振散文诗集《少先队之歌》（陕西旅游出版社出版）的文章《红领巾飘飘》刊《中国新闻出版报》。

5月12日　于原下写成短篇小说《日子》。刊《人民文学》第8期。

6月28日　评论赵宇共文化人类学小说《走婚》《炎黄》的文章《触摸隐失的神圣》刊《中国图书商报》。又刊2002年5月10日《工人日报》。

6月　写成散文《家有斑鸠》。

本月　写成言论《生命的审视和哲思——〈李汉荣诗文选〉阅读笔记》。刊7月6日《陕西日报》，又刊《散文》第8期。

7月21日　于西蒋村写成散文《白鸽向我飞来》。

7月23日　下午，西安光中影视有限公司董事长赵安、总经理赵军开车到西蒋村与陈忠实签订《白鹿原》电视剧的改编合同。兄弟俩走进陈忠实家的时候，是农村吃晌午饭的时间，下午两三点。赵安看得清楚，陈忠实的午餐是两个馒头，一碗白菜熬豆腐，几块肥肉。天热，几个人坐在陈家院子后边背靠白鹿原的窑洞说话。赵安兄弟在城里吃过饭了，陈忠实匆匆吃罢饭，抽着黑杠子（巴山雪茄），一边与赵安兄弟聊正在热播的光中影视拍的20集悬疑警匪电视剧《12·1枪杀大案》，这个剧有现实生活原型，一边拿出一幅他刚刚收到的照片——《白鹿原》中朱先生的原型牛兆濂先生的遗像让赵安兄弟看。赵安看着这位目光炯炯、不怒自威的民国先贤，说跟陈老师有点像，陈忠实哈哈笑了。傍晚时分，赵安兄弟与陈忠实告别，陈忠实对赵安说："做这个不容易，要有一定的心理准备。"

7月　写成散文《麦饭——关中民间食谱之一》。

8月10日　写成散文《关于皇帝》。刊《杂文选刊》第10期。

8月20日　写成短篇小说《作家和他的弟弟》。这篇小说于2000年秋写于陕西礼泉，此日重写于原下。刊《北京文学》第12期。

8月　飞抵辽宁沈阳桃仙国际机场，观看在抚顺举行的世界杯预选赛亚洲区十强赛中国队与阿联酋足球队的比赛。前往桃仙机场迎接陈忠实的有女作家梁静秋，2001中国（抚顺）全国球迷论坛的组织者、建联医药的董事长杜玉祥，抚顺球迷协会的刘东、王江，以及军旅女作家庞天舒。陈忠实在机场对迎接他的人说："足球需要激情，文学也需要激情，它们都是以激情为基础，并以竞争与对抗延伸未知的命运，每当看到足球在绿茵上滚动，我内心就会涌起莫名的感动。"

本月　写成散文《搅团——关中民间食谱之二》。

本月　为西安中学生孙紫微的诗文集《你就是春天》写成序文《生命跃进的足音》。

9月15日　于原下写成言论《互相拥挤　志在天空——有感于叶广芩、红柯荣获鲁迅文学奖》。刊10月30日《文艺报》。

9月28日　于原下写成散文《种菊小记》，并作《菊花诗二首》。

10月26日　于原下写成散文《成熟的征象》。夜于原下写成散文《再会棕榈——於梨华印象》。

11月20日　于原下写成散文《火晶柿子》。刊《档案天地》2013年第6期。

11月　写成散文《再说死亡》。

12月9日　于原下为李思强的诗集《彼岸挥手的孩子》写成阅读随笔《诗性的质地》。刊《西安教育学院学报》2002年第1期。

12月18—22日　参加在北京召开的中国作协第六次全国代表大会。此次会议陕西代表团团长：张迈曾；副团长：李敬寅。中国作家协会全委会委员：陈忠实、李天芳、贾平凹、雷涛；代

表：王巨才、王愚、王蓬、叶广芩（女）、孙树淦（莫伸）、李星、李凤杰、李秀娥（女）、李国平、杨宏科（红柯）、赵熙、郭景富（京夫）、高建群、耿翔、曹谷溪、雷进前（晓雷）；名誉委员：胡采、李若冰。

在中国作家协会六届一次全委会上，当选为中国作家协会副主席。

12月　写成散文《最初的操练》，回忆从1958年到"文革"中期业余写作的若干往事。

本年　于原下写成短篇小说《一个虚脱症患者的发言片段》。

2002年　60岁

1月3日　下午，参加中国作协第六次全国代表大会从北京回到西安。晚上，参加由邢小利组织的朋友间的庆贺会。庆贺会在长安区韦曲绿园度假村举行，邢小利主持，二十余位主要来自西安地区高校的文学界的朋友会聚一堂，纷纷讲话表示祝贺，谈陈忠实的创作。现场有文学青年向陈忠实献花。朋友们讲完话后，陈忠实发言："就两句话：一、感谢大家；二、该干啥还干啥。"

1月13日　于原下写成言论《惹眼的〈秦之声〉》。《秦之声》是陕西电视台一个秦腔专栏。

1月17日　于原下写成散文《三九的雨》。刊《人民文学》第5期。该文写于旧历一年将尽之时，有顾后瞻前之意。文章写得非常从容，然而情绪却又回环往复，宛如一首慢板的乐曲。这是他当时的心境，也是他当时的生活状态。悠游从容，淡定自然。

"三九"本该是严寒的天气,却没有落雪,而是下了一场雨。陈忠实一直感觉自己生命中缺水,缺雨,"三九"天居然下了这一场雨,自然令他欣喜万分。腊月初四天明后,他来到村外一片不大却显得空旷的台地上,极目四望,感受"三九"雨后的乡村和原野。四野宁静,天籁自鸣,陈忠实觉得宁静到可以听到大地的声音。雨后的一片湿润一片宁静中,陈忠实的目光从脚下的路延展开去,陷入往事的回想。脚下的砂石路当年只有一步之宽,为了求学,他走了12年。当年背着一周的干粮,走出村子踏上小路走向远方,小小年纪情绪踊跃而高涨,但对未来却是模糊无知。当时最大的宏愿无非是当个工人,不想却爱上了文学,"这不仅大大出乎父母的意料,连我自己也感到奇怪"。"背着馍口袋出村夹着空口袋回村,在这条小路上走了12年",所获得的是高中毕业。那一刻,他意识到,他的一生,都与脚下的这条砂石路命运攸关。在回顾了过往的大半生的人生之路后,他强调"我现在又回到原下祖居的老屋了"。"老屋是一种心理蕴藏"。他在和祖先默视、和大地对话的过程中,获取心理的力量蕴蓄。特别是,从他第一次走出这个村子到城里念书的时候起,他的父亲和母亲送他出家门,眼里都有一种"神光","给我一个永远不变的警示:怎么出去还怎么回来,不要把龌龊带回村子带回屋院"。"在我变换种种社会角色的几十年里,每逢周日回家,父亲迎接我的眼睛里仍然是那种神色,根本不在乎我干成了什么事干错了什么事,升了或降了,根本不在乎我比他实际上丰富得多的社会阅历和完全超出他的文化水平",关键是,"别把龌龊带回这个屋院来"。这个警示给"这个屋院"赋予了特别的意义:它是净地,它是祖屋。在这篇散文即将结束的时候,他简单地提了一句他前不久在北京当选为中国作家协会副主席,有记者向他提问,他的回答是:"作为一个作家,应该始终把智慧投入写作。"然后,他从容地写道:"我站在我村与邻村之间空旷的台地上,看'三九'的雨淋湿了的原坡和河川","粘连在这条路上倚靠着原坡的我,获得的是沉静",现出一派宠辱不惊的气度,宁静致远的心态。

　　1月22日　下午,应泾阳吉元集团总裁陈元杰之邀,去泾阳参观吉元工业区。此前,一直住在西蒋村乡下。当选中国作协副主席后,工作上事情多,各方找他的人也很多,很忙。和民营企业家陈元杰认识,源于吉元集团支持陕西作协设立陕西作协吉元文学奖。吉元文学奖是吉元集团出资设立奖励基金、陕西省作家协会于2000年设立的一项文学奖,旨在奖励创作突出的陕西青年作家。邢小利当时是这个文学奖的联络人,陈元杰通过邢三次邀请陈忠实到他们那里考察并参加他们企业的文化活动,陈忠实直到此日下午才把时间安排出来。晚上到达泾阳,住当地的吉友宾馆。陈忠实喜欢吃搅团,路上就说让打搅团。搅团一般是用苞谷面打的,但这里晚饭端上来的搅团却是麦面做的,可能是这里平时没有准备苞谷面这样的粗粮,只有白面细粮,但白面细粮做出来的搅团有形无味,陈说好看不好吃。吃完饭,主人请去吉元大酒店看侏儒表演,陈元杰说这是土行孙表演。看了一会儿,陈忠实不感兴趣,就先回了。回到宾馆,邢到陈忠实房间,和他说闲话。陈忠实说他晚上一般到凌晨一点睡觉。此时十点过一点儿,时间还早,两人就海阔天空地聊了起来。

　　陈对邢说,你这个人心性淡泊,现在房子和家庭问题都解决了,安顿下来以后,要多写东西。搞评论,应该关注并参与全国性的文学话题讨论,研究一些全国性的文学问题,普遍性的文学问题,发出自己的声音,这样才能造成更大的影响。又说:"40岁后,日子过得很快。你现在的年龄(邢当时44岁——笔者注),是我八六年(1986年)的年龄,现在感觉就像是昨天的事。回想(二十世纪)五六十年代,是感觉有些遥远,但40岁时的事,确实就像昨天。人到了50岁以后,时间更显得快。"他说:"我小时候,看那50岁的人,就是个老汉。"邢插话,杜牧有诗说"四十已云老"。陈忠实继续说,"那时在乡下,就有这样一个老汉对我说,人老了,就像日头下山一样快啊。那时不理解这话,现在理解、体会得很深。早上八九点钟的太阳,你甚至不觉得它的移动,日头在头顶的时候,你也不觉得它的变化,到了下午五六点的时候,你就会觉得太阳下得很快,很快就落下去了。特别是太阳压山的时候,"陈边说边在茶几上比画,"太阳压到山上的时候,你先看还是一轮,很快就变成了半个,紧接着,几乎是一眨眼的工夫,就下去了。这时候,你会感觉到黑夜突然降临了。"接下来,他强调说"人生要抓紧。"他说:"那个时候,我在40多岁时,突然感到了强烈的生命压力,而这时正好有了一个好的题材,那时对历史的认识也有了一个新的认识和高度,我不敢懈怠,就写了那部作品(指《白鹿原》)。"

说到官,陈颇有感触。他提到了一位刚下台不久的某地领导,说,这个人现在很难受啊,我跟他年龄差不多大,我现在很庆幸我选择了写作这条路。此人在台上的时候,前呼后拥,现在忽然冷清下来了,你想他心理上会是个什么感受?先不说弄了多少钱,钱可能不缺了,光是手上那些事,那些他亲自干的事,这个建设那个建设,现在忽然让他撒手不管了,心理上那个窝囊呀,确实难受得很。听说此人有一次在大雁塔旁边那个日本人修建的唐华宾馆吃饭，一时激动难耐，当众说了好些不该说的话。停了一下，陈忠实继续说："我是省委候补委员，几年来见的事，也让我感慨不已。光是开会主席台上的你上我下，就让人很有看的。先是这个人当书记，在主席台上慷慨激昂地大讲'开发''振兴'，忽然间，那个人来了，坐在台子上讲话，唾沫星子乱溅，这个人苦着脸坐在台下听，忍受着那个老汉那陕西腔夹杂着醋熘普通话的折磨。接下来，那个老汉还没坐满一届，第三个人又来了，老汉又坐在了台下，老老实实瞪大着眼睛，听一个比他年轻得多的人坐在台上又讲话，那个失落，那个难受，比啥都难受。"

1月23日　参加吉元企业文化活动，给相关单位和嘉宾写毛笔字。

1月25日　云南文联、陕西文联、陕西作协在昆明联合举办柯仲平100周年诞辰纪念活动，参加活动并发言《称呼柯老》。《称呼柯老》24日写于昆明。此日在昆明即席赋诗一首《七律·百年柯老》。

1月　写成对话《把智慧投入到写作中——与〈三秦都市报〉记者杜晓英的对话》。

本月　《陈忠实》（中国当代作家选集丛书）由人民文学出版社出版。

2月19日　于原下写成散文《与军徽擦肩而过》，记叙1962年高中毕业前试图参军未果的往事。

2月　写成言论《文学对科学的解读》。该文谈论《人与地球》丛书，点评其中的《凝看海洋》（庞天舒著）、《触摸山脉》（庞天舒著）、《解读森林》（曹岩著）、《走近沙漠》（景爱著）等，该丛书由中国地质学会与沈阳出版社共同策划。

3月8日　于原下写成短篇小说《腊月的故事》。刊《中国作家》第5期。

3月10日　于原下写成《烛照人类心灵不灭的神光——阅读〈落红〉致方英文》，以信的形式谈论方英文的长篇小说《落红》。后以《再读〈落红〉致方英文》为题刊3月24日《陕西日报》，同日报纸刊方英文于3月14日写的《致陈忠实》信。

3月13日　与邢小利通电话，邢说计划为他写一部评传，陈说，写作品评论可以，写传记他想再等几年。说有几个人给他谈要写传记，他都拒绝了。说，有一些事，对他影响很大，他认为传记里必须写到，但现在不是时候。

3月17日　于原下写诗《红梅傲雪——题骞国政藏白灵璧奇石》。

3月20日　评论由中国地质学会与沈阳出版社共同策划的"人与地球"丛书的文章《令人着迷的神奇故事》刊《中国文化报》。

3月22日　当天上午由香港到深圳，下午在深圳参加由深圳文联和作协组织的与文学爱好者交流座谈会，谈自己的创作道路。

3月　于广州写成关于朱鸿散文的评论《成熟与智慧》。后以《从思想上翻新着历史的故事》为题刊4月5日《陕西日报》。

4月2日　邢小利、朱鸿、杨立英、宗鸣安、李秀娥、杨毅、李君利到西蒋村陈忠实老家，陈忠实很高兴，说是"看乡里人来了"。晚上，朱鸿做东，感谢陈忠实为他散文研讨会发言（人在外地发来贺信），请陈到半坡湖度假村吃饭。席间，李秀娥说起今年是陈的六十大寿，陈高兴地说，可以聚一聚。众人议定今年给陈忠实过六十大寿。

席间，陈说他一喝酒，就爱胡说。邢说那你今天就胡说一下。

陈说他今天没有喝多。问陈爱胡说什么，陈说他爱谈政治。李君利说《白鹿原》获奖后，灞桥区为陈开了一个庆贺会，陈一时兴起，说："十五大最大的功绩就是中止了'左'的统治，而代之以邓小平的改革开放理论。"陈说，他已经忘记了，是酒后说的吧。李说不是，那时还没有吃饭。

4月7日　于原下写成言论《生命质量的升华》。该文写《三秦都市报》记者杜晓英做人做事的真诚和认真。刊5月6日《西安晚报》。

4月8日　于原下写成言论《第一声鸣叫》。该文谈作文写作的意义。刊5月16日《西安晚报》。

5月9日　在乡下老家，接待陈元杰和邢小利，商谈首届吉元文学奖颁奖事宜。

对客人讲，他的一篇一万六七千字的小说发在《中国作家》（短篇小说《腊月的故事》），写农民的。近来住在农村，很关注农民现在的生活。

陈元杰找陈忠实，主要是落实一件事，即吉元奖颁奖的事，陈元杰希望这个颁奖会能与骞国政请来的北京文化界要人和名人凑在一起，便于宣传。说到全省文学创作研讨会的事，陈忠实对邢小利说，他现在不便过问。现在是多一事不如少一事，采取不多闻不多问的态度。

后来一起回城。回城路上，邢小利说晚明文人很讲究生活的艺术化，有个叫屠隆的，认为最理想的生活是："楼窥睥睨，窗中隐隐江帆，家在半村半郭；山依精庐，松下时时清梵，人称非俗非僧。"其理想的环境是"半村半郭"，清静，又不清冷；理想的身份是"非俗非僧"，闲适，又不空寂。这种生活方式，可进可退，非常灵活，占尽人间一切便宜。陈老师你现在的处境就多少有一点儿这样的意思。住在乡村，又离城很近，是城边，可以说是清静但又不偏僻；生活方式呢，读书写作兼会客，清闲中又很充实。陈忠实呵呵笑着说：我居住的地方是"半城半乡"，人是"半官半民"，其实更多的是一个"民"啊。

5月16日　于原下写成散文《漕渠三月三》。该文写作者参加渭河岸边漕渠村农历三月三日庙会的见闻和感受。刊《中华散文》第8期，又刊《求是》2008年第8期。

5月20日　于原下写成言论《温馨的记忆与陌生的熟识——读李志武〈白鹿原〉连环画随想》。

5月30日　于原下写成随笔《寄语中国队》。该文写世界杯足球赛开战，对中国足球队的希望。

6月1日　出席由陕西省作家协会和陕西吉元集团共同主办的首届吉元文学奖颁奖大会。颁奖会在西安南洋大酒店举行。中国作家协会党组副书记王巨才，中共陕西省委宣传部副部长白智民，在京陕籍评论家、作家阎纲、周明、何西来、刘茵、白烨、李建军、亦夫等，陕西省作家协会党组书记雷涛，吉元集团总裁陈元杰，首届吉元文学奖评委、获奖作家以及陕西文学界、新闻出版界、文化界百余人出席了颁奖大会。红柯的短篇小说集《美丽奴羊》获首届吉元文学奖最佳作品奖。获优秀作品奖的是：冯积岐的中短篇小说集《我的农民父亲和母亲》、张虹的中短篇小说集《魂断青云岭》、高建群的长篇小说《愁容骑士》、鹤坪的长篇小说《大窑门》、马玉琛的长篇小说《风来水来》、炳煌的长篇小说《古城岁月》。贾平凹的长篇小说《高老庄》获特别奖。

6月2日　于原下写成观看世界杯足球赛的随笔《滑铁卢·麦

城·跷尿臊——法、塞揭幕战观感》。

6月4日　写成观看世界杯足球赛的随笔《遛了一回之后——中、哥之战观感》。

6月10日　写成观看世界杯足球赛的随笔《细腻了的英国人》。

6月15日　于小寨写成观看世界杯足球赛的随笔《我们那两下子……》。

6月22日　于小寨写成观看世界杯足球赛的随笔《惨烈的场面与蒸红苕的技巧》。

6月30日　于小寨写成观看世界杯足球赛的随笔《失败亦可正名》。

7月2日　晚上，邢小利在西安唐华宾馆参加作协公务活动，与印度作家代表团吃饭、座谈，结束欲回家时，陈忠实打电话问邢有事否，邢说没有，邀邢到西安小寨小花茶秀喝茶。

聊到《白鹿原》的创作，陈说，他1985年底有想法，1986年写完未完成的几个中短篇小说，1987年、1988年两年准备。抄方志一本，草稿一本，然后50万字一气呵成，用了四年时间，语言保持不变。准备期间，头脑特别清晰，进出许多关键人物关系、情节和细节，如白孝文看戏转变命运部分，大结局部分。

陈说，创作、评论要面向全国发言。刊物亦如此。人要有雄心大志。

7月5日　于原下写成观看世界杯足球赛的随笔《桑巴和桑巴之外的魅力》。

7月7日　于原下写成言论《激扬的膜拜》，该文为刘谦纪实文学《天路魂》的阅读随笔。刊7月28日《西安晚报》。

7月8日　在乡下老家接待西安饮食集团总经理王一萌，作家邢小利、朱鸿、杨立英等，商量六十大寿有关事宜。陈忠实说，他写了一篇散文，关于燕巢雀占的散文，他家房梁上有一个燕窝，有两只燕子，6月份他住在东方大酒店（位于西安小寨——笔者注）看世界杯足球赛，回来后发现燕子不见了，再后来又发现燕窝中有两只麻雀。他很奇怪，问乡里人，人说，燕子爱干净，只要自己的窝里有一点脏东西，就不再住了，另觅新居。陈忠实认为他对生活有了一个新发现，这就是，以俗制雅。

7月9日　于原下写成散文《遇合燕子，还有麻雀》。

7月27日　于原下写成短篇小说《猫与鼠，也缠绵》。刊《长城》第5期。

7月29日　应邀赴杨凌参加杨凌示范区文联、作协成立活动。

7月31日　由李若冰、畅广元、王仲生、刘路、邢小利、朱鸿、杨立英具名邀请，西安饮食服务（集团）股份有限公司承办的陈忠实先生60华诞暨文学生涯45周年庆贺笔会在西安常宁宫举行，各界人士三百余人参加了庆贺笔会。发表《六十岁说》感言。刊8月1日《西安晚报》。《六十岁说》后来有所修改，又以《60岁的时候》刊《档案天地》2011年第3期。

同日　与李国平的对话《关于45年的答问》刊《陕西日报》。

7月　写成言论《"文学是我人生中最重要的主题词"——与〈西安晚报〉记者蔡静、丑盾的对话》。

夏　写成评论杜光辉长篇小说《情殇可可西里》及杜的其他小说的随笔《关注人类命运的力作》。

8月12日　应陕西师范大学畅广元教授约请，在灞桥西蒋村"原下"书斋，就文学的信念与理想等问题与畅当面答问。后将录音整理，写成《文学的信念与理想》，摘要刊于《文艺争鸣》

2003年第1期。

8月13日　于原下写成阅读耿翔散文的随笔《聆听耿翔》。刊《大家》2003年第2期。又刊《文学界》（专辑版）2010年第2期。

8月中下旬　去内蒙古东北部草原采风，同去的有从维熙等。从维熙送陈忠实一本《走向混沌》。

9月15日　于汉中写成诗《墨泗点点润屐痕——读郭加水诗文集感诵》。

9月　《日子》（小说散文集）由陕西旅游出版社出版。

本月　《陈忠实散文》由解放军出版社出版。报告文学作家、解放军文艺出版社编辑李鸣生后来回忆说："我主编出版'中国当代名家文库'丛书，想到的第一位作家，便是陈忠实老师。此时的陈忠实如日中天，《白鹿原》更是早已名满天下。但我没有选他的中短篇小说，而是选了他的散文随笔，意图很明显，希望读者暂时离开虚构的《白鹿原》，认识一个真实的陈忠实。可当我看罢陈忠实老师交给我的文稿后，对其中的多篇文章大约两万多字却不太满意。不满意的主要原因是，陈忠实老师自己用《白鹿原》树起了一根文学的标杆，而这些文章无论思想性还是艺术性与他的这根标杆多少还有些距离。于是出于对陈忠实老师的尊重，同时也为文学的尊严，我决定拿下这两万多字的文章，求精而不图全。但最终能否拿下，我必须取得他本人的同意。于是我给陈忠实老师打去电话，开诚布公，谈了我想拿下的这些文章以及为什么要拿下这些文章的想法和理由。陈忠实老师听后，思索片刻，很快便吐出一个带有浓重陕西腔的字来：行。"（李鸣生《对陈忠实最好的悼念，就是读他的〈白鹿原〉》，

新浪博客李鸣生的博客 2016-05-01）

本月 《原下集》（小说散文集）由上海人民出版社出版。

秋天 由在西安石油大学任教的白鹿原人王新建牵线搭桥，被西安石油大学聘为驻校特聘教授。同时被西安石油大学聘为特聘教授的另外两位都是中国科学院院士，不过他们都不驻校。

10月15日 读了从维熙的《走向混沌》后致信从维熙，信中说：

维熙兄：

您好！

内蒙古之行，我对老兄才有了最切近的感知，真是太难得了。您赠的大作《走向混沌》拜读过了。我要告诉您，这是一次惊心动魄的阅读。这样的阅读许多年都没有发生了，即使世界名著中的小说也没有产生这样令我多次闭上眼睛气不能出的死的感觉。残忍、丑恶、伪善这些通常的词汇都在巨大的生活真实里变得没有意味了。同样，在巨大的真实里，许多问题不需言说而明白如镜了。您把这样一部作品推到中国当代图书馆的书架上，其他什么东西都可以不在乎了。这部书的意义，对于当代人是重要的，对未来的国家可能更具有意义。这是任何小说都无法取代的。我向多位朋友推介这部书，直言有存档的价值，对于研究民族的精神历程是最可珍贵的资料。

我们相识已久，了解却从这部书开始，表示诚挚的钦敬之意，请保重，并向夫人问好。愉快安健。

此信与从维熙10月25日于北京写的回信，以《关于〈走向混沌〉的通信》为题,收入《陈忠实文集》(人民文学出版社2016年第7卷)。

10月19日 于原下雨中为邢小利散文集《种豆南山》作序《解读一种人生姿态》。刊《大家》杂志2003年第2期,《西安欧亚职业学院学报》2003年第1卷第1期,2003年10月14日《文艺报》。

10月20日 致信邢小利:

序言写成了,拖得太久,请您原谅。我在这篇序文中,用较多文字探索了作家的人格操守话题,主要是您的随笔散文文本突显出这个在我看来也许是最致命的问题,较长时日里被轻视,甚至被冷漠了。由此涉及作家的人生姿态、人格、情怀、境界以及思想这些因素的关系,更重要的是对作家创作的发展的至关重要的意义。这些观点,算一家之言,自是我近年间想的较多的一个问题。您读了,如有不妥之处可电话告我,再议再修。另外一个小概念,即生活智慧和生活技巧,本有他正经的面目,在健全的社会里,生活智慧和生活技巧,于人的生活和事业是有益的,恰是在我们今天的混沌的世象里,生活智慧和技巧完全变成投机的光荣口号了,文中涉及的这些东西,请您划开,因为写您的忌讳,作为一个概念互相讨论,以求得恰当的表述,也避免偏(片)面和误解。

这本散文随笔集的份(分)量,是确定了的。给我诸多启示和说话的激情,也增加了了解。看来仅吃饭说笑是不够的,了解一个作家的精神和品格,还是要读作品,不仅在了解,更重要的是启示和受益,当然对我也起到激发和鼓舞。正写作此文时,《大家》海男约稿,已是第二次了,要散文,我便说序。她也欢迎,且要万字左右,正好解决了这个较长的文章的出路。所以请您就前述的两点和您发现的不妥不准之处,电话议商之后,寄给她。

我下午到上海参加中国作协组织的一个笔会,面谈不成了,回来再说吧。您今年的写作丰收,在我也颇鼓舞,盼能见到新的跃进和开拓。

下午,飞往上海,参加中国作协组织的笔会。

10月27日 于原下写成谈论山西作家山云散文的随笔《自在的抒写》。

10月28日 于原下写成谈论陕西咸阳女作家鲁曦散文的随笔《阳光明媚》。

10月 为任世德传记《一路走来——任世德其人其事》(李沙铃、秋乡合著,作家出版社2002年11月第1版第1次印刷)写的序文,以《踏过灾难的泥泞——由阅读〈一路走来〉说起》为题刊《西部人》(2002年10月1日创刊)第1期。

本月 《走向诺贝尔·陈忠实卷》由文化艺术出版社出版。

11月4日 于原下写成散文《在乌镇》。

11月6日 西北大学中国西部作家研究中心拟成立,写信给该中心主任刘炜评,后以《致西部作家研究中心的信》为题收入《陈忠实文集》(人民文学出版社2016年版)。

11月9日 西北大学中国西部作家研究中心成立。陈忠实任学术指导委员会主任,何西来、肖云儒、董丁诚为副主任,王愚等为委员;贾平凹为中心名誉主任,刘炜评为主任,段建军、李国平、邢小利、杨乐生、马文敏五人为副主任,王仲生等老中青评论家为兼职研究员。

11月下旬至12月初　到美国访问。

12月6日　晚上,下了今年的第一场雪,从美国访问归来,约邢小利等朋友在西安国力仁和吃饭。邢小利、仵埂、朱鸿和杨毅参加。饭后去小花茶秀喝茶。邢、陈二人第一次议及单位和陈的处境。

同日　为任世德传记《一路走来——任世德其人其事》写的序文以《三题任世德》为题刊《工人日报》。

12月8日　上午,参加嘉汇汉唐书城开业仪式。中午,在东方大酒店与同来参加书城活动的张抗抗、周国平等午餐。下午在东方大酒店休息时,与邢小利等人第一次议及成立白鹿书院事。

12月11日　为任世德传记《一路走来——任世德其人其事》写的序文以《征服人生》为题刊《中国新闻出版报》。

12月12日　于原下写成散文《走进一个美国家庭——丹尼尔与王锦凤》。

12月16日　早上,打电话给邢小利,说他在灞桥参加一个研讨会,遇到区上领导,一位人大常委会副主任说想搞一个"白鹿书院",他说有作家也想搞,可结合到一起。有一位企业家也在座,说要搞可以出力,盖一座楼。

12月26日　在陕西电视台《开坛》(文化类谈话节目)录制谈话节目。

12月29日　于原下为峻里(李君利)的小说集《在阳光的皱褶中跳舞》写成序文《多重交叉的舞蹈》。刊《延河》2003年第3期。

2003年　61岁

1月5日　晚上，在西安一粥城与李思强、邢小利、杨立英、朱鸿、刘炜评等吃饭说事。

1月　怀念作家邹志安的文章《虽九死其犹未悔》刊《延河》第1期。

春　由灞桥乡下祖居老屋移住西安城里。平时，晚上住在西安建国路金家巷陕西作协家属院，但白天一整天的活动，包括写作、读书、会客都在西安石油大学家属区的休息兼工作室，他称这里为"二府庄"，因为东邻有一个村子名叫二府庄。二府庄乍一看像个村名，其实在城里。西安市有四个叫二府庄的地名，雁塔区有两个，莲湖区有一个，未央区有一个，陈忠实所在的这个二府庄，隶属雁塔区小寨街道办事处，是一个城中村，位于电子一路西安石油大学家属区的东邻。陈忠实还把建国路陕西作协的所在地称为雍村。他写完一篇或一部作品，往往在文末缀上时间和地名，地名喜欢用带"村"或"庄"的字，感觉像在乡村。这也反映了陈忠实浓厚的乡村情结。早在2002年秋天，由在西安石油大学任教的白鹿原人王新建牵线搭桥，西安石油大学聘请陈忠实为该校驻校特聘教授，2008年在续聘为驻校特聘教授的同时，又聘为人文学院名誉院长。既然是驻校教授，就给陈忠实提供了一套三室两厅的单元房作为休息室兼工作室，可以使用，没有产权。2003年春节过后，陈忠实就从乡下搬了过来。对陈忠实来说，这里毕竟生活上更方便一些，在乡下吃饭得自己做，在这里可以去食堂买饭，而且饭菜较为丰富，可以自由选择。这个村名为何叫二府庄，据传是因为明代有两个官员在此建庄，故称二府庄。

陈忠实将自己的生活与工作室称为"二府庄",除了乡村情结之外,亦有深意存焉。王新建说,当年他一看到陈忠实在文末署上"二府庄"的地名,就知道陈忠实把这里当作了第二个府第,打算长久安居了。果然,陈忠实后来一直住在这里,早来晚归。即使是节假日,也有很多时间是待在这里。

2月8日　晚上,陕西电视台《开坛》播出陈忠实谈话节目。节目内容是"陈忠实与《白鹿原》",陈讲,他的这部作品是写我们这个民族在上个世纪(二十世纪)的历史风云中,历经磨难,历经艰难曲折,不断更新的过程。

2月12日　于二府庄写成短篇小说《关于沙娜》。

2月　创作谈《寻找》刊《青年文学》第4期。

3月13日　于西安写成关于阎道勇小说集《蓝衫根》的评论《功夫还得在诗内》。刊《小说评论》第3期。

4月1日　晚上,与邢小利和邢的长安乡党、药品经营商、业余作者阎道勇吃饭。阎说与邢一起,给陈编一本影集。邢说可配上一些书法作品。邢说起给陈写评传事,陈说有些事现在不好说,接下来讲了一些"不好说"的生活往事。

4月5日　于雍村笔答完成《在自我反省中寻求艺术突破——与武汉大学文学博士李遇春的对话》。后以《走向生命体验的艺术探索——陈忠实访谈录》为题刊《小说评论》第5期"小说家档案"。

5月4日　于二府庄写成言论《秦岭南边的世界——〈王蓬文集序〉》。刊《小说评论》第4期。

5月6日　于西安致信王蓬,就为《王蓬文集》写序文交流一些感想。

5月30日　写成散文《"非典"不是虎烈拉》。

6月2日　下午，与邢小利在荞麦园吃饭，对邢说省委宣传部部长几次说要与他谈一谈，与邢商量如何谈。邢建议说：以谈工作为主，全面地如实地把他和作协的情况说给部长。

6月19日　于小寨重新修改完成言论《三题〈一路走来〉》。此文原为任世德传记《一路走来——任世德其人其事》（李沙铃、秋乡合著，作家出版社2002年11月第1版第1次印刷）序文，先后以《踏过灾难的泥泞——由阅读〈一路走来〉说起》刊《西部人》2002年第1期，以《三题任世德》刊2002年12月6日《工人日报》，以《征服人生》为题刊2002年12月11日《中国新闻出版报》。此日对原序文又进行了修改。

6月19—20日　在长安区常宁宫参加光中影视公司举行的电视剧本《白鹿原》（张光荣编剧）讨论会。与会约二十人。陈在大家发言后讲了一段话，其中说：朱先生是关中大儒，清朝最后一届举人，如果清朝还延续，那朱先生可能就是王杰［王杰（1725—1805），字伟人，号惺国，陕西韩城人。乾隆二十六年（1761）辛巳恩科状元。曾任东阁大学士，太子太傅——笔者注］一类人物，是朝廷重臣，宰相。他是白鹿原上的精神领袖。白嘉轩每临大事都要问朱先生。白嘉轩是朱先生思想——也是传统文化、道德观念和价值观的实践者、坚守者；鹿三则是盲目地随从。这种传统文化其实是一种腐朽的东西（原话如此——笔者注）。黑娃经历了很多的人生选择，读书，闹红，投共，当匪，招安，最后想学为好人，他是真心的，他最后的归宗认祖，是向强大的同时也是腐朽的传统力量的投降。白孝文有一句有名的话：谁走不出白鹿原谁就弄不成事。白孝文是以恶的形式来实现他的追求的（这是陈忠实第一次以公开的方式对以朱先生为代表的传统文化、以白嘉轩为代表的宗法文化表态。他说传统文化是强大的，也是腐朽的。腐朽论是第一次说——笔者注）。

张光荣编剧的《白鹿原》，开头是把白嘉轩娶七房女人的文学叙述置换为场景表现，与会不少人认为这个开头平淡。陈忠实说：一看到开头写娶胡氏时牵着毛驴，心就"格腾"了一下，关中民俗——不知陕北是不是这样——关中凡是能娶得起媳妇的，都是用轿子抬，没有用毛驴的。很多人以为陕西就是陕北，甚至说他陈忠实就是陕北人。再一点，鹿家父子在白嘉轩的婚礼上，不断地说"二话"，这是绝对不允许的，这是常识。你参加人家的婚礼，揭人家的短，说人家弄死了几房夫人，这可能吗？而且还是当着白家父子的面说。一撮毛这样的巫婆神汉，虽然驱鬼时请他，但正式的场合，是绝对不请这样的人的。这样的人，在宗法社会，是下九流，根本上不了台面。陈忠实说，他写这些人，从来不在正式场合出现。唯一的例外，是"闹红"时白兴儿出现了。陈忠实说，不是改编忠不忠实于原著的问题，而是尊重常识的问题。他甚至不反对"戏说"，"戏说"他都能看下去。

7月2日　去云南采风，前后共10天。

7月19日　于雍村写成散文《黄帝陵，不可言说》。刊《文苑》（经典美文）2011年第12期。

7月29日　苏州大学王尧教授来访，晚上与王尧、邢小利共进晚餐并交流。

7月30日　于雍村写成言论《位卑位尊都躬行》。该文谈论作者的老朋友、一位领导干部立章的诗词和散文随笔。

8月1—3日　去商洛丹凤县参加西北大学中国西部作家研究

中心工作策划会。2日下午丹江漂流，晚在月日滩参加篝火晚会。3日游金丝大峡谷，当日晚回西安。

8月8日　于雍村写成言论《土壤、讲坛和稿纸上的舞蹈》。该文谈论陕西师范大学教师刘路及其创作与批评。

8月18日　中午，西安朝华管理教育学院院长单元庄（西北大学教授、鲁迅研究专家单演义的公子）通过邢小利邀请陈忠实，在荞麦园吃饭谈事。单元庄正筹划建中国文化大学，请陈忠实支持。

8月24日　晚上，刘路请陈忠实吃饭，为陈忠实给其著作写序表示感谢，朱鸿出面邀请。出席者：陈忠实，刘路，朱鸿，王晓新，邢小利，杨毅。

8月25日　早上，在陕西作协开会，推荐参评中国作协第六届茅盾文学奖作品。常智奇主持，许如珍会务。陈忠实开头和结尾讲了话，也是主持人。评委七人：李星，李国平，邢小利，刘炜评，畅广元，张国俊，王仲生。中国作协要求推荐三部为宜，陈忠实提议推荐四到五部，请大家定。畅广元建议就是三部，少矛盾。邢小利建议四部有效。最后大家议定定为四部有效。投票结果：红柯《西去的骑手》七票，叶广芩《采桑子》七票，冯积岐《沉默的季节》五票。其他报选作品得票未过半数。

8月27日　于二府庄写成言论《民间关中》。该文谈论摄影家胡武功陕西关中民间生活题材的摄影作品。

8月　散文《我的树》刊《西部人》第8期。

9月9日　于二府庄写成散文《回嚼永恒的美好》。该文写与一位爱好文学的中学教师的一次见面及感想。

9月12日　于二府庄写成言论《多重视角　独自体验》。该文谈论王芳闻、潇洒、子叶（一家两代三位女性）合集的一本书。

9月19日　陕西省作家协会原主席、文艺理论家胡采逝世，前往吊唁。

胡采，1913年8月15日出生，河北蠡县人。原名沈承立、沈超之，抗战开始后用胡采做笔名。自幼家贫，只读过小学，但终身学习不辍，最终以粗识文墨的小学生而成为名动文坛的大评论家。1947年加入中国共产党。1938年后历任山西第二战区文化抗敌协会《西线》《西线文艺》主编，延安《大众习作》主编，陕甘宁边区文化协会创作组组长，《群众文艺》主编，西北文学艺术界联合会副秘书长，《西北文艺》主编，西安市文化局局长，陕西省对外友好协会副会长，中国作家协会西安分会专职副主席兼《延河》《小说评论》主编，陕西省作家协会党组书记、主席，陕西省文学艺术界联合会党组书记、主席。中国作家协会第三、四届理事，中国文学艺术界联合会第四、五届委员。全国第六、七届人大代表。1933年开始发表作品。1942年5月参加"延安文艺座谈会"。1954年加入中国作家协会。著有评论集《主题·思想和其他》《从生活到艺术》《新时期文艺论集》《胡采文学评论选》等八部。他的《从生活到艺术》一书不断再版，发行数十万册，在文学界影响深远。

9月25日　凌晨，于雍村写成散文《活着，只相信诚实——怀念胡采》。

9月　以团长身份带领中国作家采风团50人，从重庆乘游轮出发，抵达湖北秭归，再转车到武汉，参观了三峡大坝及库区移民新居，沿江考察移民工作和库区城市建设成果。谈采风感受：饱览长江两岸雄奇秀美的山光水色，畅美舒悦；沿途全迁或半迁的几座新县城一派新貌，让他感叹不已，流连不舍。

本月　由武汉大学博士生李遇春根据陈忠实的创作随笔摘抄、整理而成的《我的文学生涯——陈忠实自述》刊《小说评论》第5期（9月20日出刊）。又刊《美文》（下半月）2007年第3期。

10月7日　与邢小利乘飞机抵杭州，应邀参加首届浙江作家节。浙江作协汪浙成到机场迎接。住环岛宾馆。下午至门耳茶坊品茶。

10月8日　下午，在宋城白宫参加各省文学交流座谈会。后参观宋城景区。晚上参加浙江作家节开幕式。后看《宋城千古情》。晚上9时参加"南宋风味小吃"品尝会。

10月9日　上午，参加"著名作家湖西大采风"活动。中午参加浙江日报社宴会。下午参加"风雅西湖·文学杨堤·无我茶会"。晚上参加中共浙江省委书记习近平的招待会。

晚上，参加中国当代文学首届"西湖论剑"活动，为坛主之一。"西湖论剑"在一个很大的报告厅举行，华灯辉煌，参加作家节的嘉宾和杭州听众二三百人坐在台下。论剑活动由高洪波主持，提出一个问题：当前的中国文学缺少什么？请七位坛主依座位顺序分别回答。

陈忠实第一个"论剑"：

我觉得中国文学现在最缺乏的就是思想的力量。社会发展到了今天，各种矛盾都已经展示得非常清楚，一个普通的读者，都能在一定程度上看到这些问题，于是就有一个非常严峻的问题留给作家：如果作家的思想不能超越普通读者，具有穿透当代生活和历史的力量，那么，我们的作品就很难接近读者、震撼读者。

这个思想力量的形成，要求作家在创作过程中，必须从生活体验进入生命体验的层面。生活体验的作品可能会有雷同，但进入生命体验的作品就很难雷同，这里有本质的区别。比如米兰·昆德拉，他前期的作品《玩笑》，应该是生活体验的作品，这样的作品在当代中国不难找到，而后期作品《生命中不能承受之轻》则是生命体验的作品，这是我们的文学所缺少的。写作就像化蝶，一次次蜕皮，蜕一次皮长一截，这是生活体验；而一旦蛹化成蝶，就变成了生命体验。我觉得应该有更多的作家和作品进入生命体验这个层次。

接下来分别论剑的是仲呈祥、铁凝、莫言、张平、张抗抗和鬼子。

10月10日　由杭州返回西安。晚上，在西安东门外的秦朝瓦罐饭庄与参加"华山论剑"的金庸见面。

晚宴上，金庸对陈忠实说：我很喜欢《白鹿原》，你胆子大，敢给地主翻案，在(二十世纪)五十年代，这是要杀头的。陈忠实说：你看懂了。

陈忠实后来在由陕西电视台主办的作家、评论家谈金庸小说的活动中发言说："尽管文学界对金庸小说有不同的看法，但一位健在的作家能拥有上亿读者，这种现象很值得研究。我个人对金庸先生十分敬佩。"

（金庸于2014年3月10日刊出的《南方人物周刊》答记者问：
记者：一百年来的中国作家，您比较喜欢的有哪些？
金庸：一百年有很多人啊。沈从文吧，文字好，路子好。

人物周刊：好像您跟他的风格有接近的地方，古典式情感——

金庸：沈从文喜欢，巴金也喜欢。

记者：当代有吗？

金庸：当代喜欢陈忠实，《白鹿原》。）

11月3—4日　参加高陵县文化馆文化活动。

11月18日　于二府庄写成散文《为城墙洗唾——关中辩证之一》。

11月19日　于二府庄写成散文《重新解读〈家〉，一个时代的标志——写在巴金百岁华诞》。

11月21日　于二府庄写成评论儿童诗作家王宜振的文章《你的句子已灿灿发亮——儿童诗作家王宜振》。刊12月10日《中国新闻出版报》。又刊《诗刊》2004年第11期。

11月22日　到汉中市参加《王蓬文集》首发式。于汉中写成言论《探索·归结·展示——在〈王蓬文集〉首发式上的讲话》。

11月23日　由王蓬等人陪同，拟去汉水源头，因路上堵车，改去方济众故居。

11月24日　于汉中写成散文《黏面的滑稽——关中辩证之二》。

11月　谈论谭旭东《当代儿童文学的重镇——李凤杰创作论》的文章《令人敬重的发现》刊《小说评论》2004年第6期。

12月1日　于二府庄写成散文《遥远的猜想——关中辩证之三》。

12月3日　晚上，在西安东方大酒店参加《王蓬文集》新闻发布会。会后去小花茶秀，与邢小利商量召开畅广元《陈忠实论》

研讨会事，议定由陕西省评论家协会和西北大学中国西部作家研究中心主办。

12月4日　于二府庄写成言论《生活的脉象，我的脉象——小说自选集新版序》。

12月9日　于二府庄写成散文《孔雀该飞何处——关中辩证之四》。

12月11日　于二府庄写成散文《原下的日子》。该文写作者从2001年到2002年这两年回归故园灞桥区西蒋村居住、生活的往事和随想，有深沉的抒情，也有对自己的生命、对人生的方向深沉的思考。

12月13日　晚上，在西安桃园南路纽华金商谈畅广元《陈忠实论》研讨会事宜。参加者有李国平、朱鸿、邢小利等。

12月14日　于二府庄为文集《原下的日子》写成《〈原下的日子〉后记》。《原下的日子》收入作者2001年至2002年于原下即家乡西蒋村写的各类体裁的作品，同时收入部分写于2003年的作品。

《后记》中说：

这本书原来只想编2001年至2002年在原下写的各类体裁的作品，只想把这两年的作品拢集起来，也单列出来。这想法不单是为标志这两年在生活和艺术上的追寻，还有一点也许对我更富有意义，这是我的生命历程中颇有单列意味的两年。这两点都值得作为存照。责任编辑看过2003年的一些作品，不愿舍弃，我也就同意编入了。我在今年春节后离开原下的小院，住到城南和乡村的杂混地带，窗外还留一大片被各种建筑物包围的农田，有四季变幻（换）的庄稼和各种蔬菜。原下一切都更适宜我生存，致命的是一日三餐烧锅燎灶太麻烦了。在这里比较清静，也有一份省得自己动手的饭吃。

于是离开原下，再择地而居。

12月16日 于二府庄写成散文《乡谚一例——关中辩证之五》。

12月23日 于海口写成言论《背离共性，自成风景——〈陕西名家作品选〉序》。该文从陕西作家与作品谈到艺术精神。刊2004年11月11日《文艺报》。

12月30日 于雍村写成散文《也说乡土情结——关中辩证之六》。

12月下旬 在海南省海口、三亚等地，与海南作家蒋子丹、湖北作家刘醒龙等会面，访问某部队驻守的小岛。

2004年　62岁

1月2日 晚上，与李思强聚餐，商量为畅广元著《陈忠实论》开研讨会事。餐后在竹园茶秀与邢小利、朱鸿、仵埂喝茶。讲了自己的一个故事：一年前，海南一家电台有一个叫苏娅的女子，不知从哪里得到陈的手机号码，给在乡间的陈打电话，说要与陈聊。电话中聊了几次，苏又说她要乘飞机到西安，给陈送水果。陈说路途遥远，而各种水果西安又都有，拒绝了。过了两天，苏说她不来了，但让一来西安的人带水果给陈，陈说去一趟飞机场来回需要三小时，划不来送，亦拒绝了。此后再无苏的音信。陈想苏可能生气了。前两天陈去海南，在电话本上找到苏的电话，打过去，一个男子接了，陈问这部电话是不是苏的，那男子说他是两个月前从别人手里买来的。陈又托在海南的陕西乡党作家杜光辉找苏，杜两天后说，海南电台确有苏这个人，不过苏已于一年前死于自己房中，自杀、他杀未能确定。陈说，苏是有钱人，开了一个私人诊所，不缺钱花，为什么要自杀？陈还说，苏当时说她把陈的作品基本上全读了，感觉陈像一个"父亲"，所以要与陈聊。陈说，身在海南的湖南籍作家蒋子丹听了陈对这件事的讲述，说这是一个好散文。邢小利说，可取名叫《不该拒绝的水果》。陈说他听了苏死之事感觉有些歉疚，说如果苏真是自杀，当年让其来了，聊一聊，也许会救人一命。

1月6日 于二府庄写成散文《两个蒲城人——关中辩证之七》。该文写的两个蒲城人，一个是晚清军机大臣王鼎，一个是现代的西北军首领杨虎城。鸦片战争时，王鼎对道光皇帝以死相谏，抗日战争时，杨虎城对蒋介石发动兵谏，作者由此发出一些议论。后以《王鼎的死谏与杨虎城的兵谏》为题刊《同舟共进》2005年第9期。

同日 为王宜振《21世纪校园抒情诗》写的序文《沉浸在儿童的心灵世界》刊《人民日报》。

1月8日 上午，参加畅广元《陈忠实论》暨陕西文学评论现状与发展研讨会。这个会由陕西省文艺评论家协会、西北大学中国西部作家研究中心、陕西思强新文化艺术传播有限公司共同主办，在西北大学宾馆召开，省内作家、评论家及有关媒体五十余人参加了研讨会。

1月15日 于二府庄写成随笔《舒悦里的亲情和友谊》。该文写春节即一年终了和一年复始几天对于家庭亲情及友谊的随感。

1月19日 于雍村写成评论刘凤梅纪实文学《走近李焕政》的文章《什么使我钦敬——读〈走近李焕政〉》。刊11月12日《陕西日报》。又刊《延河》第4期。

1月 《原下的日子》(小说散文集)由太白文艺出版社出版。《陈忠实小说自选集》长篇卷、中篇卷由长江文艺出版社出版。

2月4日 于长安写成言论《有剑铭为友》。该文回忆与作家徐剑铭多年的交往及徐的创作与生活情况。刊《延河》第4期。

2月8日 晚上,邀请到西安参加樟叶散文研讨会活动的乡党评论家阎纲、周明、白烨等喝茶,同时请西安的畅广元、王仲生、邢小利、朱鸿等参加。约定晚8时在桃园南路纽华金喝茶。晚上9时,白烨等在桃园南路文豪杂粮食府由程群力请完客,到纽华金。同来者有阎纲、周明、程群力、韩杰应、刘辉、穆涛等。闲聊一阵,周明先走,回去见乡党访客;阎纲亦回去,说明天要回礼泉,要准备一下。白烨留下聊至12时多。关于当今社会,陈忠实说他有一篇小说概括的是对这个时代的认识:猫与鼠也缠绵。原来敌对关系的现在成了一家,有警匪一家现象,正义与邪恶融为一体了。畅广元讲了一个段子,白烨补充完整:三个老鼠在一起吹牛,第一个说,我常在老鼠夹子上跳舞;第二个说,我吃老鼠药跟吃糖豆一样;第三个说,你们看见房檐上的那只猫没有,它的肚子大了,咱搞的。陈忠实大笑说,我写了一万字的小说,你这一句话就概括了。邢小利说,一个时代有一个时代的文学,唐诗宋词明清小说,如今最精彩的可能要算段子,它充分反映了我们这个时代的特点。

2月16日 晚上，与文友在文豪杂粮食府吃饭说话，有邢小利、刘炜评、仵埂、阎建滨、朱鸿等参加。

2月19日 回忆与汉中作家王蓬交往的文章《关于一座房子的记忆》刊《人民日报》。又刊《西部人》第3期。

2月21日 于二府庄写成言论《你的发现，令我敬重》。该文系为谭旭东所著《当代儿童文学的重镇——李凤杰创作论》写的序文，文中忆及与李凤杰的交往，对李凤杰创作的印象，谈了谭著的几个特点。

2月 《陈忠实小说自选集》短篇卷由长江文艺出版社出版。

3月13日 于雍村写成言论《我的关中》。该文为自著短篇小说集《关中故事》序言。

3月 《白鹿原》（"中国文库"版）由中国出版集团人民文学出版社出版。

本月 散文《原下的日子》刊《人民文学》第3期。又刊《北京文学》第10期，《名作欣赏》2012年第1期，《党建》杂志2012年第6期。

本月 写乡党陈军的文章《幽默与机智的魅力》刊《延河》第3期。

4月10日 一红木家具店联系请去参加红木文化节，陈说商业活动他不参与。

4月13日 写成言论《关于〈开坛〉》。《开坛》系陕西电视台的一档谈话节目，该文谈该节目的影响及对该节目的期望。

4月17日 晚上，应邀参加西安电视台制片人毛安秦召集的文友聚会。有茹桂、朱鸿、邢小利等参加。席间聊到近日网上盛传的一篇文章，邢说：这篇文章无疑会载入史册，其意义与价值不亚于《白鹿原》这样的文学名著。

4月22日　于雍村写成言论《天性与灵性》。该文谈论陕西书法家李成海其人及其书法。

5月1日　晚上,与邢小利、仵埂、范华等去长安韦曲梅花弄堂吃糁糁面。饭罢去绿园度假村,与经理马宏伟闲聊。马讲长安逸事:野生动物园第一天开园,去了20万人,东西都踩坏了,门票80元,人多大门进不去,园子周围的农民就在自家院墙前搭一梯子,给5元钱即可让游人进园,游人蜂拥而至,上下梯子翻墙而过,景象壮观。陈笑说这是中国特色。

5月9日　下午,与几位文友到白鹿原北坡万亩樱桃园摘樱桃。陈忠实讲,他村里有一樱桃树,很大,但不挂果。人民公社解体时,分树,别人分的都是挂果树,有一户人家分得了这棵不挂果的树。分到户后,却突然挂起果来。二十世纪八十年代一棵树结的果就能卖七八千元,供了两个娃娃上了大学。前两天,此树突然被风连根刮倒,两口子在树下痛哭。村里有人说,他妈死了都没有这样伤心过。

5月30日　于雍村写成散文《永远的骡马市》。骡马市是西安城中的一条街,该文写作者早年到骡马市的一些记忆和今天骡马市的变化。刊《金秋》2015年第11期。

5月31日　晚上,约邢小利在德福巷福宝阁喝茶,与邢商量其子海力结婚事。邢说,来辉武给我打电话请你去参加他的企业15周年庆贺活动,你明天能不能去?陈说,我现在还很同情来这个人,这个人还是给社会做了许多贡献的,我去。

5月　《陈忠实文集》(七卷)由广州出版社出版。

本月　《关中故事》(短篇小说集)由昆仑出版社出版。

6月1日　与邢小利、仵埂、严建设去周至来辉武企业，参加505企业成立15周年庆典。陈早上没有吃早点，饿着肚子，坚持在大太阳下坐着，看完了两个多小时的职工演出。

6月6日　为儿子陈海力举办婚宴。

6月7日　中午，在西安含光门外粤珍轩答谢为儿子婚事帮忙的陕西作协执事，有子心、张艳茜、胡小海、姚逸仙、李国平、邢小利、王根成、杨毅、许如珍等参加。席间，陈说，农村有一句话：老子给儿子娶一个媳妇，儿子给老子置一口棺材，这是父亲和儿子各人的责任和义务。

7月5日　于二府庄写成散文《皮鞋·鳝丝·花点衬衫》。该文主要写作者1984年5月第一次到上海的若干印象。刊《中华散文》第9期。又刊《上海采风》2010年第3期。

7月18日　于雍村写成散文《从大理到泸沽湖》。刊《海燕》（都市美文）第9期。

7月27日　晚上，赴人人居与文友吃饭聚会，朱鸿提议并做东。同席的有邢小利、刘炜评、杨立英、陈答才、严建设等。

饭前，邢小利、杨立英、严建设先去西安石油学院陈住处，严开车，准备接陈。邢见陈写字的房子里，堆了四大包写废的字，地下还堆了不少写废的字。邢问，装包干什么？陈说，他一直准备让杨毅用车拉上，去长安找一条河，他要烧掉，还未烧。陈送晚上聚会者一人一套新出版的文集。给邢和严建设都写名字，不写姓，以示亲近。写杨立英时，陈说他要连名带姓一起写，以示严肃。邢开玩笑说，"立"字也不要写，就写一个字。陈笑，杨立英也笑。陈最后说还是与大家一样吧，只写了名字，未写姓。晚餐时，刘炜评说，他喜欢风格一致的人，比如孙见喜的俗、方英文的"任诞"等。刘说他曾对一周姓同事评论陈忠实:深沉、端方、大气、朴厚。周是一女性,周说她就喜欢这样的男人,陈大笑。刘说周想请陈吃饭,陈问有啥事没有,刘说没有,就是想请吃饭。

聊到版本研究,《西安晚报》文艺部主任杨立英说她当年学的就是版本研究,专业是北京大学古文献专业。

同席的陈答才系朱鸿同学,是陕西师范大学政治经济学院副院长、教授、博导,大家跟他开了许多玩笑。陈答才研究中共党史,邢问他,听人说,二十世纪内部有一套关于党史的书,只印行了200套,那套书内容是什么,陈说是中央文献出版社出的,是关于"文革"的一些材料,后来这套书又被收回。

7月28日 于二府庄写成言论《心灵的狂欢和舞蹈》。该文谈论陕西书法家李珧其人及其书法。后以《心灵的狂欢和舞蹈——有感于书家李珧其人其书》刊11月19日《中国艺术报》。

7月29日 陕西作协发生上班时间单位员工纠集外面人员殴打内部工作人员事件,被打人血染楼道,单位领导回避不管。陈忠实说他都想调离作协,说这是一个事件,但其中隐藏着单位很深的矛盾。

7月30日 参加在临潼华清池召开的陕西梨园学会成立大会。为华清池题词:华清水暖,梨园花香。

华清池后边的骊山上有一老母殿,据当地人说,阴历六月十三日前后这几天是临潼传统的"单子会",为婚后无育的人到山上老母殿求子的会。山上每夜有四五万人,30日凌晨,邢小利、阎建滨等上山,看见老母殿周围到处是随地而眠的人。陈忠实说这就是他《白鹿原》中所写的"棒槌会"。

8月5日　于雍村写成散文《在好山好水里领受沉重》。该文写作者去云南腾冲到"国殇墓园"（1944年为收复被日军占领的腾冲战死的八九千中国士兵的墓园）的见闻和感想。刊《课外阅读》2007年第11期。

8月12日　于西安写成散文《第三粒失球致使的摧毁——老陈看奥运之一》。

8月14日　于雍村写成散文《妩媚的回眸——老陈看奥运之二》。

8月16日　在陕西作协安排的见面会上，与战士作家崔八娃见面，并向崔八娃颁发了陕西省作协会员证书，圆了崔八娃几十年的梦想。由于8月1日的《西安晚报》以《深山寻访战士作家崔八娃》为题报道了战士作家崔八娃，崔八娃的事迹引起关注。参加见面会的还有贾平凹、杨韦昕、京夫、晓雷等作家，以及崔八娃当年在部队时的文化科长、老上级柳山朵。

崔八娃，1929年出生于安康市汉滨区沈坝镇沙沟村。小时候没念过书，1948年19岁时被国民党抓了壮丁。1949年年底，人民解放军挺进大西南，崔八娃离开国民党军队，参加了中国人民解放军。1952年随部队来到陕西凤翔。一字不识的崔八娃用很短的时间就达到会认、会背、会写2000个字的水平，写成自传故事《狗又咬起来了》，发表在《解放军报》上。崔八娃的《狗又咬起来了》《一把酒壶》《卖子还账》等自传体故事，当时广有影响，先后被译成多种文字。他与当时有名的战士作家、《半夜鸡叫》的作者高玉宝齐名，被称为"北高南崔"，曾轰动一时，受到毛泽东的接见。他的多部自传体小说被译成英文。此后，崔八娃主动申请转业，被分到长安县兵役局（现为人武部）工作。一时间，各种报告会邀请函像雪片一样飞来,这令崔八娃难以应付,产生了回乡的念头。1958年,他下决心写了一份申请,退伍回乡当了农民。四十多年来,"隐居"深山,没有因生活和子女问题向组织提出任何要求。

8月17日 于雍村写成散文《失败,仍令我敬重——老陈看奥运之三》。

同日 于雍村写成散文《一把铁勺走天下》。该文由陕西蓝田县被中国烹饪协会命名为"中国厨师之乡",回忆蓝田厨师的历史渊源和若干掌故,同时发议论,谈感想。

8月19日 于雍村写成散文《为女曲喝彩——老陈看奥运之四》。

8月20日 于雍村写成散文《话说梦游——老陈看奥运之五》。

8月22日 于雍村写成散文《胜者的平静与败者的微笑——老陈看奥运之六》。

8月 任陕西作协本年度参评鲁迅文学奖评奖主持人。评委:李星、李国平、李震、刘炜评、费秉勋、杨乐生、王仲生。

推荐结果:中篇小说和短篇小说作家有贾平凹、叶广芩、红柯等。散文:贾平凹《贾平凹长篇散文精选》,内收"商州初录""商州又录""商州再录""老西安""西路上"等;朱鸿《夹缝中的历史》;方英文《燕雀云泥》;和谷《回乡札记》;高建群一部。评论:畅广元《陈忠实论》,邢小利《长安夜雨》,段建军《〈白鹿原〉论》,周艳芬《执守·反拨·超越——七月派史论》,赵德利一篇文章。

本月 应中国石油作协之邀,率领中国作家西气东输采风考察团到西气东输工程建设一线考察采风。8月25日8时,熊召政、邓贤、赵瑜等作家，在中国石油作协主席、中国石油报社社长肖平（诗人肖三之子）和西气东输管道分公司党委副书记李伟等人陪同下，从北京出发。陈忠实在兰州一家宾馆等候与大家会合。团员还有作家、诗人尹汉胤、郭雪波、萧立军、张洪波、冉冉，《地火》主编杨绽英等。时任《中国石油报》驻青海记者站站长，跟随采风团在盆地活动的凌须斌讲：8月29日下午，经过九个小时的跋涉，驱车五百多公里，考察团一行从敦煌赶到了柴达木盆地西部，远远地便瞅见昆仑山脚下蓝幽幽的尕斯库勒湖。一路上的长途颠簸、高原反应、单调干枯的景色，让陈忠实感觉十分疲累，此时见了融雪汇聚成湖的纯净的水，十分高兴，说："远荒大漠中有这一潭好水，多么珍贵难得啊！"在尕斯库勒油田发现井跃参1井前，陈忠实戴着白色帽子，身着深蓝色中石油工作服，眺望高耸的祁曼塔格雪山，使劲儿地抽着雪茄，眯缝着眼睛，默默地伫立了许久，而后缓缓地说："以前我光听说石油人工资高，待遇好，现在看来完全是片面的，也是错误的。在这样的不毛之地，长年累月，很多人可能一辈子都得待在这儿，把整个青春和生命贡献给了柴达木，我想任何人知道都会为之感动不已的。"得知采油一厂文学青年们想办一本刊物，他应邀欣然题写刊名"尕斯湖"。由于身体状况不好，围观者、索字者太多，他将"尕"误写成了"孕"。经人提醒，回到西安后，他马上再写一幅寄来，并再三致歉。现在青海油田内部网站上挂着的《尕斯湖》电子刊物，就是他重新题写的三个字。原在华北油田工作的张洪波，是继李季之后最著名的石油诗人，他讲，采风团走到甘肃敦煌，陈忠实拉肚子拉得很厉害，但还是坚持走到了花土沟。到达花土沟次日上午，参观世界海拔最高的油井狮20井（3430.09米），返回花土沟镇的途中,陈忠实的心情显得特别沉重。在那个一望无际的荒漠深处,他没有看到一片绿叶,深知水对于天、地、人的重要性。从那以后,他养成了一个习惯:喝完矿泉水,还要在嘴上再磕磕瓶子,把瓶壁上点点滴滴的水全都磕进嘴里。洗手时伸着一双手,迟迟不敢放入盆中,嘴里念叨着"多好的水啊""多好的水啊"!参观考察结束后写作散文《柴达木掠影》,刊2004年12月28日《文艺报》,又刊《地火》本年第4期,刊《石油知识》2016年第3期。在《柴达木掠影》中,陈忠实说:"在柴达木一路走来,超出想象的大自然的严酷,对我发生着连续的冲撞;传说的和墨写的开发柴达木的英雄业绩,对我也发生着令人由衷感动感叹的冲撞;眼见的正在掘进的钻机和悠然运动的抽油机,穿着溅有油痕制服的技术人员和工人,一张张自信而又鲜活的脸孔,有一种更富活力的冲撞。尽管我不可能加入这种环境下的这一群劳动者的行列,却乐意接受这种冲撞,增加精神和心理的钙质,更踏实更从容地面对生活。"(甘建华《陈忠实的两次柴达木之行》,《柴达木开发研究》2016年第4期)

本月 于柴达木作诗《致柴达木油田工人——步王昌龄〈将军行〉韵》。

9月4日 于雍村写成言论《关中娃,岂止一个冷字——读〈立马中条〉》。该文系为徐剑铭、郭义民、张君祥合著的长篇纪实文学《立马中条》写的代序。《立马中条》写抗战期间的中条山战役,重点写国军中陕西军人的英勇事迹。该书第一版由人民出版社于2004年12月出版。序文刊《收藏界》2005年第2期。

9月18日 为陕西师范大学文学院"长安大讲堂"作首场演讲,题为《陕西作家:传承与变异》,就文学陕军在新文学史上的成就和贡献、传承与变异、所形成的传统，以及目前面临的断代问题，作了长达三个小时的报告。

　　陈忠实从新文学史上最早的陕籍作家郑伯奇谈起，详细分析和评价了新中国成立后十七年在全国文坛处于领潮地位的陕西作家柳青、杜鹏程、王汶石、胡采、胡征、李若冰等，以及"文革"后在国内外形成较大影响的陕西作家路遥、贾平凹、红柯等。陈忠实以自己走向写作道路的亲身体会说明了陕西作家传承与变异、继承与发展的大量事实，并重新评价了曾经一度轰动全国文坛的"陕军东征"现象。陈忠实讲柳青，认为柳青的创作不仅完成了个人思想艺术的突破，也实现了一个阶段整个文坛所面临的某个难题性突破，乃至影响其后的文学流向；同时，柳青的文学语言也有突破，实现了语言本土化与通俗化的完美结合。讲王汶石，他说，真正的文学作品是来自心灵深处的东西，得之于田间地头、街头巷尾，而非流于语言雕琢，任何企图超越生活实际而拔高或有意迎合时势的东西必将有害于艺术的感染力，这是王汶石作品给读者的启示，也是文学作品的基点。讲路遥，他说，路遥解决了当时文坛急待突破的问题：人物脸谱化；《人生》中高加林的"真实感和复杂性"打破了以往小说中人物的"扁形"模式，实现了人物的立体化。

　　9月21日　于雍村写成散文《在河之洲》。该文写作者出游黄河边洽川湿地（位于陕西省合阳县）的观感，此处乃《诗经·关雎》发生地。

　　9月30日　于雍村写成散文《柴达木掠影》。刊12月28日《文艺报》，又刊《地火》第4期、《石油知识》2016年第3期。

　　10月7日　于雍村写成言论《令人惊喜的阅读》。该文谈对陕西省残疾人联合会和陕西作协联合举办的残疾人散文诗歌大赛获奖作品的阅读感受,点评了若干作品。刊《中国残疾人》第12期。

10月9日　西安市文物保护修复中心受省文物局委托,联合西安交通大学建筑系正式进驻灞河对隋唐灞桥遗址展开实地测量。当日下午,陈忠实抵达现场,看完整个古桥遗址后说:"隋代没有现代的技术,这座气势恢宏、精美绝伦的石拱桥是能工巧匠精打细磨出来的,这足以展示古代人的聪明才智和伟大。桥墩至今没有被破坏掉,经过千年河水冲刷还保存得这样完整,确实令人惊叹,这一定要看好、保护好。"并对记者说:"我的家乡就在这里,我对家乡发生的一切事情都很敏感,隋唐灞河桥遗址1994年被挖沙人挖出时,我就来过。当时只有三座桥墩,是当年全国考古十大重大发现文物之一。这次一下子出来这么多,让人高兴啊!"

10月14日　晚上,与太白文艺出版社张继全、党晓绒、周瑄璞及邢小利、辛娟等在西安金帝酒楼晚餐,商讨太白社出版"西部女作家丛书"事宜。

10月15日　下午,参加陕西师范大学在其雁塔校区学术活动中心举行的"柏杨与中国文化"学术研讨会并发言。

10月20日　晚上,在荞麦园与邢小利等商讨筹办白鹿书院事宜。

10月21日　参加重阳节黄陵祭祖新闻发布会,受邀请为民间主祭人。新闻发表会上讲:我几乎是在一瞬间答应了这事。一个不敬祖先的人,是一个不孝的人。讲完,掌声雷动。

同日　于雍村写成言论《灿烂在创造里——感动葛玮》。该文评说陕西电视台导演葛玮其人其艺。刊《当代戏剧》2005年第1期。

10月22日 以民间主祭人身份参加重阳节黄陵祭祖活动。该活动由陕西省公共关系协会主办。

10月25日 晚上,与朱鸿、邢小利等在西安小寨的小花茶秀喝茶。朱鸿拿出香港版《文化大革命博物馆》(上下册)让大家看,陈说他对这些东西很熟悉。

10月26日 晚上,以陕西作协名义在西安小贝壳酒家宴请评论家雷达。京夫、晓雷、王观胜、冯积岐以及陕西作协两个编辑部与创联部的工作人员参加。

10月29日 中午,在荞麦园请回陕的李建军吃饭。席间,陈忠实请一位陕北歌手唱陕北民歌,点了《人生》主题曲《叫一声哥哥你快回来》。同时回忆说,1980年去太白县参加文学研讨会,车上第一次听路遥唱这首歌,非常感动,心想天下居然有这么好的民歌,后来电影《人生》出来,这首歌是主题曲。李建军点了《三十里铺》。李建军与贺雄飞、黎鸣来西安,《西安晚报》28日发消息说,"三只乌鸦飞临西安呱呱叫"。

11月5日 于雍村写成言论《红烛泪杜鹃血》。该文写抗美援朝电影《英雄儿女》中王芳的原型王纡的经历,王纡转业后被安排在中国作协西安分会(陕西省作家协会前身)做行政工作,同时辛勤写作,1957年在《延河》发表短篇小说《大尉》,受到杜鹏程等作家的赞赏,后因此作于1958年被补划为"右派"。从流放地秦巴山中归来后,不再写小说,到西安市曲艺团重操旧业搞起了曲艺。该文根据采访王纡丈夫王烈的口述材料写成。刊《鸭绿江》(上半月版)2005年第1期。

11月7日 下午，打电话给邢小利，邀一起吃糁糁面。晚上去长安绿园度假村，吃糁糁面五小碗。绿园度假村经理马宏伟相陪，讲企业与政府各种人打交道奇事种种。邢说可入新"三言二拍"。

11月21日 晚上，与朋友喝茶。朱鸿在小花茶秀请朋友喝茶，有陈忠实、邢小利、仵埂、庞进、毛安秦、雨晨等。聊天中，陈讲了往事：二十世纪八十年代，他在乡下写作，住在老屋子里。这个老屋子是搭建的一个小房子，里边放着一张桌子，这张桌子是他和他哥上学时搬到学校去用的桌子——那时上学还得自己拿桌子。后来这张桌子被他用着，腿已经摇晃了，用麻绳绑着。他的生活条件比乡里人唯一好的，就是可以有一个蜂窝煤炉子，冬天可以取暖。他八十年代那一批中短篇小说都是在那里写的。他说，当时的创作心态特别好，什么也不想。冬天的夜晚，雪如果下得很大，都能听见窗外落雪的声音。

11月24日 于二府庄写成散文《借助巨人的肩膀——翻译小说阅读记忆》。刊《长江文艺》2005年第1期，又刊《西安石油大学学报（社会科学版）》2005年第3期和《延安文学》2006年第5期。

11月25日 晚上，在荞麦园听邢小利等谈筹建白鹿书院事。陕北民歌手王向荣在座。荞麦园老板薛莹巧说在"中国十大歌王赛"中，王向荣得"王中王"，请陈为王题词。陈写道："天风地韵，尽出君喉。题歌王王向荣。"

陈说，他特别爱听陕北民歌《上河里的鸭子下河里的鹅》，听了特别感动。他第一次听这首歌，是去太白县参加陕西的一个小说研讨会（1980年7月10日—20日，《延河》编辑部在太白县召开的农村题材短篇小说创作座谈会——笔者注），二十世纪八十年代初吧，路遥在车上歪着头唱这首歌，声音不高，特别动听。后来，这首歌就成为电影《人生》的主题曲。

《上河里的鸭子下河里的鹅》又名《叫一声哥哥你快回来》。

歌词如下：

上河里的鸭子下河里的鹅
一对对毛眼眼找（照）哥哥
煮了那个钱钱哟下了那个米
大路上搂柴瞭一瞭你

清水水的玻璃隔着窗子照
满口口白牙牙对着哥哥笑
双扇扇的门来哟单扇扇的开
叫一声哥哥哟你快回来
啊……

以后，几乎每次在荞麦园吃饭，或者接待外地客人，如点歌助兴（地道的陕北民歌手演唱——笔者注）陈忠实都要点这首歌，而且听得很投入。

12月6日　上午，参加陕西作协中共事业支部会议，讨论邢小利、姚逸仙入党。参加者除邢小利和姚逸仙两个被讨论者外，计有党员：业务组书记徐子心，副书记冯积岐，总支委员张艳茜，党员陈忠实、京夫、晓雷、赵熙、李星、李国平，共九人。业务组其他党员王愚因病未参加；刘成章在国外；李天芳请假，罗晓请假。

12月9日　于二府庄写成言论《难以化释的灼痛——读陈行之新作〈危险的移动〉》。刊2005年7月14日《文学报》。

12月20—22日　陕西省文学艺术界联合会第四次代表大会在西安召开。大会选举产生了新一届文联领导班子。赵季平当选为省文联主席，刘斌、肖云儒、黄道峻、王西京、冯健雪、刘远、孙豹隐、延艺云、陈彦、胡树群、赵振川、贾平凹、高建群、雷珍民、翟志荣为副主席。新一届主席团聘请李若冰为名誉主席，聘请刘文西、陈忠实、钟明善、杨晓阳等12位作家、艺术家为顾问。

12月22日　陕西省文学艺术界联合会第四次代表大会闭幕。音乐家赵季平当选主席，画家赵振川为副主席，两人是画家赵望云之子。陈忠实见了赵振川说："还是咱赵家厉害！"赵振川说："不敢说，不敢说。"

本年　《原下的日子》(散文)获《人民文学》优秀作品奖(《人民文学》编辑部)。

2005年　63岁

1月25日　去西安思源培训学院，与周延波校长签订共办白鹿书院协议，并座谈。

当晚去延安参加活动。

1月　去海南三亚。蒋子丹陪同，见到在三亚度假的刘醒龙等。

2月23日　何西来回陕参加省电视台评选"四大名旦"活动，

中午请何西来吃老鸹头饭，同聚的有刘建军、畅广元、王仲生、李星、李国平、邢小利、朱鸿、刘炜评。

3月3日　晚上，与邢小利等在德福巷福宝阁茶坊商谈白鹿书院事宜。

3月5日　参加白鹿书院第一届一次理事会。白鹿书院开始启动筹创及注册登记、成立庆典等工作。

3月9日　于二府庄写成短篇小说《娃的心，娃的胆——三秦人物摹写之一》。该作以抗日战争期间西安灞桥籍孙蔚如将军率军在山西中条山抗战为背景，主要写关中八百个娃娃兵与日军血战到最后，因弹尽集体跳进黄河的故事。刊《人民文学》第5期"纪念中国人民抗日战争　世界反法西斯战争胜利六十周年""特稿"栏目。

3月16日　陕西省民政厅副厅长郭青凡与民政厅民间组织管理局局长孔少青、副局长张波到西安石油学院陈忠实工作室看望陈忠实，中午在新三亚酒店吃工作餐，商谈成立白鹿书院事宜。邢小利等参加。

3月24日　下午，延安时期革命文艺老战士、陕西省文学艺术界联合会名誉主席李若冰因病逝世，当晚去李若冰家吊唁并看望李若冰夫人贺抒玉。挽词为：艺术之魂，文学之神。

李若冰，笔名沙驼铃，1926年10月生，陕西泾阳人。中共党员。1945年毕业于延安鲁迅艺术文学院文学系。1938年参加延安抗战剧团，后历任中共中央宣传部助理秘书，西北军区政治部秘书，中央文学研究所学员，中国作家协会西安分会专业作家、副主席兼秘书长，陕西省文化局副局长，中共陕西省委宣传部副部长，陕西省文化文物厅厅长，陕西省作家协会党组书记，陕西省文学艺术界联合会主席。中国作家协会第四届理事，第五、六届名誉委员。陕西省第六届人大代表，陕西省第七届党代会代表、省委委员。1949年开始发表作品。1956年加入中国作家协会。著有散文集《在勘探的道路上》《柴达木手记》《旅途集》《山·湖·草原》《神泉日出》《爱的渴望》(合作)、《李若冰散文选》《高原语丝》《塔里木书简》《满目绿树鲜花》等。

3月26日　于二府庄写成言论《文学的力量——与〈陕西日报〉记者张立的对话》。

3月28日　早上，去三兆公墓为李若冰送行。在追悼会上宣读各地唁电。刘斌主持，赵季平介绍生平。追悼大厅里有一副对联：云阳泾阳延安西安柴达木塔里木辉煌一生著作等身，战士诗人长者泰斗革命家文艺家高山仰止风范长存。

3月31日　晚上，听取邢小利等关于白鹿书院筹备工作汇报，安排有关事宜。说到布置他的办公室事，他说他不讲究，"鸡有蛋跑着路都能下蛋，没有蛋就是垒个金窝也下不下来"。

4月2日　于二府庄写成言论《陈孝英，让我感到灿烂》(此文11月13日再改)，谈论喜剧美学研究者陈孝英其人及其学术追求。早上到长安区给柳青扫墓，下午会见台湾女作家陈若曦。

4月4日　写成言论《关于〈白鹿原〉及其他——与〈时代人物〉周报记者徐海屏的谈话》。

4月10日　于雍村写成言论《一种气质，鲜嫩和灿烂——罗贯生山水画印象》。

4月20日　早上，在陕西作协参加雷电长篇小说《容颜在昨夜老去》研讨会。晚上在雍村饭店请熊召政吃饭。陕西作协参加宴会的有：李星、晓雷、京夫、王观胜、李国平、冯积岐、邢小利和杨毅。席间，熊召政说他对今天《西安晚报》发的一条关于他的消息比较满意，这条消息为《熊召政难忘恩师姚雪垠徐迟》。席间有人问诗人叶文福情况，熊说，叶给他写了一首诗，是把宣纸铺在床上写的，其中有两句是：我本人间大英雄，生如沧海死如虹。陈忠实吟哦时，将原诗改为：我本天地大英雄，生如沧海死如虹。李星自嘲说：我本人间大狗熊，生如蚂蚁死如虫。熊说，叶问他诗人怎么能写小说？熊说：忘记诗歌。叶说他做不到。熊送陈一幅字，是他写的诗，共四句，首句是"莽莽苍苍白鹿原"。

4月23日　早上，参加西安思源学院第三届运动会开幕式，接着到白鹿书院，后去高陵县参观梦虹画展。下午与同行的邢小利、雨晨等朋友回灞桥老家。

4月30日　陕西省文化厅批准白鹿书院在业务上挂靠该厅。白鹿书院现有业务范围是：进行文化交流、学术研究、教育培训、图书编辑、影视策划，举办各类文化活动、展览及收藏等。

5月6日　夜，于雍村写成言论《思辨的这一声——读朱鸿散文之感受》。刊10月6日《文学报》。又以《用思辨的声音撞击读者心灵——读朱鸿散文之感受》为题刊9月19日《深圳特区报》。

5月18日　给霍松林、陈少默、曹伯庸三位先生写信，请求支持白鹿书院。

5月21日　写成短篇小说《一个人的生命体验——三秦人物摹写之二》。这篇小说写于二府庄、雍村两地。该作写作家柳青在"文革"期间的遭遇和表现，也写了作者当年见到柳青的情景。刊《人民文学》第11期。

5月22日—6月3日　参加中国作协组织的重走长征路活动，

从井冈山到遵义，6月3日下午2时乘飞机回到西安。5月23日，是毛泽东《在延安文艺座谈会上的讲话》发表六十三周年，中国作家"重访长征路，讴歌新时代"纪念红军长征七十周年采风团从江西出发。作为中国作协副主席的陈忠实担任采风团第一团的团长。在出发仪式上，他动情地说："我心中有两座最崇高的山、最神圣的山，一座是井冈山，一座是宝塔山。但我六十多岁还没到过井冈山这个神圣的地方。井冈山在我心中有着割不断的情缘，井冈山是长征的出发地，延安是长征完成的地方。我是陕西人，延安宝塔山去了许多回，但我总有一个心愿，就是到长征出发的地方看看。这样，长征在我心里也就完整了，也就实现了我的一个心愿。"（金炳华《回忆陈忠实同志》，《文艺报》编《写作就是他的生命——陈忠实纪念文集》，作家出版社，2016年版，第6-7页）

中国作家采风团第一团在行程进入尾声时，为了缅怀沈从文，特地选择从湘西古城凤凰路过。当年，沈从文就是从故乡凤凰县沿着一条沅水走出山外，"走进那所无法毕业的人生学校，读那本未必都能看懂的大书"。团员们乘舟沿沱江而下几百米，弃舟登岸，沿听涛山麓拾级而上，便是沈从文墓。一块云菇状的天然五彩石墓碑上书："不折不从，亦慈亦孝；星斗其文，赤子其人。"在离此不远树荫下的五尺碑上刻着沈从文的话："一个士兵，要不战死沙场，便是回到故乡。"在沈从文墓前，陈忠实拿出笔记本，戴上眼镜，严肃地看，认真地记。无论是从地域还是从风格来说，来自西北的陈忠实和从湘西水乡走出的沈从文都绝无相似之处，但他钦佩沈从文的人格。

6月6日　下午去半坡湖度假村，与灞桥区一位副书记、一位副区长商谈关于北京人民艺术剧院话剧《白鹿原》剧组来深入生活一事。第一批来16人，是舞美，10号到，15号离开。要看：1.白鹿原的自然风貌及环境；2.原始村落，建筑结构（半边房，天井，窑，牲口棚）；3.当地民风民俗；4.老百姓家居陈设，院落植物；5.当地农作物；6.农民服饰（女孩袖筒）。商定由灞桥区文化馆馆长李君利和邢小利负责接待。第二批是演员，约有20人，濮存昕演白嘉轩，也来。

同日 陕西省民政厅批准白鹿书院成立并颁发民办非企业单位登记证书。这是陈忠实和一批作家、学者联合西安思源学院共同创办的非营利性文学艺术及相关文化研究的组织，为民办非企业法人机构。

6月27日 夜，于雍村写成散文《完成一次心灵洗礼——感动长征之一》。后以《一次心灵的洗礼》为题刊《求是》2006年第5期。

6月28日 陈忠实等作家、评论家和西安思源学院联手创办的陕西白鹿书院，在西安曲江宾馆腾龙阁举行了隆重、热烈的白鹿书院成立庆典。陕西省副省长张伟，陕西省政协原副主席孙天义，陕西省政协原副主席姜信真，中共陕西省委宣传部副部长白阿莹，陕西省政协原秘书长惠世武，中国音乐家协会副主席、陕西省文联主席赵季平，中国书法家协会副主席钟明善，陕西省文化厅厅长秦天行，陕西省民间组织管理局局长孔少青等；著名作家从维熙，宁夏文联主席、著名作家张贤亮，第六届茅盾文学奖获奖者熊召政，著名编辑家、作家张曰凯，著名作家莫伸、晓雷、京夫、叶广芩、朱鸿、方英文、黄建国、红柯等，著名文艺评论家、学者肖云儒、畅广元、刘建军、薛瑞生、费秉勋、李星、刘炜评、李震等、著名书画艺术家陈少默、刘文西、茹桂、苗重安、郭全忠、崔振宽、高峡等，以及社会各界知名人士二百六十余人参加了庆典活动。

陈忠实为白鹿书院终身院长。他在成立庆典上发表《白鹿回到白鹿原》致辞。致辞中讲到了创办白鹿书院的缘起："我在长篇小说《白鹿原》里曾写到一个书院，这个书院就叫白鹿书院。小说是虚构的艺术。《白鹿原》中的人物大都是虚构的，但唯有白鹿书院的山长朱先生是有生活原型的，就是清末举人著述甚丰的学人、影响很大的蓝田人牛兆濂；白鹿书院也有真实生活依托，就是牛兆濂先生当时主持的蓝田县的芸阁学舍。如果要追溯芸阁学舍的文化脉络，渊源可以追溯到宋代，芸阁学舍是在为宋代'关学'代表人物吕大忠、吕大防、吕大钧、吕大临所修'四献祠'的基础上，拓修为传道授业解惑的书院，鼎盛一时，曾有韩国留学生在此学习。2002年，我和几位学者讨论一些问题时，有学者建议，可以在白鹿原上创建一个白鹿书院，承继中华传统文化的脉络，弘扬其优秀品格。创建白鹿书院的构想得到了社会各方人士的赞赏，西安思源学院周延波院长更是大力赞同、积极支持，白鹿书院从而由构想变成了现实，白鹿最终回到了白鹿原上。"

为什么要以白鹿来命名书院，陈忠实说："在我们传统文化乃至民族心理意识里，白鹿是吉祥、和谐、纯洁、美好和超凡的一种象征性图腾。上至王宫下至庙堂乃至民居宅院都有鹿的各种生动壁画和雕刻。以白鹿来命名书院，就是想创造一种和谐而纯净的学术探讨和文化研究氛围，这种和谐与探究的精神与我们所要创造的和谐社会的精神是一致的。"

陈忠实谈到创办白鹿书院的文化思考时说："书院是教育和

学术研究机构，同时它又是一种文化和精神的象征。我们办白鹿书院，一是要承继中国传统文化之精华和风神秀骨。以白鹿书院为平台，广泛团结、联系国内外的学者、评论家和作家，开展游学、讲学、讨论等交流活动，让传统文化在现代化进程中焕发生机。白鹿书院诞生在古长安这块具有深厚文化底蕴的土地上，我们将会开掘源远流长的关中文脉，承续关学精神，探索促进传统文化向现代转型的新途径。第二，我们现有的这些人差不多都是从事文学和艺术的人，文学和艺术只是大文化范畴里的一系，文学、艺术与社会、历史和人的生存形态有非常紧密的关联，但只是一条途径。因此，书院的研究课题将对现实问题和人类普遍面临的问题，既从文学和艺术的角度，也从思想理论的角度，以及学术的角度，进行研究和探讨，争取对我们的生活发展作出富于建设性的建树。第三，白鹿书院还会以文学和艺术为其特色，藏书、编书、教书、研讨、交流，从而对陕西、对西部乃至全国的文学事业发挥作用，为促进和繁荣文学事业起到促进作用。"

陈忠实谈到白鹿书院的发展时说：我们将"争取与国内外文学界、学术界进行高层对话，把白鹿书院办成思想、文化交流的一个重要平台"，"我希望，白鹿书院能办成一个萃集各界贤达优秀思想的地方，办成一个能传承优秀的中国文化和传播时代新声的地方"。

　　同日　早上，在西安曲江宾馆，对由邢小利为其起草的白鹿书院成立庆典致辞演讲稿略加改动，起名《白鹿回到白鹿原》。

　　6月29日　晨，于雍村写成言论《敬重宝成》。该文怀念小说、影视双栖作家王宝成。刊《延河》第8期。

　　同日　上午，参加白鹿书院在曲江宾馆举行的中国传统文化精英论坛并致辞。下午陪同与会嘉宾参观了西安思源学院和白鹿书院。

同日 作诗《白鹿书院成立感赋——步炜评诗韵》

原上原下有万贤,
白鹿风骨一脉连。
吕氏创立二一论,
杨生阐释一命悬。①
精舍曾经播南北,
蓝川无奈归冷弦。②
院门重开鹿鸣地,
群鹿争鸣铸新篇。

2005年6月29日曲江·即席

夏 陪《白鹿原》话剧导演林兆华去陕西三原县和泾阳县寻看"土地主"的老宅子,为话剧有关布景寻找原型,最后在三原东里堡找到了一家。关于"土地主",陈忠实解释,"土地主"不是富豪,没有太多的金银财宝,也没有几进的阔大的豪宅,"土地主""依靠的是土地,他才一点一点在地里刨呀"。

7月12日 于二府庄写成言论《天使或是蜻蜓,翅翼沉重——读〈午夜天使〉及其来由》。该文谈论十九岁患病女孩珍真其人其作。

---

① 蓝田吕大临为宋代哲学家,创立合二而一哲学论。杨献珍于二十世纪六十年代重新发掘阐释此论,遭批判。
② 蓝田儒人牛兆濂,号蓝川,曾主持芸阁学舍书院,学子满门,后被新学冲淡冷落关门。

7月23日　于雍村写成散文《太白山记》。该文写出游秦岭太白山观感。

7月　《康家小院》（小说集）由中国社会出版社出版。

本月　散文《一段几乎湮没的史实：中条山八百壮士血祭黄河》刊《同舟共进》第7期。

8月7日　于雍村写成散文《关山小记》。该文写出游关山草原（亦称关山牧场，位于陕西省宝鸡市陇县西南部，是中国西北内陆地区唯一的以高山草甸为主体的风景名胜区）观感。

8月11日　傍晚，应旅美华人李仲迟邀请，去杨凌水明园参观。李仲迟与西安几位文化人拟办一个书画方面的组织，想挂靠在白鹿书院下面。晚与杨凌国税局局长马锋钢、邢小利等闲谈，讲到旅居海外的一些作家如古华等人的境况。

陈忠实去过美国，也去过欧洲数国。说到海外作家情况，陈忠实说，据他的接触和了解，现在旅居海外的几位作家，境况都不是很好。旅居海外作家的最大问题，一是不通外语，因而无法与当地居民进行语言交流，普遍感到很孤独；二是写的作品无人看，也找不到发表的地方，只好在台湾或香港找报刊发表或出版社出版；三是很难融入当地文化之中，有一种文化上的异己感和漂泊感。陈忠实说，《老井》作者郑义，因为完全不会说外语，在国外生存就很难。

由于写纯粹的文学作品没有出路，经济和生存上也存在问题。在国外，报纸和出版方面的情况是，严肃一点的，是政治评论较受欢迎，通俗一点的，是政治幻想、科技幻想之类的受普通大众喜欢。所以旅居海外或流亡海外的很多作家，或写一些国内政治黑幕，或写政治幻想或科技幻想作品，借以谋生。

他讲到第一届茅盾文学奖获得者、《芙蓉镇》的作者古华的一些情况。他说,那本流传甚广的《毛泽东和他的女人们》就是古华写的,在台湾出版。毛泽东和他的女人们的故事,以古华的经历,怎么能知道,又能知道多少?基本上是凭一些资料加上想象写成的。稿费倒是挣了不少,古华用这笔稿费在加拿大买了一栋三层楼房,非常漂亮。陈忠实接着讲了一件趣事。

陈忠实笑着说:我去加拿大的时候,古华请我去他家。进了他家,握手问好之后,古华就圪蹴在他那豪华漂亮的沙发腿旁边。我一看笑了,说,要论圪蹴,我的功夫要比你深。我也就圪蹴下来,圪蹴在他的另一只沙发的腿腿旁边,与他拉话。这还是中国农民的习惯,放着沙发不坐,喜欢圪蹴。

陈忠实继续说:农民喜欢圪蹴,但中国北方的农民应该比南方的农民圪蹴功夫深。因为南方农民插秧是腰向前弯着撅着屁股插的,而北方的农民劳动,比如锄草、割麦,都是圪蹴着的。北方农民割麦也有走镰子的,但走镰子割得麦茬高,为了把麦茬割得低一些,相当多的人还是圪蹴着割。圪蹴是一种生活习惯,也是在劳动中训练出来的。圪蹴时间长了,筋也就拉开了。不会圪蹴或圪蹴不惯的人,更多是筋还没有拉开。所以我说,我的圪蹴功夫比古华的深。说到这里,陈忠实自豪地笑了笑。

讲到南方农民插秧的动作,陈忠实还站起来,弯腰撅臀地给大家学了学,给大家留下深刻的印象。

8月12日 上午参观西北农林科技大学及昆虫博物馆,下午回西安。

8月14日 于雍村写成散文《也说中国人的感情》。该文从日本首相小泉纯一郎参拜靖国神社谈起,谈到中国人的抗日战争及民族感情（陈忠实民族感情强烈，出访过欧洲多国和美国、加拿大等国，但拒绝去日本——笔者注）。

8月下旬 在北京，与北京人民艺术剧院商谈话剧《白鹿原》事宜，8月30日回西安。

9月8日 于二府庄写成言论《吟诵关中》。该文谈论张文祥写关中乡情的散文。刊《延河》第11期。

9月20日 于二府庄写成言论《唏嘘暗泣里的情感之潮》。该文谈论陈彦创作的眉户剧《迟开的玫瑰》。刊11月10日《人民日报》，《当代戏剧》第6期。又以《唏嘘暗泣里的情感之潮——感动〈迟开的玫瑰〉》为题刊2013年1月16日《中国文化报》。

9月23日 参加腾讯网在白鹿书院现场转播的"黄河文明的变迁"座谈活动。陈忠实、侯甬坚、杨邦俊等参加。被聘为黄河万里行整个活动的形象大使，特邀赴北京参加活动启动仪式。

9月29日 于二府庄写成言论《仰天俯地 无愧生者与亡灵——感动孔从洲将军》。该文写作者的灞桥乡党孔从洲将军，从抗日名将到共和军开国将军。刊《延河》第12期。

10月5日 于雍村为《和谷文集》写成序文《诗性的婉转与徘徊》。刊《中华散文》2006年第2期。

10月19日 被西安工业学院聘为人文学院名誉院长、教授。同日，西安工业学院陈忠实当代文学研究中心成立。陈忠实任中心主任，李国平、冯希哲为副主任。

10月21日 于二府庄写成言论《业已铸就无限——悼念巴金》。刊11月1日《新民晚报》。

10月 陕西省作家协会两个杂志编辑部经过一段时间的酝酿、研究，调整、安排为：《延河》主编陈忠实，执行主编常智奇，常务副主编（正处待遇）张艳茜，副主编姚逸仙；《小说评论》主编李国平，副主编邢小利。

11月1日　作诗《致熊召政》。

11月5日　晚上，赴西安饮食集团总经理王一萌在西大街一酒店举行的联谊餐会，邀邢小利、白鹿书院理事张大卫同去。饭后与张大卫商谈白鹿书院工作。

11月9日　晚上，与邢小利在荞麦园谈白鹿书院工作。

11月12日　中午，在顺峰山庄与白鹿书院理事长周延波商讨书院工作。

11月16日　于二府庄为《高峡书画集》写成序言《气象万千的艺术峡谷——高峡印象》。刊3月3日《各界导报》，又刊《金秋》2007年第1期。

11月22日　于二府庄写成散文《黄洋界一炮——感动长征之二》。刊12月9日《今晚报》。

11月28日　晚上，与邢小利在海云轩商谈白鹿书院工作。

11月29日　于二府庄写成散文《再到凤凰山》。该文写作者十年后再去湘西凤凰古城、谒沈从文墓以及各处参观的见闻和感想。

12月6日　应邀到陕西户县参加由中共户县县委举行的杨伟名精神研讨会。陈忠实讲："在中国二十世纪五六十年代那段特殊的历史时期，杨伟名用他的思考和生命，在探索社会主义初期阶段的理论指导和路径选择如此严肃的历史命题上，付出了家破人亡的代价。这是一个普普通通的中国农民本不该付出的沉重代价……杨伟名对当时中国农村问题的沉重思考与敏锐的先觉，那种实事求是、追求真理的科学态度，体现出他对历史唯物主义和辩证唯物主义的准确把握，包容着他深邃的哲学思想。从这个意义上说，杨伟名是一个哲学家。""而他敢于挺身而出，大声疾呼，以万言书上书上级党委乃至中央的勇气和胆识，则是体现了'位卑未敢忘忧国'的历史责任感。""同志们啊，杨伟名是一个地地道道的农民，但他思想的光辉却照亮了一个民族。他的《一叶知秋》是医生手里的手术刀，在挽救一个病入膏肓的人的生命哩……""你们户县出了一个杨伟名，了不起呢。你们要好好珍惜这个伟人，宣传这个伟人。这是你们户县的精神财富呢，比户县农民画珍贵得多呢……"会后，陈忠实接受了县电视台记者马淑敏的采访，说："杨伟名是中国农民的骄傲，是史诗性的人物！"在《杨伟名文存》上为杨伟名题词：有思想，且先觉，无私无畏，大写的人。（赵丰《灞桥的那个老汉》，人民文学出版社编辑部编《陈忠实纪念集》，人民文学出版社，2017年9月版。）

12月9日　晚上，在福宝阁与邢小利等商谈白鹿书院事宜。

12月20日　于二府庄写成言论《真实又真诚的叙写——毛安秦散文读记》。

2006年　64岁

1月8日　下午，参加白鹿书院理事会。

2月8日　于二府庄写成散文《魅力亨利》。

2月　"世纪文学60家"《陈忠实精选集》由北京燕山出版社出版。

3月1日　农历二月二，在灞河北岸的华胥镇与几万乡民一起祭奠女娲的母亲华胥氏。

3月7日 于二府庄写成散文《陷入与沉浸——〈延河〉创刊50年感怀》。该文回忆了数十年来与陕西作协主办的《延河》杂志的交往,中学时读《延河》,当业余作者时《延河》对包括他在内的陕西工农兵作者的培养和扶持,"文革"后期写的三部短篇小说在《陕西文艺》(1977年7月恢复原名《延河》)发表及写作情况,1982年调到陕西作协后与《延河》编辑的来往,文末谈对《延河》新的期望。刊《延河》第4期。

3月14日 应邀到中国航天科技集团公司第四研究院作"陕西当代文学与鉴赏"报告。报告中谈到陕西老一辈作家杜鹏程的《保卫延安》、柳青的《创业史》、王汶石的《沙滩上》、王宗元的《惠嫂》(电影名《昆仑山上一棵草》)、魏钢焰的诗《草鞋进行曲》、李若冰的石油散文和胡采的文学理论,谈到新时期作家贾平凹的《满月儿》、莫伸的《窗口》、路遥的《人生》和邹志安、京夫、叶广芩以及红柯、冯积岐等作家的代表作,对这些作家的作品从题材、思想和艺术等方面作了精要评论。

3月23日 在西安工业大学参加孙见喜长篇小说《山匪》研讨会。本日草稿,5月6日于雍村修订完成评论《中国乡村形态的智慧表达——我读〈山匪〉》。刊5月23日《文艺报》。又以《耀眼的语言魅力》为题刊7月26日《中国文化报》,以《一个历史过程中的中国乡村形态——读孙见喜〈山匪〉》为题刊《商洛学院学报》第3期。

3月24日 写成言论《公安文化及其他》。该文系与记者的一篇对话,从公安文化谈到公安题材文艺创作。

3月25日 草成言论《另一种情怀》,4月13日于二府庄修订。该文谈论陕西省原主要领导张勃兴其人及其新出版的两本诗词集。

后以《别一种情怀——我读张勃兴诗词》刊《金秋》第7期。

3月30日 下午，去灞桥看秦腔艺人，北京人艺《白鹿原》剧组需要一个秦腔班子。晚上应西安市委统战部部长、市政协副主席陈振虎之请，去新城广场富凯大酒店，与中国国家武术散打队有关人员见面，与主教练张根学等谈2008年奥运会事，应邀给武术国家队队员鼓劲，鼓励他们争取冠军。

4月4日 参加中国作家协会、中华文学基金会组织的"黄土地的怀念"系列活动。下午，与作家代表团一行去长安区给柳青扫墓。北京大学教授严家炎祭扫柳青墓，深深一躬，在纪念册上题字：文坛巨星，人民赤子。与严家炎在柳青墓旁的神禾原畔合影留念。当晚代表陕西作协在宾馆设宴招待京中来人，中共陕西省委宣传部部长马中平、副部长白阿莹、陕西作协多位成员及柳青女儿刘可风等参加。

4月5日 与"黄土地的怀念"作家代表团一行参加黄帝陵清明公祭。后去延安。代表团成员有中国作协党组副书记王巨才，中华文学基金会常务副会长张锲，北京大学教授严家炎，中国社科院文学研究所研究员何西来和白烨，鲁迅文学院常务副院长白描，以及陕西作家雷涛、晓雷等。

4月6日 在延安大学，与"黄土地的怀念"作家代表团一行参加了延安大学学生组织的"追思路遥精神、创造精彩人生"的纪念活动，为新落成的路遥雕像揭幕。

4月12日 于二府庄写成散文《关于一条河的记忆和想象》。该文叙写家乡灞河沿岸的华胥镇、西安半坡遗址、蓝田猿人的发现地公王岭等地，将记忆中的印象和这些地方相关的历史与文化融为一体，有历史文化散文特点。

4月17日　于二府庄写成随笔《也说"抬杠"》。该文从有趣的"抬杠"即反向思维的争论谈到"抬杠"的积极意义。

4月18日　写成关于文学评论家王愚文学评论及文学活动的文章《心斋，一个海阔的文学空间》。

4月20日　在武汉参加文学活动，游览武汉东湖、汉口百步亭，与刘醒龙等作家会面。

4月29日　在荞麦园召开白鹿书院文人书法论坛预备会，有10位作家、书法家和书画评论家参加。

4月30日　于二府庄写成言论《答〈解放日报〉记者姜小玲问》。

5月12日　参加半坡博物馆新遗址大厅落成仪式，被聘为半坡博物馆文化代言人。

5月14日　于雍村写成散文《陪一个人上原》。北京人民艺术剧院导演林兆华是话剧《白鹿原》的导演，该文叙写同林兆华到白鹿原及关中其他地方考察、体验生活的片段。刊《中华散文》第8期。《陪一个人上原》（外一篇）刊《太湖》2011年第1期。

5月22日　陕西省柳青文学研究会等单位启动柳青文学奖评奖，通知陈忠实参评，陈说不参评了，他获茅盾文学奖后就不参加任何评奖了。还说，有一年，他的散文集《告别白鸽》出版，有关单位让他参评鲁迅文学奖，他没有参加。

5月25日　于二府庄写成散文《走过武汉，匆草一笔》。该文写到武汉的一些观感。后以《走过武汉》为题刊《人民文学》第8期。

5月31日　北京人民艺术剧院根据同名小说改编的话剧《白

鹿原》在北京首都剧场首演，应邀观看。此后该剧在北京人艺演出一个月。这出话剧会集了濮存昕、宋丹丹、郭达等众多明星。为体现原汁原味，导演林兆华要求所有演员都说陕西话。北京人艺以演出极具北京味的话剧著称，演员能否把陕西话讲好，演出之前，陈忠实毫不掩饰自己的担心。看完演出，陈忠实说：演员陕西话说得还不错，濮存昕说得挺顺溜。

  同日 于北京写成散文《半坡猜想》。该文写对家乡附近西安半坡遗址的一些记忆、观感和文化想象。刊6月7日《中国文物报》。

  5月 为李健彪文艺评论集《绿野心音》写的序文《耕耘在民族文学的园地里》刊《回族研究》第2期。又刊9月21日《文艺报》。

  本月 感怀马健翎的文章《遵循马老的足迹前进》刊《当代戏剧》第3期。

  6月3日 于北京写成散文《五月，临近盛事的期待——2006足球世界杯观感之一》。

  6月9日 首届柳青文学奖入围作品新闻发布会在长安区常宁宫举行。代表陕西作协讲话（全文刊《陕西文学界》2006年总第53期）：

我们今天以柳青命名的文学奖，不仅是一个文学奖，它有更深刻的含义。我觉得有这样两种精神：一是张扬一种真正的文学精神。柳青在当代文学中，文学创造的成就，艺术的追求，艺术所表达的高度，不仅在陕西，在中国当代文学史上，应该是高峰之一。这种文学精神体现在作家和革命、作家和人民、文学和人民诸种关系上,柳青都是一个体现得比较完整而又完美的人。二是张扬一种人格精神。我认为柳青的人格精神,在他同代作家中,是迄今为止在文坛上作为佳话传播最多的一个作家之一。一个作家把他的优秀作品留给后世,又把他的人格精神留给后世,这应该首先成为我们陕西文艺界而不仅仅是文学界的财富。

长安区设立柳青文学奖的举措,是很富有远见的,不仅得文艺界人之心,也得陕西各界人民之心。大家知道,柳青从解放以后,就把他跟长安社会主义建设事业,跟长安人民融为一体,他的文学创造精神也跟这块土地紧紧地融为一体,在这里完成了他的艺术创造,也把他对生活的体验,把他对社会的责任感都留在这里,倾注在长安的情感一直持续到现在,留在人民的记忆里,留在人民的言传之中。长安区设立省级规格的柳青文学奖,恰逢其时,很富有远见。我作为省作家协会主席,作为崇拜柳青的一个作家,感谢长安各界对于柳青文学奖的巨大热情,感谢长安工商界人士对柳青文学奖的扶助。

6月10日 于雍村写成散文《正确的坚定和无知的固执——2006足球世界杯观感之二》。

6月13日 于二府庄写成散文《最后才学会射门及其他——2006足球世界杯观感之三》。

6月15日 于二府庄写成散文《黑马尚未出现——2006足球世界杯观感之四》。

6月17日 参加白鹿书院举办的"首届中国文人书画邀请展览暨文人书法论坛"开幕式,以白鹿书院院长身份致欢迎词。白鹿书院"首届中国文人书画邀请展览暨首届书法论坛"在西安亮宝楼隆重举办。陕西省人大常委会副主任白云腾，陕西省政协副主席张保庆，陕西省决策咨询委员会主任徐山林，中共陕西省委宣传部副部长、省文联党组书记刘斌，陕西省作协党组书记、常务副主席雷涛，陕西省文联副主席肖云儒等有关方面领导；国际书法家协会主席、《中国书法全集》总主编刘正成，国际书法家协会副主席、暨南大学艺术学院院长张铁林，国际书法家协会副主席、北京大学书法文化研究所副所长、中文系教授王岳川，第六届茅盾文学奖得主、著名作家熊召政，浙江省作协创联部主任、浙江作家书画院院长陈源斌，湖南省作协副主席聂鑫森，国际书法家协会常务理事、《书法》杂志副主编胡传海，浙江作家书画院副院长斯舜威及陕西省内文化艺术界名流、企业界人士约三百人参加了展览开幕式。白云腾、张保庆、徐山林、刘斌、雷涛、熊召政、刘正成、张铁林、陈忠实、李荣科、马民选、张文若等为开幕式剪彩。首届中国文人书画邀请展览展期为11天，从6月17日至6月27日。全国二百八十余位作家、学者、书画家联袂献艺，有三百余幅作品参加了展出，堪称当代艺坛盛事、古都文化大观。这次展览会集了全国著名的文学家、学者和书画家，阵容强大，有小说家张贤亮、熊召政、马识途、孟伟哉等；有诗人兼剧作家邹静之等；有散文家周涛、赵丽宏、王充闾等；有文学评论家李国涛等；有文博专家郑欣淼等；有中国古典文学专家文怀沙、霍松林等；有书画艺术家江文湛、刘正成、吴善璋、钟明善、茹桂、高莽等；有表演艺术家张铁林等。

6月18日 于雍村写成散文《帅气和率性的转移之谜——2006足球世界杯观感之五》。

6月19日 于二府庄写成散文《绅士风度和心理赘肉——

2006 足球世界杯观感之六》。

6月21日　于二府庄写成散文《尽享盛宴——2006足球世界杯观感之七》。

6月22日　于二府庄写成散文《老陈与陈老》。该文写别人对自己的称呼及称呼的改变而引起的一些感受和思考。

6月23日　于二府庄写成散文《又一次高潮式的盛宴——2006足球世界杯观感之八》。

6月25日　在中央电视台《艺术人生》栏目组录制节目。

6月28日　参加长安区柳青诞辰90周年纪念大会和柳青广场的奠基仪式。

6月30日　于二府庄写成散文《娲氏庄杏黄》。娲氏庄是西安蓝田县一个以女娲名字命名的村子,该文写应朋友之邀到娲氏庄吃杏的一次经历以及关于杏的一些回忆。刊《鸭绿江(上半月版)》第11期。

7月1日　于雍村写成散文《太过的残酷和太过的轻松——2006足球世界杯观感之九》。

7月2日　于雍村写成散文《经典的防守也精彩——2006足球世界杯观感之十》。

7月5日　于雍村写成散文《谁都强,谁都强不起来——2006足球世界杯观感之十一》。

7月6日　于二府庄写成散文《再看亨利的魅力——2006足球世界杯观感之十二》。

7月10日　于二府庄写成散文《绝妙的与吓人的——2006足球世界杯观感之十三》。

7月13日　于二府庄写成言论《答〈南方周末〉记者张英问》。

7月16日　于雍村写成言论《和〈瞭望东方周刊〉记者的对话》。

7月29日　写成言论《我相信文学依然神圣——答〈延安文学〉特约编辑周瑄璞问》。

7月　于汉风台作诗《凤栖原》。

8月2日　中央电视台一套《艺术人生》栏目播出陈忠实专题。

8月3日　答记者张英、徐卓君问在《躬耕》第9期刊出，题为《13年了，陈忠实还在"炼钢"》。

8月10日　于二府庄写成言论《筛选自己》。该文系为一部自选集写的序文，后自选集未用。刊8月16日《文化艺术报》。

8月12日　于雍村写成言论《少年已知情滋味——禹治夏诗文印象》。该文是对中学生禹治夏的诗歌、散文、小说写的阅读感受和点评。

8月下旬　随中国作家协会代表团到俄罗斯访问。

8月31日　于二府庄写成散文《父亲的树》。该文写父亲早年种树的往事，特别是靠种树供养他和哥哥上学的一些回忆。刊《人民文学》第11期。

8月　散文《一次心灵的洗礼》（刊《求是》杂志本年第5期，3月上半月出版）获求是杂志社"九旭杯·红色之旅"散文征文一等奖。

本月　中国作家协会酝酿主席人选。一日与邢小利闲谈，邢说，有传言说陈会当选。陈说他没有想过，也不适合，主席这个位子要能应付各种场面，京官最好，他认为王蒙最合适。

说到自己的情况，陈说，他能到今天，是没有想到的。他当年的最高人生理想是能当个专业作家。1985年4月选为陕西作协副主席，当时的情况是，路遥参加北京的一个会，提前回来，策划了向当时的陕西作协领导突然发难，联合一些作家签名要求增加副主席，因为当时不到换届时候。路遥把他从乡下召到作协，给他谈了一夜话，做他的工作，他同意了，在联名信上签了字。签字的还有邹志安等。邹志安后来没有当成副主席，为此还怪路遥，路遥当时承诺让其当副主席。陈说这个变化路遥可能也没有办法。后来在《西安晚报》上还发表了联合签名的文章，又在咸阳彩电宾馆开了一个会[1985年4月21日—24日，中国作家协会陕西分会三届二次理事会（扩大）在咸阳召开。会议由胡采主持，王丕祥作会务报告。会议增补16位会员为理事，选举路遥、贾平凹、陈忠实、杨韦昕为副主席。详见年谱1985年4月21日—24日条——笔者注]，当副主席成功。

  陈还说，第四届作协换届时，省上定的是路遥当作协主席，让陈到省文联当书记，王巨才当时是省委常委、宣传部部长，找陈谈话，陈说他不去文联。他只想当个专业作家。王以为他不高兴，在丈八沟宾馆开会，在一棵大松树下与陈相遇，又谈让他当书记事。陈说，他想留在作协，不想去文联，王不同意。陈问，不去会不会开除党籍？王说不会，陈说那他就不去。王看他坚决，就说让他留在作协，继续当他的副主席。陈说他很高兴，当不当副主席他都不抱期望，只要能留下当专业作家就行。他说他留在作协，绝不和路遥闹意见，因为路遥当时内定为主席，路遥和王巨才可能怕他有意见，与路遥不合作。后来路遥不幸早逝，陈当了主席。

  9月1日 晚上，与邢小利、朱鸿在雍村饭店吃饭，给朋友讲述去俄罗斯访问的情况，其中说到普京在"8·19"纪念日发表讲话,认为普京说的两句话很是意味深长:认为"8·19"以后没有遗憾是没有良心的,但想回到过去是不可能的。

9月2日 接受韩国一家电视台的采访。这是一个关于"黄河"的摄制组,问的是黄土高原对中国文化的影响,中国人对"黄"的理解等。

9月6日 于二府庄写成言论《我看话剧〈白鹿原〉》。刊《长江文艺》2007年第1期。

9月9日 于雍村写成散文《地铁口脚步爆响的声浪——俄罗斯散记之一》。

9月12日 于二府庄为诗人远村诗集《浮土与苍生》写序《在现实的尘埃中思索与漫游——序远村诗集〈浮土与苍生〉》。刊10月26日《文艺报》,又刊11月30日《文学报》。

9月23日 夜,于雍村写成散文《回家折枣》。作者说他是"木命",喜欢种树,该文写种枣树的一些回忆。刊《长江文艺》2007年第1期。又刊《文学教育(上)》2007年第3期。

9月29日 于二府庄写成谈王蒙长篇小说《活动变人形》的文章《再读〈活动变人形〉》。刊《南方文坛》第6期。

10月3日 晚上,与几个朋友吃饭。有邢小利、方英文、仵埂、朱鸿、刘炜评等。餐前,邢到陈办公室,问他中国作协换届事。陈说:8月份全国作协开会,中组部、中宣部就民主征求过中国作协主席团关于中国作协主席人选的意见,这就是"海选",大家意见比较集中的是两人,一是他,一是铁凝;9月份中组部一位副部长、中宣部一位副部长又找各省作协主席、书记谈话,让大家就他和铁凝之间推荐主席人选。邢问这两个人中最后哪个票多,陈说他不知道,只有上边汇总时知道。邢问现在的情况是谁定,陈说,这是中央政治局定的事,定这事比定一个省委书记要重要得多,因为作协主席只有一个,而省委书记很多。陈说,上边以年龄卡,卡到70岁以下,这就把左派刘白羽与右派王蒙都卡在了外边,避免了矛盾。但现在从(二十世纪)三十年代作家巴金一下子跳到他们这一茬——八十年代登上文坛的作家,跨过了五十年代这一代作家,跨度太大。邢问陈,你当时接受上级谈话时,在你和铁凝之间,你推荐的是谁,陈说他当然推荐的是铁凝,不能自我推荐。陈说这件事对他来说未必是好事,当上了将来要应酬许多事,不能像现在这样可以有时间写东西。现在大家都知道他在省作协被边缘化,干不了事,也乐得清闲;当了主席将来要应对世界各国的人物,他不擅长应对。陈说,现在这事已经没有秘密可言,谈话以后,全国都知道了,他就接到了很多电话说这事。

10月4日 于雍村写成散文《林中那块阳光明媚的草地——俄罗斯散记之二》。刊《中华散文》第12期。

10月15日 于雍村写成言论《长庆,鲜活的记忆与激情的书写》。陕西知名作家和油田作家赴长庆油田采风,写了一批报告文学,该文系作者为这一批报告文学写的总评和点评。

10月31日 有人对陈说,昨天晚上他梦见陈当选中国作协主席了。陈肯定地说:梦是反的,我的感觉很准,现在已经没有那个事了。

10月 "品读名家系列"《关于一条河的记忆》(陈忠实散文精选集)由中国社会出版社出版。

11月5日 于雍村写成言论《印在生命脚印里的诗——冯再才诗集〈曲江吟〉阅读印象》。

11月6日 去北京参加中国作家协会第七届全国代表大会。

主席团扩大会议期间的一次午饭后,同中国作协党组书记金炳华从餐厅出来,边走边聊,在快到房间时,他停住了脚步,郑重其事地对金炳华说:"金书记,听说也有人推荐了我,我觉得铁凝更合适。"(金炳华《回忆陈忠实同志》,《文艺报》编《写作就是他的生命——陈忠实纪念文集》,作家出版社,2016年版,第9页)

11月12日 下午,中国作家协会第七次全国代表大会全国委员会举行第一次全体会议,选举铁凝为中国作家协会主席,选举(按姓氏笔画为序)王安忆、丹增、叶辛、刘恒、李存葆、张平、张抗抗、陈忠实、陈建功、金炳华、高洪波、蒋子龙、谭谈为副主席。王蒙、韦其麟、张炯、黄亚洲不再担任副主席。

由于作协在过去50多年时间里只有两位主席,分别是茅盾(第一至三届)和巴金(第四至六届),均为中国现代文学巨匠和领军人物,因此,年仅49岁的女作家铁凝继任新一届主席,格外引人注目。

中国作协全称中国作家协会,前身是中华全国文学工作者协会,于1949年7月23日在北平成立,简称全国文协。1953年10月,中华全国文学工作者协会更名为中国作家协会。近五年间,中国作协共吸收会员1661人,现有会员总数已达7688人。

11月16日 从北京回到西安,晚与文友聚会,有王仲生、赵润民、畅广元、董颖夫、肖宝善、邢小利、仵埂、方英文、阎建滨等。

11月23日 于二府庄写成散文《关中有螃蟹》。该文由沈括《梦溪笔谈》中记的一则笑话"关中无螃蟹"谈起,谈自己的亲历所见,证明"关中有螃蟹"。

11月29日 于二府庄写成散文《1980年夏天的一顿午餐》。

该文回忆1980年夏天，时任《北京文学》编辑的作家刘恒，到自己所在的灞桥文化馆约稿并一起到灞桥街道上吃牛羊肉泡馍的往事。

12月9日 于雍村写成言论《人生笔记的笔记》。该文系为散文随笔集《凭什么活着——我的人生笔记》（时代文艺出版社2007年1月出版）写的序文。

12月13日 于二府庄写成谈论陕西作协作家韦昕创作的文章《难得一种真实》。刊《小说评论》2007年第2期。

12月18日 参加由白鹿书院设立、西安思源学院支持创建的陈忠实文学馆建馆启动仪式。陈忠实文学馆的建立由邢小利提议、策划，并主持建馆工作，该馆是收集、研究和展示关于陈忠实生活、工作和创作等方面内容的对外开放机构，本日已初具样态，实为开馆。陈忠实低调，加之时间仓促和某些客观原因，该馆虽初具样态，但还不完备，陈忠实主张不叫开馆而叫"建馆启动仪式"。

上午，西安思源学院图书馆新馆揭牌暨陈忠实文学馆建馆启动仪式在西安思源学院新图书馆隆重举行。国务院稽查特派员刘吉，中国作家协会原党组副书记王巨才，陕西省作家协会党组书记、常务副主席雷涛，西北大学教授薛瑞生，陕西师范大学教授畅广元，西安文理学院教授王仲生，西北大学文学院副院长刘炜评，西安石油大学中文系主任王新建，陕西师范大学副教授朱鸿，文学评论家李建军，作家孙见喜，《各界导报》社长兼总编、书法家张魁，贾平凹文学艺术馆副馆长木南，灞桥区文化馆馆长李君利等一百多位来自北京、陕西的领导和文化教育界人士参加此次活动。仪式结束后，在曲江宾馆举行了建馆座谈会和笔会。

中国作协原党组副书记王巨才说,《白鹿原》这部作品、陈忠实这个作家和西安思源学院所处的位置,构成了一个白鹿文化。白鹿书院成立一周年时,他曾挥笔题词"南洞北原两白鹿,往圣今贤鸣黄钟"以表庆贺。现在,陈忠实文学馆建馆,他非常赞赏,认为陈忠实文学馆馆藏之丰富,在他见到的文学家个人的文学馆中,是比较少见的。文学评论家李建军参观后称赞这个文学馆具有专业水准。

2007年　65岁

1月4日　于二府庄写成散文《接通地脉》。该文写自己全家带户口进城后,把责任田交还村委会,村长又把无人耕种的二分地让他种玉米等作物。他住在乡间,接通地脉,"这几年间,大概是我写作生涯中最出活的一段时光"。刊《南方文坛》第2期。

1月27日　于二府庄写成言论《面对城墙的吟诵——〈南城墙〉序》。该文是为鲁振田的散文集《南城墙》写的序文,文中谈对鲁振田其人的印象和对其作的阅读感受。

1月31日　二十世纪五十年代著名战士作家崔八娃在安康因病辞世,送花圈悼念。

2月14日　于二府庄写成言论《寄望灿烂——笔记高璨》。文中谈的高璨,是一个11岁的小学生,新加入陕西省作家协会,谈作品阅读感受和对小作者的期望。

2月28日　于二府庄写成散文《从黄岛到济南》。该文回忆1981年夏,第一次出远门参加《北京文学》组织的在黄岛的笔会,以及到济南城中所见及所感。刊3月17日《今晚报》。

3月20日　于二府庄写成谈论秦腔演员任小蕾表演艺术的随笔《多姿多彩的绽放——任小蕾印象》。该文写秦腔女演员任小蕾，谈其人其戏。刊12月7日《陕西日报》，又刊《中国戏剧》第4期。

3月24日　于二府庄写成《行走间的匆草一笔》，系散文随笔集《我的行走笔记》自序。《我的行走笔记》2007年5月由时代文艺出版社出版。

3月25日　于二府庄写成散文《玩自己的足球——西安民间足球联赛印象》。

3月31日—4月1日　参加在凤翔举行的由陕西省作家协会，凤翔县委、县政府联合主办的冯积岐长篇小说《村子》研讨会。《村子》是一部反映新时期农村改革和农民真实生存状态的作品。参加研讨会的还有贾平凹、肖云儒、李星、叶广芩、畅广元、王仲生、邢小利、刘炜评、周燕芬、段建军等四十多位作家、评论家。大家认为《村子》是近年来陕西文坛描写中国农村现实生活的一部力作。

4月8日　在江苏省南通市参加中国作协七届主席团第二次全委会议。

4月13日　下午，应邀在南京大学中国新文学研究中心作《〈白鹿原〉的创作经过》讲座，向学生畅谈创作《白鹿原》前后的写作状态、内心思考和相关花絮。南京大学文学院教授王彬彬主持讲座，董健、张光芒等教授参加了讲座。6月6日对讲演整理稿进行了修订，后以《〈白鹿原〉创作散谈》为题刊《扬子江评论》第3期。

4月17日　初拟诗作《渭滨夜聚——和张陇得先生诗韵》，2010年8月16日改成。

4月23日　在主题为"开启电子阅读元年，2006年中国电子图书阅读排行榜"的新闻发布会上，《中国图书商报》和书生读吧共同发布《2006年中国电子发展趋势报告》，颁发年度奖项。作家出版社、当代中国出版社、广西师范大学出版社、北京大学出版社等被评为2006年度中国电子图书阅读最受欢迎出版社，季羡林、王小波、严歌苓、陈忠实、虹影等获得2006年度中国电子图书阅读"最受欢迎作家"称号。

4月27日　于二府庄写成言论《真实自信的叙述——〈浅浅的雪〉序》。该文系为年轻女性作者刘万铭的散文集《浅浅的雪》写的序文，谈对刘其人其作的印象。

4月　完成对话《关于真实及其他——与〈文汇报〉记者缪克构对话》。该对话谈及如下问题：关于艺术追求——"至关重要的一项就是真实"；关于创造力——"千万不要因为急于出手仓促成篇"；关于自传或传记——"我第一辞谢而未做"；关于《白鹿原》的改编——"惊喜和担心同时发生了"；关于陈忠实文学馆——"在我有点勉为其难"。

5月4日　参加在西安召开的由中国传记文学学会、陕西省作家协会、人民美术出版社、陕西省美术家协会共同主办的《耕耘人生——木刻家修军评传》出版座谈会。该书系忽培元在修军逝世后十余年间，研究修军先生及其创作的重要成果。雷涛、晓雷、肖云儒、李星、李天芳、李国平、邢小利、赵振川等陕西文化界三十余人参加座谈。

同日　于西安写成言论《敬重修军》。该文系忽培元著《耕耘人生——木刻家修军评传》研讨会发言的整理稿。修军是著名版画家,山东人,长期在陕西工作,曾任中国美协西安分会副主席。该文谈对修军的印象和对忽培元的印象。

5月9日 于二府庄写成短篇小说《李十三推磨——三秦人物摹写之三》。刊《人民文学》第7期,《小说月报》9月号转载。

5月13日 为《罗国士画》写的序文《出神入化的艺境》于本日修改完成,草稿写于2004年4月。刊12月7日《陕西日报》,又刊《收藏》2008年第11期。

5月20—21日 参加在延安召开的"坚持'三贴近'、讴歌新时代"暨纪念毛泽东同志《在延安文艺座谈会上的讲话》发表65周年座谈会。此次会议由中国作家协会、中共陕西省委宣传部、陕西省作家协会联合主办。中共中央政治局常委李长春致信祝贺。全国人大常委会委员、中国作家协会党组书记、副主席、书记处书记金炳华,来自中国作家协会的领导和全国各地的近百名知名作家以及《人民日报》《光明日报》等新闻媒体代表共同参加了此次会议。

5月23日 晚上,参加白鹿书院举办的"白鹿雅集·春之声"活动,活动在陈忠实文学馆举行。雅集以青春、理想、人生为主题,内容有诗人、作家、教授、电台电视台专业朗诵艺术家和大学生同台配乐诗朗诵,古琴名家演奏,古筝、笛子演奏等。同时举行笔会,邀请参加雅集的作家、艺术家现场挥毫泼墨。西安中国画院副院长、著名画家江文湛,徐州古琴学会会长徐永,徐永弟子陈华进行古琴演奏和琴歌表演。古琴演奏完毕,西安艺术品制作名家、古琴制作家魏庚虎将专家精心挑选的一把古琴现场赠给白鹿书院。西北大学文学院副院长刘炜评,西北大学播音与主持人系主任周东华,太白文艺出版社编审孙见喜,陕西电视台《都市快报》主笔渭水,西安人民广播电台主任播音员晓河,西安人民广播电台播音员何清等学者、作家、专业播音员与学生决赛代表现场朗诵诗歌。陈忠实以白鹿书院院长身份邀请正在陕西采风的上海作家竹林、辽宁作协副主席孙春平、青海作协副主席风马、上海《文学报》副总编辑徐春萍、中国环境文学研究会副主席郭雪波、西藏文联曲艺家协会副主席平措扎西、云南楚雄文联副主席张永祥、辽宁《营口日报》时事部主任薛涛,陕西地区的作家、艺术家莫伸、茹桂等嘉宾参加了"白鹿雅集"。

5月　谈王蓬创作的文章《关于一个作家的理解》刊《吐鲁番》第2期(季刊)。

本月　画家范曾为陈忠实文学馆题写馆名。

6月2日　早上,在汉唐书城参加高鸿长篇小说《沉重的房子》新闻发布会,发言谈陕北作家。

6月4日　时代文艺出版社社长兼总编辑张四季和编辑李天卿来西安组稿,让邢小利陪客人到白鹿原,参观陈忠实文学馆和白鹿书院。

晚上,与邢小利在省作协办公室闲聊。陈说:"3月份时候,见了宣传部部长马中平,马对我说,他只要在宣传部部长位子上,你就是作协主席。我说,到了8月份(陈生日公历为8月3日——笔者注),我年龄就超过65岁(退休年龄——笔者注)了。马说等省委换届后作协就立刻换届。现在省委换届已经过去了10天,还未见作协有换届的动静。"邢小利说,可约马出来喝茶。陈说常委一般不出来。邢说约一下,出来不出来,传达一个信息。

说到杰克·伦敦对他的影响,"美国传记作家欧文·斯通写的《马背上的水手》写杰克·伦敦，杰克原是一个海盗，后来写小说，一家出版社出版了他的小说，只给了20美元，杰克先是把寄卖的自行车赎回，继而买了很多面包，继续写作。咱至少不用愁吃的，蒸馍总是有的"。说到1988年夏在太白山开的长篇小说讨论会，陈说："当时文坛一直热议作家下海，对当时的作家心理影响较大。畅广元在会上发言说，作家要耐得住寂寞。有作家不同意，在会上慷慨激昂地说，作家要生存，现在连放一张书桌都不可能了，这是把'五四'运动时期的一句话套过来的。我在那个会上没有说啥，只是晚上在山中散步时，把创作《白鹿原》的事给蒙老师（蒙万夫）说了。我是4月份动笔写《白鹿原》的，这个会是8月份开的。专业作家写不出东西，应该自己感到愧疚，还怪这怪那，谈什么改革？改革触及自己的一点利益，甚至没有触及什么利益，就这样子，怎么能写出好作品？"

6月7日　晚上，由首都师范大学音乐学院创作演出、根据陈忠实长篇小说《白鹿原》改编的同名舞剧在北京保利剧院隆重首演。应邀前往观看，并与主创人员一起登台谢幕。国务院新闻办主任蔡武、文化部副部长陈晓光、北京市副市长丁向阳等领导，金炳华（中国作协党组书记、副主席）、吴祖强（中国音协原副主席、舞剧《红色娘子军》作曲）、徐沛东（中国音协党组书记、常务副主席、作曲家）、濮存昕（北京人艺副院长、演员）、赵季平（中国音协副主席、陕西省文联主席）、黄道峻（陕西省文联专职副主席）等文化艺术界人士，编剧和谷（陕西省文联副秘书长、作家）与北京各界观众及部分在京陕西乡党观看了首场演出。

舞剧《白鹿原》总编导为夏广兴（中国歌剧舞剧院），艺术总监为杨青（首都师大音乐学院院长），音乐总监为张大龙，一百三十多名首都师范大学的学生及北京舞蹈学院的三位青年演员共同演绎了这部舞剧。

6月8日 参加在北京首都师范大学举行的舞剧《白鹿原》艺术研讨会。国内音乐、舞蹈界专家吴祖强、罗斌、赵季平、汪曙云,特意从比利时皇家音乐学院赶来的音乐教授张豪夫,该剧主创人员及首都师范大学音乐学院教师参加了研讨。

陈忠实在研讨会上说,小说创作是与读者分享作家对生活、对历史独特的生命体验,舞剧《白鹿原》的创作、演出又增加了一条自己与读者相互沟通、交流心灵感受的渠道。看了演出,感到欣慰、兴奋又惊讶,一部复杂的、几十万字的小说也可以很成功地编排成舞剧,而且可圈可点之处不少。舞剧序曲中,一百多个穿灯笼裤、拢着袖子的男女群舞的场景,意象化地表现出当年关中地区人们的生活状态,那种深沉、悲凉令人感到震撼。《白鹿原》在舞蹈这种肢体语言艺术的演绎下,充分表达出一种艺术创作的自由。他祝贺舞剧《白鹿原》的演出成功,并期待该剧在不断打磨中日臻完美。

编剧和谷说,舞剧《白鹿原》从筹划到排演前前后后用了三年时间,凝聚着很多陕西人的心血。原著作者陈忠实、编导夏广兴、舞剧作曲张大龙和许多剧务人员都是陕西人,大家做这个剧就是出于对小说《白鹿原》发自内心的喜爱和家乡情结,目的在于弘扬陕西文化。为了写好剧本,他把小说从头到尾看了四五遍,才决定选取小娥和黑娃、白孝文的感情故事做线索,来浓缩《白鹿原》这部巨著。和谷说:"该剧的成功上演令很多陕西人梦想成真。"

中国音协副主席、陕西省文联主席赵季平说,把小说《白鹿原》改编成舞剧是个相当难的题目,作曲又是一南(杨青)一北(张大龙)两人合创,不能不说该舞剧是一次伟大的实践。

6月13日 于二府庄写成散文《追述一首词的成因》。该文回忆1997年6月20写作《酹江月——香港回归感赋》的心理过程。

6月16日 夜,于雍村作诗《少陵原——读〈少陵原之风〉感赋》。

6月23日 白鹿书院邀请河南大学教授、《百家讲坛》主讲人王立群到白鹿论坛讲演,题目为《〈史记〉之汉武帝》。讲演前,会见王立群并在论坛发表讲话。

7月1日 于雍村写成言论《别一种感动——王红武楷书〈白鹿原〉序》。该文谈青年书法家王红武用四年时间以小楷抄写《白鹿原》。

7月15日 于雍村写成言论《村子,乡村的浓缩和解构——读冯积岐长篇小说〈村子〉》。刊《黄河文学》第10期。

7月18日 于二府庄写成散文《沉默的山——军营笔记之一》。该文写大山腹地的一个导弹部队兵营。

7月19日 首都师范大学在西安人民剧院首场演出大型舞剧《白鹿原》,场上坐满了观众。陕西省副省长潘连生、中共陕西省委宣传部副部长刘斌等出席。

7月20日 法国波尔多第三大学副教授邵宝庆来西安,与邵谈在法国翻译出版《白鹿原》事宜。陪同邵宝庆到白鹿书院参观。

7月21日 于二府庄写成散文《在原下感受关中》。该文写自己"看取社会的角度和看取生活的对象都是乡村",而这个乡村，主要"是我生活和工作过大半生的灞河区域"，创作对象也与之有关。刊《红豆》2008年第1期。

7月24日 于二府庄写成《感受西安行进的气象和脉搏》。该文系为《西安晚报》"外乡人在西安"征文写的评论。

7月25日 于二府庄写成散文《走进铁军——军营笔记之二》。该文写到解放军"铁军"体验军营生活的所见所感。

7月30日 于二府庄写成《无弦的诗性歌吟——〈谁识无弦琴〉序》。该文系为高亚平散文集《谁识无弦琴》写的序文。刊11月9日《文汇读书周报》。

7月 《寻找属于自己的句子（连载一）——〈白鹿原〉写作手记》之一《意料不及的写作欲念》、之二《卡朋铁尔的到来，和田小娥的跃现》刊《小说评论》第4期（7月20日出刊）。

8月1日 作诗《王锋印象》。

8月4日 上午，参加在沁水新城举办的白鹿书院院士书画展开幕式活动。

同日 中午，回家与家人聚会，小范围过65周岁生日（此日为农历六月二十二日）。

8月5日 于二府庄写成《钢枪马蹄溅落的诗句——〈心语〉序》。该文系关于陈时宝将军诗集《心语》的评论。刊2008年5月11日《解放军报》。

8月7日 去临潼看望何西来，参加何母逝世三周年祭奠活动。同行有邢小利。路上，陈对邢说，省委常委会刚开，有人就打电话给某人，说了会议的一些内容，省作协新党组已定：书记雷涛，副书记是李文泰，是从商洛市委宣传部部长位子上调来的，成员为陈忠实、贾平凹、李国平。徐晔调省文史馆。邢说，早前听一位身处文商之间的熟人说，坊间传言，贾平凹正往省作协调，定贾为作协主席，陈为名誉主席。邢问陈听说这个传言没有。陈说，现在议论很多，都是猜测。

陈说，按惯例，如果下届班子不考虑他，就不会把他安排进党组。主席退了都是安排名誉主席。他现在还是中国作协副主席，这个位子应该是给省作协主席的，中国作协副主席本届任期还长，不知省委如何考虑。

邢问陈，过去安排班子，是否征求个人意见。陈说是的，他那一届上台前，宣传部反复征求意见，现在不知怎么搞的。陈说，他现在才知道，省上现在对厅级干部调整，是直接的，不与单位协商。

8月14日　于二府庄写成散文《你让我荡气回肠——〈华夏龙脉〉群雕·碑文》。该文写秦岭腹地《华夏龙脉》石雕群观感。

8月16—18日　去上海，参加《关中风月》签名售书活动。

8月23日　晚上，与汉中人大常委会主任郭加水见面，邀邢小利参加。陈讲，中宣部把获"五个一工程奖"的部分作品和获"茅盾文学奖"的部分作品，作为中宣部的推荐作品，《白鹿原》列入其中。陈讲，看这个能不能对电视剧《白鹿原》的审批有所帮助，电视剧《白鹿原》一直在那里"搁拧着"。

8月27日　《白鹿原》法文翻译邵宝庆致信邢小利：

邢老师：

您好！

我们离开西安以后，到江浙一带旅游了半个多月，然后又在北京待了十几天，前两天刚回到法国，生活工作开始逐渐走入正轨。

我们在西安的几天，您和陈老师，以及其他几位老师，对我们的关心和照顾真是无微不至。我这里再次向您表示感谢，并请您向陈老师和其他几位老师转达我们的谢忱。

这两天我和色依出版社主管《白鹿原》的萨斯图涅女士又取得了联系，她说已经收到了陈老师签字的合同。并让我向陈老师表示感谢。

另外，她告诉我为了向陈老师支付稿酬订金，需要陈老师提供一份在中国的完税证明，主要是证明陈老师是中国居民，且2007年是在中国纳的税。据她说，如果没有这份证明，陈老师就要向法国支付30%的税。所以麻烦您向陈老师解释一下。至于证明的语言，最好是经过公证的英译本。

此外，关于《白鹿原》，碰到了几个难题，向您请教一下（页数依照人文1998年版）。

1. p21: 踏破白云万千重，仰天池上水溶溶。横空大气排山去，砥柱人间是此峰。

这首诗的第二、三句不太明白。

2. p41: 他在盘龙镇从东头到西头挨家挨户喝过去从来还没有出过丑。

这句话里"出丑"应该怎么理解？

3. p56: "土壕"指什么？

谢谢

邵宝庆　2007年8月27日　波尔多

8月29日 早上,陕西作协召开新领导班子任命会。省委组织部副部长张迈曾、宣传部副部长晏朝来宣布,雷涛为党组书记,李文泰为副书记,陈忠实、贾平凹、李国平为新党组成员。陈表态发言:"这是一个很好的领导班子,老中青结合;迈曾部长发言很有水平,对陕西文学的概括很准确、很专业;自己过去不捣乱,现在和以后继续不捣乱,保持领导班子的团结和和谐。"李文泰做过丹凤县委书记,商洛市委常委、宣传部部长,表态要好好学习。贾平凹表态,21岁就来作协大院,对这里很熟悉。大量容人,小心做人。李国平表态,低调,学曾荫权,"打好自己这一份工"。

8月30日 于雍村写成言论《望外的欣慰与感动——〈日子〉获奖感言》。

8月 《关中风月》(中短篇小说集)由东方出版中心出版。《我的关中我的原》(散文随笔集)由学林出版社出版。

9月3日 有熟人找邢小利,说一朋友写了一部长篇小说,想请陈忠实为其写一个序,两万元润笔,要邢给陈说。中午陈来西郊丰园小区,邢见陈说了熟人所托。陈说,"十万也不写,谁的长篇都不写,只给陈泽顺写过,因为是老朋友,推辞不过"。又说,"因为长篇要经受社会和历史多方面的检验,我的一个序放在前面,不合适"。要邢给熟人和作者解释。

9月4日 陕西省作家协会召开会议,通知于本月16日召开陕西省作家协会第五次会员代表大会(换届会)。

9月8日 到长安区常宁宫参加陕西省柳青文学研究会成立大会,被聘为名誉会长。参加成立大会,会上发言《柳青创造了一个高峰》:

我今天参加柳青文学研究会成立大会,非常高兴。同时还有一点遗憾,遗憾的是这个研究会成立得太晚了。我觉得早在十年前就应该做这种事。这是一种心理,是我个人对柳青由仰慕到崇拜这种一直延续到今天的情感驱使着的一种心理。今天这件事终于做成了,我有如愿以偿的高兴。

我国当代文学自然形成的格局,一般分为两个大板块,一个是军事题材,一个是农村题材。这种文学格局一直延续到上个世纪(二十世纪)九十年代之后,才有了较大的改变。柳青在农村题材这个领域里创造了一个高峰,艺术的高峰,思想的高峰,至今依然为文坛所敬重。这不仅是我个人的感受,也是中国当代文学研究史家共同的一种看法,大家习惯用一种最简单的话来概括十七年的文学,说"三红一创"是十七年文学的代表作。《红岩》是写国民党监狱中革命烈士斗争的故事,《红旗谱》是写现代革命历史题材的,还有一个《红日》是写战争题材的,唯一一部能进入这个民间和专家形成共识所概括的"三红一创"的乡村题材的长篇小说,就是柳青的《创业史》。《创业史》是陕西作家柳青在长安的秦岭山下完成的,它的艺术成就远远超出了个人的意义,而是属于中国当代文学的一个高度的标志。所以,研究这个作家,不仅仅是对柳青研究有意义,也不仅仅是对陕西今天和未来的文学发展有意义,而且对中国当代文学发展有很重大的意义。我们起码可以看到,在上个世纪(二十世纪)五六十年代文艺思想和文艺政策受极"左"思潮影响那种艰难的环境里,柳青如何以超凡出众之思想深度和艺术功力,完成了一次艺术高峰的创造。这是同代人努力在做而没有做到的,柳青做到了。我们研究他,就是研究十七年文学中一个具有代表性的伟大的作家,处在不像今天改革开放时期的文艺政策和创作环境下，进行了怎样艰难而勇敢的艺术突围，完成一个文学高峰的创造，我们从中学习和汲取对今天和未来有益的东西。

许久以来，我就非常期望有这样一个研究机构的出现。我完全信赖我们陕西的文学理论家和批评家，还有作家和各界人士，能对柳青创造的意义、艺术的意义和思想的意义，包括人格的意义，进行充分的研究，全面揭示柳青及其文学创作的意义价值。我祝贺柳青文学研究会的成立，我满怀信心期待这个研究会不断推出新的研究成果。

我对热心策划并促成"柳青文学研究会"的董颖夫等长安的朋友，致以真诚的谢意。你们对长期生活在长安的柳青的情感，令我感动。

谢谢大家。

这个发言以《柳青创造了一个高峰》为题刊10月10日《西安晚报》。

9月11日　于二府庄写成言论《阅读柏杨——〈柏杨短篇小说选〉序》。刊12月7日《陕西日报》。又刊《当代文坛》2008年第2期。

9月12日　下午，电话约邢小利晚上在和平门里的名典咖啡喝茶。晚上见邢，喝茶，说，"我这两天感觉人家可能让我下（指从陕西作协主席位子上退下——笔者注）"，"我感觉上面的意思是那样。至今没有人找我谈话"。

9月16日　中午，在西安饭庄参加孙子满月亲友聚会。当晚，省委有关方面通知他，陕西省作家协会这次换届，他不再担任主席，为名誉主席人选。

9月17—18日　陕西省作家协会第五次会员代表大会在西安止园饭店召开，被聘为陕西省作家协会主席团名誉主席。本次大会选举产生了新一届陕西省作家协会理事会和主席团成员。贾平凹当选为陕西省作家协会第五届主席团主席。常务副主席：雷涛；副主席：王蓬、叶广芩、白阿莹、冯积岐、朱鸿、莫伸、李国平、李康美、冷梦、红柯、张虹、高建群、阎安；秘书长：王芳闻。王愚等15人被聘请为陕西省作家协会主席团顾问。

会议期间，会议代表、户县作家赵丰在一个午休时间去止园饭店陈住房间看望陈忠实。两人的话题转到杨传名身上，陈忠实"沉思良久，大口大口地吸着烟。他说：'写杨伟名，谈何容易啊。从你们户县回来后，我一直在想，中国几千年的农民里头怎么就出了一个杨伟名！那么深邃的思想，那么高深的理论，怎么会进入了一个只念过几天私塾的农民的脑子里。这是个谜啊。不可思议，简直不可思议！'他摇着头，又掏出一支雪茄，却没有急着点火，圆睁着眼睛说，'写这样的人，比我写白嘉轩、鹿子霖、鹿三、朱先生难得多了。如果不在户县的北街住上几年，不在涝河的水里光屁股扎上几个猛子，怎么可以写出来杨伟名那样伟大的人物？'""话头扯到文学上面，先生说，千万不要急功急（近）利，那对作家不好。要低调，做人要低调，搞创作也要低调。那些被媒体、记者追着屁股报道的作家未必就是好作家。媒体永远发现不了真正的好作家。生前的曹雪芹，世上有几个人知道？真正的大家都是死后才被人记住的。因此，千万不要计较媒体对你的冷淡。一旦被媒体抓住不放，你这辈子就完了，就很难写出传世的东西了。他说，有人说我江郎才尽了才写散文。我写散文，其实是想表达我内心真实的情感,《白鹿原》是为中国农民立传,散文是为我自己立传。生活不是小说、戏剧,而是散文,生活里呈现的东西是最适宜人们阅读的一种文体。把灵魂撕破了让读者看,这是我写散文的由衷。他提醒我,散文是要有人物、细节的,要有诗的思维,最重要的一点,散文必须有思想,站在顶峰的散文作品必须有深邃的思想来支撑……"(赵丰《灞桥的那个老汉》,人民文学出版社编辑部编《陈忠实纪念集》,人民文学出版社,2017年9月版,第337页、第338页)

9月20日 《日子》(短篇小说)获首届蒲松龄短篇小说奖(蒲松龄短篇小说奖组委会)。晚上乘飞机由西安抵达济南机场,然后赶往淄川,参加在蒲松龄故里山东省淄博市举行的颁奖盛典。

2004年设立的蒲松龄短篇小说奖,每两年评选一次。首届组委会面向全国及海外征集短篇小说343篇,卢金地的《斗地主》、林斤澜的《去不回门》、陈忠实的《日子》、晓苏的《侯己的汇款单》、莫言的《月光斩》、叶弥的《天鹅绒》、苏童的《人民的鱼》、贾平凹的《饺子馆》获奖。中国作协党组成员、副主席陈建功等为获奖作者颁奖。本次活动由文艺报社、山东省作家协会、淄博市人民政府主办。

陈忠实发表了获奖感言:

望外的欣慰和感动

真是一种喜出望外的感觉。《文艺报》一位尚未谋面的编辑发来一则手机短信,告知我的《日子》获得首届"蒲松龄短篇小说奖"。其时我正在集中阅读柏杨先生即将出版的短篇小说集,沉浸在上世纪(二十世纪)五六十年代台湾底层社会各种职业劳动者痛苦不堪的挣扎吁叹的氛围里,获得这个喜讯,竟然有一阵儿转换不过情绪来。许久,不由得"噢呀"一声自吟。

我确实很感动。最直接的第一心理反应是,这个短篇小说写作和发表至今整整七年了,在当今潮水一般一波迭过一波的文学节奏里,不足七千字的《日子》,能够不被淹没沉底,还能被推举到首届"蒲松龄短篇小说奖"评委们的案头(我至今尚不知推荐者是哪家团体或某个人),还能入得各个评委的法眼(同样至今不知一位评委的名字),作为作者是意料不及的欣悦和颇深的感动了。这来自我对创作的自始至终的坚持,无论篇幅或大或小的小说,抑或散文随笔,写作完成后的唯一心理企盼,是能得到读者的认可和呼应,认可的范围越大呼应的声音越响,我的生命的意义就获得最踏实的自信了,完全不在乎吃什么好、穿什么不好、血脂高了低了或肥了瘦了的事项了。我很尊重"我的作品是写给自己看的"的话,包括记不得谁说的"我的小说是写给几十年一百年后的读者看的"。作家的写作心态和对创作的理解,各有不同,也不可能相同,这是常识。我却是写给读者看的(自我欣赏那是无须再说的事),而且是首先写给同时代的读者看。

这种写作心态,还是出于我对创作的理解,我对过去生活的不断回嚼,也对正在行进着的生活不断发生的新的感受,达到某种自以为是独自独有的体验的时候,就生发出一种创作和表述的欲望。而当一个或大或小的新作完成,我总是改变不了那种忐忑不安的心情,担心我的这种体验和对体验的表述形式,能否得到读者的呼应和认同?在我看来,读者对作品的冷漠,无非是这作品对生活开掘的深度尚不及读者的眼里功夫,或者是流于褊狭,自然还有艺术表述的新鲜感等等。当下乡村生活题材的各种艺术品不计其数,一个短篇小说《日子》能否引发读者的阅读兴趣,确凿是我刚刚写成时的心理疑虑。我在《日子》里所表述的那一点对乡村生活的感受和体验,在《人民文学》和《陕西日报》先后发表后,得到了颇为热烈的反响,尤其是《陕西日报》这种更易于接触各个社会层面读者的媒体。我看了《陕西日报》关于这篇小说的读者来信,回到原下的屋院,对着月亮痛快淋漓地喝了一通啤酒。

七年后的今天,在我的短篇小说里算是少数几篇篇幅最小的《日子》,能被首届"蒲松龄短篇小说奖"相中,又是另一番心里感动和鼓舞了,也潮起我尤为喜欢的短篇小说的写作兴致和信心。

9月27日 于二府庄写成关于阿莹创作的评论《再读阿莹》。该文谈时任陕西省委宣传部领导兼作家阿莹的散文及舞剧。刊《延安文学》第5期。

9月28日 于西安写成关于杜爱民散文随笔的评论《语言里的生命质感》。该文谈杜爱民的散文和诗歌。后又略有修改以《生命和语言的质感——读杜爱民散文》为题刊2015年6月4日《陕西日报》。

9月 《寻找属于自己的句子(连载二)——〈白鹿原〉写作手记》之三《枕头,垫棺作枕》、之四《沉静与松弛》刊《小说评论》第5期(9月20日出刊)。

10月1日 邵宝庆致信邢小利:

邢老师:
  您好!
  对不起又打搅您。

首先请您帮忙提醒一下陈老师的要办的在中国纳税的证明,看看是不是办好了。好了可以给我寄过来。

我的通信地址是:(略)

另外有一个问题要请教:1993年版90页有这样一段话:"我只领受三条,一为剪辫子,一为放足,一为禁烟,我仍矢守白鹿书院,月里四十不曾下山,"这里面"月里四十"是什么意思?

谢谢。

祝好

邵宝庆

10月9日 邢小利致信邵宝庆。

邵宝庆先生:

好!

关于纳税证明事,陈老师正在办,办好即给你寄去。

所询"我仍矢守白鹿书院,月里四十不曾下山"中"月里四十"一语的意思,解释如下:"月里四十"为关中农民口语,"月里"即一个月里,"四十"即四十天,意为"一个月到四十天"或者是"一个月甚至四十天",都"不曾下山"。

翻译总的还顺利吧?孩子们都好吧?

多联系。

邢小利

10月10日 获首届陕西文艺大奖"艺术成就奖"(中共陕西省委办公厅、陕西省人民政府办公厅)。

同日　邢小利与邵宝庆电子邮件通信：

邵宝庆先生：

好！关于陈老师完税证明，陈老师让我为他办理，这边税务部门已经说好，他们给办。但我们不知道这个证明应该怎样写。你能否根据你们那里的要求，给我们拟一个证明样本，包括英译，发过来，我去办。

谢谢。

邢小利

邢老师：

您好！

我问过出版社有什么格式，他们说没有什么特殊要求。我看最简单的就是写这样两句话就可以了：

兹证明陈忠实是中国居民，2007年度在本税务机关缴纳全部税项。中华人民共和国陕西省税务局

我的英文不好，就直接让他们做成法语好了。就是这个样子：

（法文略）

祝好。

邵宝庆

10月11日　参加首届陕西文艺大奖举行的颁奖晚会。该奖由中共陕西省委、陕西省人民政府设立，中共陕西省委宣传部组织实施。贾平凹的长篇小说《秦腔》、红柯的长篇小说《西去的骑手》获奖，分别获得五万元人民币奖金。陈忠实、贾平凹、肖

云儒、刘文西、赵季平、吴天明、张克瑶七人获首届陕西文艺大奖艺术成就奖。

11月5日　陕西省作家协会党组研究决定：陈忠实、贾平凹任陕西文学院名誉院长，王观胜任陕西文学院院长，王维亚任陕西文学院副院长。

11月11日　在京领奖，短篇小说《李十三推磨》获2007年度人民文学奖短篇小说奖。评委会认为，该作沉郁、慷慨，简劲传神地刻画了中国民间人物的风骨与正义。

11月17日　在延安大学参加由延安大学与陕西省作协、清涧县人民政府、延川县人民政府、吴起县人民政府联合主办的"路遥逝世十五周年纪念暨全国路遥学术研究会"，为路遥文学馆开馆揭牌。

11月19日　于二府庄写成《蓄久的诗性释放，在备忘——读长诗〈青春的备忘〉》。该文系为薛宝勤所写知识青年上山下乡题材长诗写的序文。刊《延河》2008年第1期。

11月22日　晚上，作家马玉琛请在京回陕的评论家李建军吃饭，受邀参加。

11月28日　舞剧《白鹿原》在北京大学百年讲堂演出。

11月　《寻找属于自己的句子（连载三）——〈白鹿原〉写作手记》之五《难忘1985，打开自己》刊《小说评论》第6期（11月20日出刊）。

12月10日　写成散文《第一次借书和第一次创作——我的读书故事之一》。刊《小读者·阅世界》2019年第10期。

12月18日　陕西省作家协会召开新闻发布会，宣布采用全新管理模式的陕西文学院正式成立。来自全省各地的14位作家在协议书上签下自己的名字，成为陕西文学院首批签约作家。陕西文学院由陈忠实、贾平凹任名誉院长，王观胜任院长，王维亚任副院长。首批签约的14位作家中年龄最大的56岁，最年轻的29岁。这14位作家是：吴克敬、冷梦、贺绪林、弓保安、杨莹、杜文娟、鹤坪、唐卡、范怀智、李春平、寇挥、王晓云、庞文梓、周瑄璞。他们已向陕西文学院提交了自己的长篇小说创作选题。在为期三年的聘期内，他们不但要完成自己的创作选题，每年还要在全国核心文学期刊上发表一篇文学作品（主要是中短篇小说及长篇小说，下同），在省级文学期刊上发表两篇文学作品，在选刊上或丛书中转载一篇文学作品。如果在聘期内没有完成创作选题或规定发表篇数，则有可能被解聘。

12月21日 应邀到甘肃天水参加王若冰长篇散文《走近大秦岭》研讨会。

12月23日 在甘肃天水参观伏羲庙。

12月25日 参加在西安财经学院召开的马玉琛长篇小说《金石记》研讨会并发言。此次会议由陕西省作家协会、西安财经学院、人民文学出版社联合召开。

同日 写成关于马玉琛长篇小说《金石记》的评论《无法归类的文化寓言》。

12月26日 陕西省作家协会召开《韦昕文集》研讨会，发贺信祝贺。

12月31日 《白鹿原》入选中央人民广播电台"中国小说连播"六十周年最具影响力节目排行榜，于二府庄写成感想《添了一点踏实》。刊《中国广播》2008年第5期。

12月　散文《文学故乡》刊《档案天地》第6期。

2008年　66岁

1月2日　新年，请杨立英、朱鸿、马治权、邢小利、仵埂、张志春晚上在荞麦园饭庄聚餐。

同日　于二府庄写成言论《乡党曾宏根和他的华胥国》。该文谈说蓝田县原档案局负责人曾宏根其人及其研究著述，说自己是半个蓝田人，故认曾为乡党，文中着重谈曾关于蓝田历史与文物的研究著述。

1月10日　晚上，会见由西宁来西安的刘醒龙、朱小如一行。红柯、李国平、周燕芬、李清霞等陪同。

1月11日　写成对话《〈白鹿原〉之外——与〈关注〉记者白小龙、逸青的对话》。该对话谈及如下问题：《白鹿原》几乎就不算个什么；文学的那根神经好像特别敏锐；靠色情是写作者的悲哀；我所追求的语境；阅读的记忆；选择了莫泊桑；寻找自己的创作方法；《白鹿原》怎么可能把我挖空；忍受苦难已经成了习惯。

1月14日　于二府庄写成散文《一个人的声音——李星印象》。该文写与陕西作协同事、评论家李星的交往和李星对尚未出版的《白鹿原》的评论。刊《延河》第4期。又刊《散文（海外版）》2009年第4期。

1月17日　于二府庄写成散文《在灞河眺望顿河——我的读书故事之二》。该文写作者读初二时，从读刘绍棠短篇小说集《山楂村的歌声》"后记"中知道了苏联作家肖洛霍夫及其《静静的顿河》，而后借来《静静的顿河》、肖氏短篇集《顿河的故事》、长篇《被开垦的处女地》等作品阅读的故事。文中部分内容已载《借助巨人的肩膀——翻译小说阅读记忆》一文（见《长江文艺》2005年第1期）。

1月18日 于二府庄写成散文《一个空前绝后的数字——我的读书故事之三》。该文写阅读柳青《创业史》的故事。

1月22日 于二府庄写成散文《办公室的故事》。该文写作者在陕西作协的办公室及其历史，那是一个有历史的办公室，陕西作协大院原为国军八十四师师长高桂滋的公馆，与张学良在西安的公馆毗邻，西安事变时蒋介石被软禁在陈现在的办公室。刊4月13日《新民晚报》。

1月31日 于二府庄写成散文《排山倒海的炮声》。该文写灞桥家乡春节前的乡风民俗。刊2月21日《解放日报》。

1月 《乡土关中》（散文随笔集）由中国旅游出版社出版。《四妹子》（中篇小说集）由时代文艺出版社出版。《白鹿原》评点本由文化艺术出版社出版，雷达评点。"中国当代著名作家自选集系列"《陈忠实自选集》由海南出版社出版。

本月 《寻找属于自己的句子（连载四）——〈白鹿原〉写作手记》之六《朱先生和他的"鳌子说"》、之七《寻找一种叙述》刊《小说评论》第1期（1月20日出刊）。

2月1日 晚上，请白鹿书院理事张大卫吃饭并谈公事。

2月3日 于二府庄写成散文《关键一步的转折——我的读书故事之四》。该文写1978年初夏，作者在灞河河堤工程指挥部地铺上读到《人民文学》1977年11月号刊载的刘心武的短篇小说《班主任》，"竟然产生心惊肉跳的感觉"，"小说敢这样写了"！

进而认识到"文学创作可以当事业来干的时候终于到来了"。

2月11日 夜,于雍村写成散文《摧毁与新生——我的读书故事之五》。该文写1982年5月读到路遥发表于《收获》杂志的中篇小说《人生》给自己的巨大冲击,"几乎是一口气读完了这部十多万字的中篇小说《人生》。读完时坐在椅子上是一种瘫软的感觉,显然不是高加林波折起伏的人生命运对我的影响,而是小说《人生》所创造的完美的艺术境界,对我正高涨的创作激情是一种几乎彻底的摧毁"。"反思是冷峻的","我重新理解关于写人的创作宗旨"。

2月20日 于雍村写成言论《展示秦腔的新图景》。该文以秦腔为话题谈了三个不同方面,分三个小题目,分别是:关于青春版《杨门女将》;关于秦腔的趣事,写自己关于秦腔的生活记忆;关于秦腔的发展。

3月6日 下午与邢小利在陕西经济广播电台直播《说话赢天下》节目。

3月9日 于二府庄写成言论《陷入的阅读及其它——〈骞国政文集〉阅读笔记》。刊5月4日《陕西日报》,又刊《延河》第7期。

3月13日 于二府庄写成评论《难得一种纯洁与鲜活——感动陈希学》。该文评论陈希学纪实文学集《少年纪事》。刊《陕西广播电视大学学报》(双月刊)第2期。

3月21日 晚上,约见邢小利,在陕西作协陈的办公室闲谈,说了自己人生的三次重大失败:第一次,1962年高考落榜;第二次,"文革"初期参加红卫兵组织,被选为学校红卫兵组织的政委,后被打倒被批斗;第三次,1976年写短篇小说《无畏》,发

《人民文学》当年第3期，因主题写反"走资派"，后被调查撤职。三次失败，都跌入人生低谷，死去活来。

讲述他家乡灞桥区的历史沿革：辛亥革命前，清政府时期，现在的西安一分为二，以钟楼为分界线，南至终南山，北达渭河，东片为咸宁县，西片为长安县。咸宁县政府在东县门，长安县政府在西大街。笑说：我们咸宁县为第一邑，你们长安县为第二邑。辛亥革命后，张凤翙主政陕西，把两县合并，取消咸宁县，保留长安县。范围：东到蓝田，西达咸阳，南抵秦岭，北至渭河。没有现在的西安市及各区名。这个长安县名和范围一直延续到1955年合作化成立时期。其间，抗日战争时期，日军飞机轰炸西安，国民党的长安县政府为躲轰炸，迁到长安县少陵原上的大兆镇；1949年共产党建立的长安县政府移到韦区，此后再没有进城。1955年到1965年，西安市分为城三区和郊四区，城三区：碑林区，新城区，莲湖区；郊四区：东郊灞桥区，南郊雁塔区，西郊阿房区，北郊未央区。1965年到1980年3月，四个郊区合并，通称郊区。这个郊区当时有人民公社26个。陈忠实所在公社名为毛西公社。1980年3月至今，郊区又一分为三，东郊，灞桥区未变，南郊雁塔区和北郊未央区名字也未变，只是把阿房区取消了，原来的阿房区南部归了雁塔，北部给了未央。

3月26日 出席在西安召开的纪念李若冰同志逝世三周年暨《李若冰纪念文集》首发式座谈会，座谈会由中共陕西省委宣传部、陕西省文学艺术界联合会、陕西省文化厅、陕西省作家协会联合举办。中共陕西省委宣传部副部长晏朝、陕西日报社社长杜耀峰、陕西省文化厅厅长秦天行以及王愚、肖云儒、李星等作家、评论家六十余人出席座谈会。陕西省文学艺术界联合会党组成员、副主席高建群主持会议。

3月29日　出席在西安召开的首届陕西女作家创作研讨会，研讨会由陕西省作家协会和西安工业大学联合主办。西安工业大学校长赛云秀、陕西作家协会副主席李国平、冷梦、张虹及评论家李星、畅广元、王仲生、段建军等出席了研讨会。

3月　《吟诵关中——陈忠实最新作品集》由重庆出版集团重庆出版社出版。

4月9日　参加由中国作家协会、安徽省文联、滁州市委市政府主办的"纪念改革开放三十周年·新农村新凤阳——中国作家看凤阳采风创作活动"。同行的作家有高洪波、王充闾、陆天明、王阿成、徐贵祥、杨少衡、胡平等和安徽部分作家。上午，"中国作家看凤阳采风"到凤阳"大包干"发源地——小岗村，与严俊昌、严宏昌等"大包干"带头人座谈，听他们讲述30年前18位农民以托孤方式掀起震惊华夏的大变革。

4月12日　早上，参加在西安工业大学举行的方英文长篇小说《后花园》研讨会并发言。研讨会由西安工业大学、《小说评论》编辑部联合主办。

4月25日　乘火车去北京参加有关活动，随行有邢小利。

4月27日　上午，应邀在中国现代文学馆参加"在文学馆听讲座"活动，讲《我与〈白鹿原〉》，傅光明主持。文字整理稿刊12月25日《光明日报》。演讲内容主要是《白鹿原》的创作准备、创作过程和出版。

下午，中国现代文学馆、北京出版社出版集团北京十月文艺出版社在中国现代文学馆联合召开《白鹿原》创作20周年暨荣获第4届茅盾文学奖10周年纪念座谈会。北京出版社出版集团北京十月文艺出版社推出精装 4 卷《陈忠实集》。陈忠实和来自北京、西安等地的知名评论家以及《白鹿原》的忠实读者齐聚一堂,谈作品,叙友情,气氛融洽而热烈。中国作协党组书记、副主席金炳华向座谈会发来了贺信,对会议的召开表示了衷心的祝贺。金炳华在贺信中高度评价了陈忠实的长篇小说代表作《白鹿原》。他说,《白鹿原》自创作到出版历经 10 年,小说以家族的兴衰反映民族与时代的风云变迁,艺术风格悲怆雄沉、开阔大气,以厚重的历史感、丰富的文化意蕴和复杂的人物形象,在同类作品中脱颖而出,成为当代文学杰作之一,受到读者和评论界的高度赞誉。自出版以来,已被改编成秦腔、连环画、话剧、舞剧等多种艺术形式,并为雕塑等艺术创作提供了蓝本,显示出卓越的艺术魅力和生命力,为社会主义文化的繁荣发展作出了重要贡献。与会的评论家中有多位都曾对《白鹿原》进行过深入的评论,可以说是这部作品的"知己老友"。他们认为,这 20 年来,中国文坛风云际会,在创作风格和观念上都有许多变化,但是最根本的东西没有变,那就是最有价值的创作一定是最真诚的写作。正是作家们的呕心沥血,使他们的作品获得了蓬勃的生命力,赢得了读者的信任和喜爱。陈忠实正是其中的佼佼者和优秀的表率。"一部作品经历 20 年,读者对它的热情不但没减,反而越来越受到欢迎,这正说明了这是一部经得起时间考验的有生命力的好作品。"雷达的一席话得到了与会者的响应。大家在发言中纷纷表达了自己对这部作品 20 年经久不衰的敬佩和喜爱之情。出席座谈会的评论家有范咏戈、何西来、阎纲、何启治、周明、张陵、胡平、李荣胜、白烨、彭学明、李建军、王干、邢小利等。

下午,周明陪同,在现代文学馆的园林中瞻仰茅盾铜像时,陈忠实长久注视茅盾铜像,三鞠躬,站在铜像旁,对周明说:"老周,你给我和先生'合'个影,咱得了茅盾文学奖,还没见过茅盾先生,今天就算见到了。"(周明《回望忠实》,雷涛主编《天地白鹿魂永存——陈忠实纪念文集》,陕西新华出版传媒集团、太白文艺出版社,2017年版,第52页)

晚上,陕西籍在京的评论家、作家阎纲、何西来、周明、白描、白烨、李建军和《白鹿原》责任编辑何启治、陕西到京参会的邢小利等,在北京一家火锅店聚会庆贺座谈会召开。

5月3日 于雍村写成散文《一次功利目的明确的阅读——我的读书故事之六》。该文讲自己为写《白鹿原》,"寻找到一种恰当的结构形式",选择了一批中外长篇小说阅读,包括阅读王蒙的《活动变人形》和张炜的《古船》。"这次最用心的阅读,与最初的阅读目的不大吻合,却获得了一种意料不及的启发。这就是,每一部成功的长篇小说,都有自己风格独特的结构方式,而平庸的小说才有着结构形式上相似的平庸。我顿然省悟。从来不存在一个适宜所有作品的人物和故事展示的现成的结构框架,必须寻找到适宜自己独自体验的内容和人物展示的一个结构形式,这应该是所谓创作的最真实含义之一;我几乎同时也理顺了结构和内容的关系,是内容——即已经体验到的人物和故事决定结构方式,而不是别的。这样,我便确定无疑,《白》必须有自己的结构形式,不是为了出奇一招,也不是要追某种流派,而是想建一个让白嘉轩、鹿子霖、朱先生们能充分展示各自个性和命运的比较自然而顺畅的时空平台。"

5月6日 于二府庄写成散文《米兰·昆德拉的启发——我的读书故事之七》。文中说,"在昆德拉小说的阅读过程中,还有一个在我来说甚为重大的启发,这就是关于生活体验与生命体验的切实理解"。《玩笑》和《生命中不能承受之轻》"这两部小说的题旨有类似之处,都指向某些近乎荒唐的专制事项给人造成的心灵伤害。然而《玩笑》是生活体验层面上的作品,尽管写得生动耐读,也颇为深刻,却不像《生命中不能承受之轻》那样让人读来有某种不堪承受的心灵之痛,或者如作者所说的'轻'"。"昆德拉在《生》里进入了生命体验的层面",进入"一般作家很难抵达的体验层次"。而《玩笑》只在生活体验层面,与《生命中不能承受之轻》在艺术上有距离。"这种阅读启发,远非文学理论所能代替"。

5月8日 人民文学出版社编辑刘稚电话说,中宣部、中国出版集团要联合出一部关于改革开放30年纪念的书,全国选了15位作家,每人搞一个访谈,最后出书。刘稚约邢小利采访陈忠实,陈建议邢先写问题,他答,这样准确。

5月10日 早上参加在西安工业大学举行的首届全国当代文学批评期刊建设与当代文学走向学术研讨会,研讨会由《小说评论》和西安工业大学人文学院联合举办。《文学评论》《文艺研究》《文艺争鸣》《当代作家评论》《文艺报》《文学报》《南方文坛》等18家文学评论期刊和报纸的负责人彭学明、孟繁华、栾梅健、施战军等和陕西作家协会的领导及评论家雷涛、李星、畅广元、李国平等四十余人参加了研讨会。

5月13日 李陀来西安,早上由白鹿书院邢小利陪同参观西安博物院,下午在白鹿书院"白鹿论坛"讲《现代汉语与写作》。晚上,陈忠实在西安东门外老孙家羊肉泡馍馆宴请李陀,在座的有邢小利、朱鸿、仵埂等。李陀谈了几点:一、他在国外20年,国外不如我们想象的那么好。美国生活不见得有国内这么好。中产阶级生活也很难。二、不能以西方为中心，要建立我们自己的价值评判体系。三、甘阳、刘小枫那些东西是一些意见，不是学术。汪晖半学术。建议搞小评论，不要那些大而空的东西，要谈一个作品的修辞、人物是如何转变的等。四、要重视语言，要创造新鲜的东西。

5月17日　参加在陈忠实文学馆举办的"白鹿雅集"活动。

同日　于二府庄写成散文《汶川，给我更深刻的记忆，不单是伤痛》。该文写5月12日汶川大地震发生后对一些人和事的感受和认识。刊5月21日《文学报》。

5月18日　早上参加西安思源学院成立十周年校庆。

5月22日　于二府庄写成与邢小利的对话《三十年，感知与体验——中国著名作家访谈录》。该对话谈及如下问题：一、关于新中国成立六十年"三十年河东，三十年河西"的沧桑巨变。二、关于近三十年来农村的变化和对农村城市化的认识。三、关于时代对创作的影响以及自我反思的过程。四、关于八十年代中后期创作《白鹿原》时的心态。五、关于《白鹿原》发表和被移植为不同的艺术形态，对陈忠实文学观念等问题的影响和思考。刊《文学界（专辑版）》2009年第1期。收入人民文学出版社《万千气象：中国著名作家访谈录》（2008年11月出版）。

5月25日　下午4时21分，四川青川发生6.4级余震，西安震感强烈。陈忠实把邢小利的提问已答完，题为《三十年，感知与体验》，打电话让邢小利来取。陈先在省作协办公楼下避震，后来随邢上楼进办公室，说他震前正在看5月23日《今晚报》王成纲一篇关于文怀沙诗作的作者到底是谁的文章，文章说，"平生只有双行泪，半为苍生半美人"这首诗，原是清末民初一位叫王世鼐的诗人写的，后一直误为文作。王世鼐原作《笛怨辞》："笛怨箫清听未真，江湖旧雨散成尘。平生只有双行泪，半为苍生半美人。"陈说他也喜欢这首诗，用毛笔书写两张，送一张给邢。

5月26日　打电话给邢小利，征询对他的答问的意见。强调说，他对"集体化道路"的表白是真实的，而且在他看来，在国内作家中，大约还没有人像他这样，敢于真实地说自己当年是非常相信集体化的。

5月　《寻找属于自己的句子——〈白鹿原〉写作手记（连载五）》之八《复活了的呻唤声》、之九《关于性，庄严与挑战》刊《小说评论》第3期（5月20日出刊）。

本月　《白鹿原》（"陈忠实集"之长篇小说卷，精装本）由北京出版社出版集团北京十月文艺出版社出版。

6月5日　于二府庄为张永平散文集《行云走笔》写成序文《敏锐的思考与诗性的激情——〈行云走笔〉序》。

6月8日　端午节，中央电视台体育部来两位记者给陈忠实做奥运会火炬手前期节目。

6月13日　陕西作协开全体人员会，有领导讲"作家协会"就是"要梅花三弄：弄人，弄事，弄钱"。

6月16日　应西安电子科技大学长安分校董事长张耀琪之请，在小寨国华酒店吃饭说话。董颖夫联络，邀邢小利同席，邢与仵埂、方光华等从蓝田游归，一同赴席聊天。

6月28日　应邀去临潼华清池参观，晚上观看大型室外情景剧《长恨歌》。

6月29日　晚上，与来西安的王蒙见面。

同日　于华清池写成《青山碧水复原历史悲剧——观舞剧〈长恨歌〉有感》。该文评论西安临潼华清池演出的大型历史情景舞剧《长恨歌》。刊《延河》第9期。

6月30日　晚上，在荞麦园请《文艺报》记者任晶晶、评论家李建军。同席的有和谷、邢小利、仵埂、朱鸿、马玉琛。

7月4日　作为北京奥运会火炬手在西安进行火炬接力。

同日　于二府庄写成随笔《心中的圣火》。该文写当奥运会火炬手的感受。

7月10日　于二府庄写成散文《阅读自己——我的读书故事之八》。该文谈阅读自己作品的体会，既有欣悦，也能发现问题。重点谈到，短篇小说《信任》发表并获第二届全国优秀短篇小说奖后，读到《人民文学》编辑向前给《信任》写的短评中的一句话，"陈忠实的小说有说破主题的毛病"，他印象很深，引以为戒，此后特别注意艺术上的含蓄。

"我的读书故事"共八篇，后以《生命里的书缘》为题刊《海燕·都市美文》杂志第9期。《新华文摘》第22期全文转载。

7月　《寻找属于自己的句子——〈白鹿原〉写作手记（连载六）》之十《从追寻到转折，再到删简》刊《小说评论》第4期（7月20日出刊）。又刊《唐都学刊》2011年第2期。

本月　于雍村写成言论《我看碎戏》。碎戏是陕西电视台播出的以"碎戏"为总名的短篇电视剧，该文谈"碎戏"的看点、特点和观感。

本月　《第一刀》（"陈忠实集"之短篇小说卷，精装本）由北京出版社出版集团北京十月文艺出版社出版。

8月3日　陕西作家京夫因病于下午去世，当日到医院送别。

8月5日 参加京夫追悼会。接受采访时说：我们几乎是同时走上陕西文坛的，从短篇写到中篇再写到长篇，不断完成着思想的深化和艺术的完美。京夫的谢世，是（陕西文坛的）巨大损失，我表示深沉的悲哀。晓雷撰联挽曰：商州道中一根手杖行天下，长安城内八里情仇憾人间。

京夫原名郭景富，陕西商州人，1942年生，中国作家协会会员，陕西省作家协会专业作家，文学创作一级。京夫从二十世纪六十年代开始写作，著有中短篇小说集《深深的脚印》《京夫小说精选》《天书》；散文集《海贝》；长篇小说《新女》《文化层》《八里情仇》《红娘》《鹿鸣》；当代白话本《西游记》（改写）。获奖情况：短篇小说《手杖》获1980年全国优秀短篇小说奖；《娘》获1981年"当代文学奖"。

8月7日 于二府庄写成散文《我的秦腔记忆》。该文写受父亲影响，自小喜欢看秦腔戏，回忆当年看一些秦腔戏的情景及感受。刊《文学界（专辑版）》2009年第1期。又刊《散文》（海外版）2009年第3期，《金秋》2010年第6期，《法制资讯》2012年第1期，《上海采风》2016年第7期。

8月30日 参加在西安音乐学院召开的"紫香槐散文丛书"暨当前散文创作研讨会，主办单位是白鹿书院、西北大学现代学院、中国散文研究所。出席的有：陈忠实、刘家全、畅广元、王仲生、田刚、仵埂、阎庆生、刘炜评、段建军、孙见喜、朱鸿、陈长吟等。邢小利主持。

8月 《蓝袍先生》（"陈忠实集"之中篇小说卷，精装本）、《原下的日子》（"陈忠实集"之散文卷，精装本）由北京出版社出版集团北京十月文艺出版社出版。

9月5日　于二府庄写成谈胡照普诗作的言论《你的体验，让我耳目一新》（2007年4月28日初稿）。

9月9日　在吉林省长春市参加中国作家协会第七届主席团第六次会议。会议内容：学习贯彻党的十七大精神和全国宣传部长座谈会精神，以邓小平理论和"三个代表"重要思想为指导，深入贯彻落实科学发展观，分析文学界面临的形势和任务，回顾总结中国作协2008年前八个月的工作，研究部署文学界深入学习贯彻科学发展观和纪念改革开放30周年活动等工作，进一步动员全国文学界为推动社会主义文学大发展大繁荣而共同努力。

同日　晚饭后，由《长春日报》一编辑陪同，同赵本夫、黄济人和刘兆林等到东北风二人转剧场观看演出。《长春日报》编辑回忆，陈在看二人转的过程中，笑得前仰后合，完全沉浸在演出中。观后说，二人转非常富有东北民间特色，同陕西的秦腔一样，都是我们民族的文化瑰宝。

会后几天，与会作家到长春第一汽车制造厂、长春市雕塑公园、长影世纪城等地采风。

9月29日　于雍村写成散文《龙湖游记》。该文系夏日游览河南淮阳龙湖散记，此地为古陈国，所以作者有"寻根"之感。刊《人民文学》第12期。

9月30日　下午，在陕西作协办公室，与邢小利聊天。说到《小说评论》第5期发表的《寻找属于自己的句子》谈"剥离"的这一章，陈说，这个"剥离"对他很重要。王汶石的小说功力、技巧相当好，《风雪之夜》写人物、写农村一直令他佩服，但"文革"后坚持不写小说，就写一些随笔、序跋，因为他没有这个"剥离"；李准当年写的《不能走那条路》，影响很大，发表的第二年就收入中学课本，按理说他后来再应该写一个《应该走那条路》，也没有写，说明要在思想上转变，对一个作家来说，特别艰难，特别痛苦。陈说，他这一代转变比较容易，包括贵州作家何士光。他没有那些成名作的压力，转变了就转变了。邢小利问陈，后来写文章为什么没有用何士光这个例子。陈写文章的时候曾问邢小利，何士光写《乡场上》是什么时间，邢答是1981年发表，1982年就得奖。陈说他犹豫了半天，还是没有写何士光这个例子。陈说，关于农村，土地是私有还是公有，人的思想转变有一个艰难的过程。当年他只是着眼于解决了粮食问题，认为好，现在农村的旧问题依然还很多，而许多新问题又出现了，如民工，城市化，教育，等等。邢向陈介绍了天益网史啸虎关于土地应该私有的文章，陈若有所思。

9月 《寻找属于自己的句子——〈白鹿原〉写作手记（连载七）》之十一《我的剥离》刊《小说评论》第5期（9月20日出刊）。

本月 《陈忠实散文精选集》由新世界出版社出版。

10月1日 于雍村写成散文《老君台记》。该文为访河南鹿邑老君台之记述，鹿邑是老子故里，老君台传说是老子升天的地方，文中着重记述一神奇之事，抗战期间，日军向老子升天的圆柱高台发炮轰击，却全成哑弹。刊11月28日《光明日报》。

10月16日 与邢小利乘越野车经陕北去中国矿业大学银川学院。

10月17日 早上，参加西部民办教育论坛，下午在宁夏大学作报告，晚上乘火车回西安。

在宁夏大学对学生的讲演中谈到，政治是创作中不容回避的话题。他讲到，他在创作《白鹿原》的时候反复考虑过政治这个问题。他强调，这个问题是他们那一代作家谁都不能回避的话题。过去在极"左"时期，文艺为政治服务，使文艺沦为政治的标语口号；到了新时期，文学与政治的问题成为当时文坛上一个重要的争论问题。他讲，在极"左"时期，政治往往是某一个时期带有政策性的明确口号，然后让作家根据这些政治口号和观点去创作，这种极"左"的政治对文艺造成的危害，不仅让普通人更让文学界有逆反心理。冷静地审视之后，他又发现，一部文学作品如果没有思想、没有深刻的政治，仅有风花雪月是不够的。他讲，要把真正的政治和极"左"的政治区分开，不能用给人造成极大伤害的极"左"政治来概括所有政治，同时排斥所有政治，不能因噎废食。作家感受生活，完成生活体验的一个很重要的因素就是思想，作家的思想也可以看作是作家的政治，政治是对人的关怀，是人道主义。作家在感受生活、感受生命的时候，决定感受深度和质量的往往就是作家的思想。就像对矿石的冶炼和提取，提炼的纯度决定于冶炼的手段，作家的思想就像冶炼手段，同样的矿石，冶炼手段粗糙只能炼出粗钢来，冶炼手段强就类似作家思想独特而有深度，就能炼出好钢来。在二十世纪五六十年代，写农业合作化的作家很多，甚至有很多作家的水平在柳青之上，但是在写农业合作化的作品中，评价最好的是柳青的《创业史》。除了语言、艺术上的差异之外，他认为差异最大的就是思想的差异，柳青的思想深刻，他深刻地体验了二十世纪五十年代中国农民的命运，而别人的体验没有他深，艺术表现就达不到柳青那种深刻的程度。基于这样的认识，他认为，作家应该强化思想，只有形成自己独立的思想，才能在自己面对生活——无论是现实生活还是历史生活时，产生独特的理解和体验。而这种独特的理解和体验，如果再得到一种较为完美的艺术表述，作品就有了形成作家独立个性的基础。任何一个作家、任何一部作品的存留，决定于它独立的个性，而个性首先取决于思想的深度。

10月25日 《华商报》发表王锋等采写的消息，说贾平凹《秦腔》获本届茅盾文学奖，"夺魁"。早上看到消息，即打电话给贾平凹，表示祝贺，说贾为此努力了几年，现在终于圆了梦。

10月28日 《华商报》在有关贾平凹《秦腔》获茅盾文学奖名家采访稿中发表了陈忠实的访谈，陈说贾得奖是贾不断探索的结果，是"水到渠成"。

10月29日 短篇小说《李十三推磨》荣获《小说选刊》首届小说双年奖。颁奖典礼在辽宁省铁岭市隆重举行，前往领奖。

同日 于铁岭写成言论《鼓舞与呼应》。该文谈《小说选刊》的作用和影响。

11月4日 晚上，到西安国力仁和酒店赴作家王蓬的文友聚会。

11月12日 于二府庄写成散文《铁岭掠影》。该文写去辽宁铁岭的观感。刊2009年1月30日《新民晚报》。

11月18日 参加由西安半坡博物馆主办的"寻访'半坡人'的邻居"文化活动，为期两天。参加这个活动的有考古学家石兴邦，文学评论家王仲生、邢小利等。先后寻访高陵杨官寨遗址、宝鸡北首岭遗址、蓝田猿人遗址、渭南史家寨遗址。

11月23日 陕西省人民政府副省长郑小明、副秘书长孟建国到陕西省作家协会视察工作并看望了作家陈忠实和贾平凹。陕西省作家协会党组书记、常务副主席雷涛，副书记李文泰等陪同。

11月27日 早上，与陕西作协其他领导一起陪同中共陕西省委宣传部部长胡悦到陕西作协视察。

11月29日 晚上,打电话给邢小利,说深圳评了一个30年来的30本书,包括文学方面的,其中有他的《白鹿原》。还有金庸和巴金的作品,大众和精英都考虑到了。主办方请他去参加颁奖会,他犹豫去不去,因为近年来医生嘱咐他不能坐飞机,问坐火车需要几天,邢说估计得两天一夜(后查西安到广州需要两夜一天)。陈近来一直投入精力为《小说评论》写连载文章(《寻找属于自己的句子》),问邢的意见。邢说这个荣誉值得重视,它是南方办的,具有民间性和广泛的影响力。

11月30日 早上,打电话给邢小利,说他和杨争光通了电话,杨争光说这个奖是民间奖,不受官方和有关方面左右,不是说谁应该得奖了就把奖给谁,比有些官方的奖含金量还高,终评评委多是有影响的读书人。他已经决定去。

11月 《秦风》("大雅中国风系列",雒志俭等绘图)由华东师范大学出版社出版。《陈忠实小说》评点本由文化艺术出版社出版,何西来评点。

本月 《寻找属于自己的句子(连载八)——〈白鹿原〉写作手记》之十二《原的剥离》刊《小说评论》第6期(11月20日出刊)。

12月5日 参加由深圳读书月组委会、深圳报业集团主办的"影响中国人的30年30本书"文史类读物评选活动颁奖典礼。经过全国专家与读者的共同推选,《白鹿原》等30本影响中国人30年阅读生活的优秀文史书籍入选。"30年30本书"文史类读物评选自2008年9月10日全面启动,经过一个月的公众自由推荐和出版社推荐、一个月的网络票选及手机短信投票,从30年来的文史类出版物中筛选出了100本候选书目,最终由来自中国内地、香港与台湾的读书界专家组成的评委进行终评，入选书目既考虑其"历史的重要性"也考量其"本身的价值"最终选出。

12月9日 从深圳回来，打电话约邢小利坐坐。此前朱鸿和邢小利联系，说也请上邢的大学同学薛振虎，薛现在是西安市委组织部副部长，原任长安区委副书记，是学者型领导，一起聊聊。当天晚上，四人在西安雍村饭店吃饭聊天。散后，邢到陈办公室，请陈为邢在孔夫子网上买的陈旧版著作签名，陈随意说西安的媒体没见发关于他在深圳入选"30年30本书"的消息。邢说可给《西安晚报》文化版负责人白重暄打个电话说一下，可能他们还不知道这个消息。晚上十时，邢在回家路上给白打了电话，介绍了评选有关情况，白说他知道了。

12月10日 早上，陈打电话给邢小利，说他在《西安晚报》看到消息。

当日的《西安晚报》发表记者陈锋归纳有关报道写的消息如下：

"30年30本书"评选揭晓
《白鹿原》上榜引关注

日前，第九届深圳读书月"30年30本书"评选在深圳揭晓。经过全国专家与读者的共同推选，《白鹿原》《万历十五年》《第三帝国的兴亡》等30本影响中国人30年阅读生活的优秀文史书籍脱颖而出，成功入选"30年30本书"榜单。

榜单上，既有米兰·昆德拉的《生命中不能承受之轻》、马尔克斯的《百年孤独》这样的外国文学名著，也不乏钱钟（锺）书《围城》、李泽厚《美的历程》、黄仁宇《万历十五年》等中国文史名著；既包括《金庸作品集》《傅雷家书》等家喻户晓、广泛传播的大众书籍，也有着奥威尔《一九八四》、李锐《庐山会议实录》、吴思《潜规则：中国历史中的真实游戏》等曾经引发争议的著作。

榜单上的《白鹿原》格外引人注目，因为它是30年入选作品中唯一一部写于改革开放后的内地长篇小说。这是一部堪称传奇的小说，出版至今15年来，总印数达150多万册。从1998年获第四届茅盾文学奖以后，该书每年都以至少3万册的印数居文学排行榜前列。甚至一直到今年，仍然重印了十多万册，造就了当代严肃文学的一个奇迹。

颁奖典礼上，66岁的陈忠实出现在读者面前，脸上深刻的皱纹犹如《白鹿原》中那深刻的历史年轮。人们用如潮的掌声表达着对他和他创造的那个厚重精神世界的崇敬。此外，主办方还特别邀请了著名书评人止庵和中华书局、商务印书馆、三联书店、广西师大出版社、上海译文出版社的代表出席了盛会。

12月17日　作为特聘教授，到宝鸡文理学院中文系为学生举办讲座。报告会在宝鸡文理学院新校区音乐厅举行，该校陕西文学研究所所长冯肖华教授主持。报告会以答问形式举行。

12月19日　晚上，参加《小说评论》接待晚宴，接待参加西北大学作家群现象活动的雷抒雁、于可训、牛宏宝、王山等人。

同日　于二府庄为骆浩《秦·赋》写成序文《激情赋华章——〈秦·赋〉序》。

12月20日　早上，去西北大学长安新校区，参加西北大学文学院举办的"大学教育与西北大学作家群现象学术研讨会"

开幕式。在多功能厅与学生对话时,讲道:"对我来说,没能考入西北大学读书真是不小的遗憾,但我也算是个西大的'走读生',因为第一个把我的作品推荐到北京的就是西大的教授,第一个撰写我个人评论的也是西大的教授。当年,我曾半夜起床,从灞桥乡下步行到市群艺馆听傅庚生先生讲唐诗,那情形还历历在目。可以说我受到了西大两代文学老师的辅导,这里的氛围很好。也许若干年后,在座的你们中,就会涌现雷抒雁、贾平凹和迟子建。"

12月23日 为陕西汉中女作家侯莉中篇小说集《文君赋》写成序文《遥远的文君和现实的女性世界——〈文君赋〉序》。

12月25日 早上去白鹿书院,与周延波、邢小利、曾文、王东红等谈书院工作。

12月 于二府庄写成对话《让生活升华为艺术——答〈文化艺术报〉贾英问》。该文谈及如下问题:一、《白鹿原》入选"30年30本书"的原因。二、俄罗斯作家对陈忠实的影响。三、马尔克斯对陈忠实的影响。四、改革开放三十年对文学提供的机遇和空间。

本年 被西安石油大学续聘为驻校特聘教授、人文学院名誉院长。音乐家赵季平也被聘为该校特聘教授。

本年底 在陕西省作家协会月工资为2900元,由于是事业编制,津贴部分只发百分之四十,又由于这一部分由单位解决,单位没有钱发,只发百分之四十的百分之七十五,如此也没有保证,故陈每月到手工资加津贴不到4000元。与陈忠实同级别的参照公务员人员的工资是5800元,津贴是工资的二分之一强,这样每月可拿9000元左右人民币。

2009年　67岁

1月8日　下午参加白鹿书院理事会。

1月11日　晚上,太白文艺出版社社长李丽玮请吃饭商谈出书事宜。李说,省委宣传部把《创业史》《保卫延安》《平凡的世界》《白鹿原》《秦腔》版权都已办好,由太白文艺出版社出陕西礼品本。

1月31日　于雍村写成散文《一双灵光纯净的眼睛》。该文系怀念之作,写与诗人王德芳(在西安阎良一家企业工作,是陕西著名的工人诗歌作者)的交往和印象。

1月　于二府庄写成言论《关注人类命运的力作》。该文系关于杜光辉(原籍陕西安康,后去海南)长篇小说书稿《可可西里狼》(2010年1月作家出版社出版)的阅读评论。刊2010年3月18日《济南时报》。

本月　《陈忠实散文》评点本由文化艺术出版社出版,古耜评点。

本月　《寻找属于自己的句子——〈白鹿原〉写作手记(连载九)》之十三《原上的革命》刊《小说评论》第1期(1月20日出刊)。

本月　言论《文学依然神圣》、散文《我的秦腔记忆》《我的文学生涯》和与邢小利的对话文章《三十年,感知与体验》以"陈忠实专辑·访谈"专栏形式刊《文学界(专辑版)》第1期。

2月1日　晚上,应《女友》原编辑花清香之约,与众文友在雍村饭店聚餐说话。

2月21日　上午,参加陕西省文艺评论家协会举办的首届陕西文艺评论奖颁奖会。

3月2日　于二府庄写成散文《难忘一渠清流》。该文写1953年作者13岁时,考上灞河北岸油坊镇一所高级小学,在那里度过两年寄宿生活的往事。刊7月2日《光明日报》。

3月19日　于二府庄写成言论《再说李十三》。该文是短篇小说《李十三推磨》获《小说月报》第十三届百花奖后写的感言,谈写作这个短篇的缘起及一些心理活动。

3月　《寻找属于自己的句子（连载十）——〈白鹿原〉写作手记》之十四《原下,自在的去处》刊《小说评论》第2期（3月20日出刊）。

4月2日　参加在西安常宁宫举行的首届柳青文学奖颁奖大会。陕西省作家协会党组书记、常务副主席雷涛,陕西省作家协会主席贾平凹,陕西省社会科学联合会党组书记、常务副主席周敏,陕西省工商联合会主席冯钧平,西安市长安区、榆林市吴堡县等有关领导和文学界二百多位嘉宾参加了颁奖会。获得首届柳青文学奖优秀长篇小说奖的是：红柯《天下无事》、方英文《落红》、孙见喜《山匪》、李春平《步步高》；获得优秀中篇小说奖的是：张虹《小芹的郎河》、吴克敬《五味什字》；获得优秀短篇小说奖的是：温亚军《硬雪》、李凤杰《拯救男生》、阎道勇《银子放光的故事》；获得文学新人奖的是：寇挥长篇小说《想象一个部落的湮灭》、王晓云中篇小说《海》。

4月5日　于二府庄为董发亮序文集书稿《山溪》写成序文《热风扑面——〈山溪〉序》。

4月13日　在白鹿书院陈忠实文学馆接待南京市人大常委会主任陈家宝一行参观并交流。

4月24日　下午,参加白鹿书院与长庆油田分公司矿区服务事业部西仪综合服务处的文化交流活动，与企业员工互动交流，回答了大家有关文学方面的提问。

4月29日　上午，参加青年书法家王红武在陈忠实文学馆举行的"小楷《白鹿原》长卷展"开幕式。王红武历时六年，用小楷将50万言的《白鹿原》抄为长卷，整件作品宽约0.6米，长约1000米，陈忠实为之写序称"整件作品没有一笔一画修改的痕迹，也不见补添遗漏的一字半句"。

4月　《白鹿原》（"共和国作家文库"）由作家出版社出版。《回首往事》（短篇小说集）、《默默此情》（散文集）由中国盲文出版社出版。

5月13日　上午，到白鹿原参加灞桥区樱桃节开幕式。后在陈忠实文学馆接待台湾大学教师赖佩暄、陕西师范大学博士生刘宁参观并交流。

5月　《寻找属于自己的句子——〈白鹿原〉写作手记（连载十一）》之十五《生命历程里的一个下午》刊《小说评论》第3期（5月20日出刊）。

6月14日　于二府庄写成对话《再说那道原——答〈陕西日报〉杨小玲问》。该对话谈及如下问题：一、陈忠实记忆中的白鹿原是个什么样子。二、关于一部成功的作品如《白鹿原》对当地文化、旅游、教育的影响。三、关于白鹿书院和陈忠实文学馆。

6月17日　早上，打电话给邢小利，说在今天的《西安晚报》看到邢写的《五十一岁感怀》，说能理解邢的心态，陪孩子、闲散一些是可以理解的，但邢现在正是成熟的时候，还要在事业上有进取心。

6月20日　于二府庄写成言论《感知一双敏锐的眼睛——〈别

样的非洲〉阅读随记》。该文评说徐君峰图文集《别样的非洲》。刊 2010 年 7 月 11 日《陕西日报》。

6 月　短篇小说《李十三推磨》获《小说月报》2009 年第 13 届百花奖。

本月　《中国新文学大系》第五辑 (1976—2000)100 卷由上海文艺出版社出齐。《白鹿原》被全文收入。

7 月 21 日　于二府庄写成谈论画家赵振川画作的文章《感知并领受，一种鲜活的生命气象》。

7 月　《寻找属于自己的句子——〈白鹿原〉写作手记（连载十二）》之十六《读诗诵词，前所未有的闲情逸兴》刊《小说评论》第 4 期（7 月 20 日出刊）。

本月　散文《清茶伴我读美文》刊《现代审计与经济》第 3 期。

本月　于二府庄写成对话《关于读书——答〈深圳商报〉记者问》。该对话谈及如下问题：物质和精神的双重建构；读书月不应局限于一个月；《白鹿原》创作手记即将出版；《静静的顿河》是阅读起点。

8 月 4 日　打电话给邢小利，说西安酒厂请他为其出产的酒题名，征求邢对此事的看法。邢说，酒与茶，与文人和文化都有关，可以写的。陈笑说，他怕人家一边喝酒一边骂他，连这个钱都挣，说他再考虑一下。

8 月 23 日　完成对话《创作成就取决于作家的敏感、深刻和独特——与西安工业大学人文学院邰科祥教授对话》，后以题名《"创作成就取决于作家的敏感、深刻和独特"——陈忠实先生访谈录》（作者：邰科祥）刊《文艺研究》第 11 期。这个对话由邰科祥于本年 3 月 7 日和本日两次采访，后整理完成。

对话谈了三个问题:

1. 影响与借鉴。陈忠实谈陕西上一代作家如柳青、王汶石和同代作家如路遥等对自己的影响。

2. 构思与人物文化心理结构。陈忠实谈《白鹿原》的构思与人物文化心理结构。其中,陈忠实对《白鹿原》中的几个主要人物从文化心理结构角度做了分析:

很多评论者都提到白嘉轩是一个好地主、新地主形象。如果放在文学史上地主类人物的画廊中去看,的确与以往的形象大为不同。但是,实际上一开始我根本就没有这个意识,我没有想着去塑造一个新地主的形象,更没有想着把白嘉轩等与南霸天、黄世仁等有意区别开来。我所想最多的是,处于封建制度解体、民国建立这种改朝换代的特殊区间的中国人到底做了什么,我们传统人格中一个完整的人是什么样的?

我有一个很清醒的理念,那就是如果传统人格、文化全是腐烂的、糟朽的,在乡村具有重大影响的人都是黄世仁、刘文彩,那封建社会还能延续两千年吗?虽然有些朝代的皇帝昏庸无能,但总体的传统文化精神未变,决不能简单地用"腐朽"一词来概括。王朝更迭,人的文化心理结构不变。准确地说,支撑我们民族延续几千年的文化因素是最优良的基因与最腐朽的基因的结合物。

我没想着写一个地主,而是要写一个族长。中国古代封建的官僚体制没有细化到乡村这个层面,在乡村最有权威的人是宗族势力,其代表人物就是族长。至于保甲长也与现在的乡长、村主任不一样,而且保甲的目的是为了防御共产党,他们其实没有行政权。尽管这样,也不是谁都可以做族长,一般来说族长不会是穷人,当然也不定是大地主,常常是我们称作"财东"的人为多。他们没有国家赋予的行政权,他们主要依靠一个宗族自己制定延续的"乡约"来规范约束族中人的行为。这个乡约其实是儒家思想的通俗化。我在《白鹿原》中抄录的那篇乡约还是咱们陕西人创造的,他叫吕大临(应为吕大钧。北宋时代的蓝田吕氏,是以宰相吕大防为代表,包括其兄吕大忠,其弟吕大钧、吕大临等的一个名门显宦学术群体。蓝田吕氏是宋朝关学、洛学的骨干人物。《乡约》亦称《吕氏乡约》,是由他们兄弟集体制定,由大钧执笔撰成,是中国古代最早的非政府组织的乡民自治公约——笔者注),是关学的传人。这个乡约后来普及大江南北。就此而论,我没有自觉地反叛以往地主类形象的写作意识,而且在我的观念里,我并不否认现实中真有黄世仁之类的地主。我只是不想用以往的阶级斗争观念去描写人物。如果非要说有反叛的话,这一点可能是明确的,即我在20世纪80年代中期接受了一个文艺理论家的文化心理结构学说,我是用这个理论来塑造人物的。

文化心理结构在我看来是一个深层的人性特征。中国人和西方人在外形上好辨别,差异不大,无非一个是黑眼睛、黑头发,一个是蓝眼睛、黄头发。这些很表面,真正的差别在心理结构,尤其是做人。《白鹿原》中提到的乡约实际上就是普及中国乡村的心理结构,它能判断人和事的好坏、高下、是非。我思考的是面临新世纪的到来,白鹿原上的人的心理结构会受到怎样的冲击?鹿兆鹏很快会接受刚刚兴起的新思想——共产主义;白孝文不是接受新的理念而是被作为族长的接班人设计的,但经过更常见的社会现象、个人命运的不断冲击,他最后变得没有任何信仰,完全成为以个人利害取舍自己行为的流氓;田小娥因为没受过教育,她的文化心理结构是个人心理本能的冲突,人性与命运的错位,一个女人正常的人生乐趣都得不到,还要受老秀才的作践,她当然要寻找机会反叛,但这种反叛是本能的;白灵则受过新文化的教育,她之所以逃离家庭完全是自觉地追求新生活理想的结果。

诸如以上这些关于人的文化心理结构的思考的确是很清晰的很自觉的,在动笔前都有了较为详尽的设计。(陈忠实《陈忠实文集》第9卷,人民文学出版社2016年版,第530—531页)

3. 创作与探索。陈忠实说:

"从我喜欢文学到'文革'前这段时间,我只想能成为一个业余作者就满足了。偶尔能发表几篇散文,心里感觉特别好。""在1973—1976年这四年间,我主要是参加一些文学爱好者创作辅导班,再就是每年写一篇小说和几篇散文,我这时的愿望很简单,就是想过一把文学瘾。文学的兴趣压抑太久就像抽烟的人被断了烟的感觉一样,发表一篇作品所获得的心理满足、愉悦与过烟瘾很相似。""1978年,我在一个水利工地领工,无意中看到《人民文学》杂志上刊载的刘心武的《班主任》。……读完后按捺不住心中的激动,就来到附近的河堤上,对着月光,我自言自语:小说还可以这么写!我有一种直感,把小说当作事业的时代就要到来了。因此,这个工程一结束,我马上向组织打报告要求调到一个比较清闲的单位,就为了使我有充足的时间开始写作。事实也果如所愿,我调到了区文化馆,那是1978年的夏天,算是我人生的第一次重大转折。""那个时代'左'的文学观念对作家的影响不可能摆脱,我又没有接受过高等教育,完全是凭兴趣写作。所以在我这个'文学自觉'的时期,我首先想做的是把自己对文学的理解回归真正的文学,也就是要摆脱'左'的观念。为此,我专门选择了两个我最喜欢的西方作家,一个是契诃夫,另一个是莫泊桑。我把文化馆里收藏的这两人的全部作品借过来,整整读了一个秋天。在这两人中,我相对而言更倾向于莫泊桑,因为他的作品好理解。契诃夫的小说重视人物和结构,莫泊桑的小说注意故事和情节。契诃夫难度大,莫泊桑容易学。""大概到了这年的冬天,经过这一番阅读之后,我对文学的理解有了新的变化。1979年春,我产生了写小说的欲望。""在这一年,我连续发表了十部小说,在我迄今为止的创作生涯中,这是少有的高产期。其中《徐家园三老汉》,我印象最深,我在这篇小说中有意锻炼人物塑造的基本功,我想看看自己能不能写出同类人物的差异来。""1982年《人生》发表了……这个时候我自己就有寻找突破的念头,正在此时看到了《人生》,首先看到了新的视角。当时描写农村题材的作品很多,但都局限在极'左'路线的模式下,包括高晓声的'陈奂生系列'也摆脱不了从政策角度写农民,这个很自然,我也写了不少这样的作品。但《人生》一出来就不一样,从个人人生追求的角度写,太真实了。""由此觉悟到小说更应该写人的心理、精神追求,即使写政策的伤害也要落脚到情感的伤害。""20世纪80年代中期,各种文学思潮的综合影响使这一时期文坛最为活跃,各种文艺理论、流派都被介绍,作家们也在进行各种试验,且不管其成功与否,起码见识了文学的各种形态。""其中文化心理结构学说对我写人物有重大的启发。恰好这时在构思《白鹿原》,它就派上用场了。以前苦恼的是不知怎样塑造传统理论中的典型人物,这多难啊!中国现代有几个作家创造出典型？没有几个。柳青的梁三老汉算一个，鲁迅也不过创造了一个阿Q。而且总觉得中国人的典型让古典的四大名著弄完了，像莽撞的李逵、智慧的诸葛亮等。我们还能写出什么呢？好长时间为典型困扰，写不出。可文化心理结构救了我，使我找到了写人物的途径。心理结构成了我解析白嘉轩、鹿子霖、田小娥等人物人生密码的钥匙。"（陈忠实《陈忠实文集》第9卷，人民文学出版社2016年版，第533—535页）

8月27日　下午，参加白鹿书院与西安碑林博物馆的文化联谊活动。联谊会在西安好世界大酒店二楼举行。西安碑林博物馆党委书记强跃、陕西白鹿书院常务副院长、《小说评论》杂志副主编邢小利，《当代陕西》副编审、副主任祁光来以及书法界、工商界三十余人出席了联谊会。联谊会由原韩城市副市长邢建民主持。碑林博物馆党委书记强跃向白鹿书院赠送了碑林名拓《孔子画像》。陕西白鹿书院院长陈忠实向与会人员赠送了《白鹿原》。

8月　《寻找属于自己的句子——〈白鹿原〉创作手记》由上海文艺出版社出版发行。

此前，《小说评论》杂志连载《寻找属于自己的句子——〈白鹿原〉写作手记》一共连载了12期，刊出该书的前十六节内容，本年9月20日出刊的《小说评论》第5期又连载了《寻找属于自己的句子——〈白鹿原〉写作手记·后记（续完）》。

9月9日　晚上，在荞麦园会见万科集团杂志编辑记者吴应美并接受采访。

9月10日　于二府庄写成随笔《说"我"》。该文谈谈关中方言关于"我"的读音，以及以方言说"我"时外地人的惊诧和模仿，进而谈到方言与地域的历史与文化。

9月11日 晚上，在西安高新区瑞成中国酒楼，与几位外地来的作家和本地几位作家聚餐交流。有福建作家施晓宇，湖南作家阎真，甘肃作家杨光祖，本地作家有薛宝勤、徐子心、黄建国、邢小利、张艳茜、刘炜评等。

9月25日 于二府庄写成言论《难得尽在传神处——读杨稳新国画》。刊《时代人物》2011年第8期。

9月26日 中共陕西省委常委、宣传部部长胡悦到西安石油大学的陈忠实工作室"二府庄"，慰问陈忠实，共贺新中国成立60周年，给陈忠实颁发了纪念章、慰问金和慰问品。陈忠实给胡悦及随行（包括记者，有八九人）每人赠了一本签名、盖章的《寻找属于自己的句子》，说书刚出版，送给大家表示感谢。

9月 《寻找属于自己的句子——〈白鹿原〉写作手记·后记（续完）》刊《小说评论》第5期（9月20日出刊）。

本月 于二府庄完成对话《也说思想——答〈南方周末〉张英问》。

陈忠实说："对于当代长篇小说的研究和讨论，一直都在持续着"，"在诸多观点和诸多因素里，有一个主和次的判断，在我看来，主要在于思想的软弱，缺乏穿透历史和现实纷繁烟云的力度"。"思想似乎沾惹到政治，说到政治，似乎又很容易招惹令人厌恶的极"左"或平庸的教条。我想应该早就排除极"左"政治的阴影了，尤其不能把极"左"政治等同于政治，不能因噎废食。富于理论高度和深度的政治，是一个国家和民族命运的光明之灯。应该从对极"左"政治的厌恶情绪里摆脱出来，恢复对建设性的政治的热情。既然作家都关注民族命运，就不可能脱离系着民族命运的政治。""作家的思想还不完全等同于政治,这是常识。作家独立独自的思想,对生活——历史的或现实的——就会发生独特的体验,这种体验决定着作品的品相。思想的深刻性、准确性和独特性,注定着作家从生活体验到生命体验的独到的深刻性。这也应该是文学创作的常识。"(陈忠实《陈忠实文集》第9卷,人民文学出版社2016年版)

10月15日 于二府庄写成言论《方言散谈——〈都市方言辞典·陕西卷〉序》。

10月25日 上海文艺出版社副总编、《小说界》主编魏心宏来西安公干,晚上在荞麦园请其吃饭交流。邢小利、仵埂、季风等参加。

魏心宏席间说:

官场看谁大,艺术界看谁高,教育界看谁对。(邢小利补充:商界看谁钱多。)

陈忠实早几年,晚几年,都写不出《白鹿原》。恰在那个时候写了,生命的巅峰时刻,把握住了。此后,体力、心力、精力都不支持了,就难以写出超越此作的作品。到英国,看到马尔克斯的自传《活着为了讲述》,觉得很好,眼前一亮。想到老陈,觉得老陈可以写一部自传,将是不同凡响的。其他人写,不一定有价值,老陈写,有价值。他这样的作家,只此一个。时代不可能倒退回去再创造这样一个作家。(邢小利补充:陈忠实只能是他所在的这个时代才能有,以前不会有,以后也不可能有。)

韩少功也是一个了不得的作家。他的《马桥词典》写语言,时代对语言的变更。这种意识在中国作家中是少有的。韩少功还会有大作品出来,他现在伏着。他是一头猛兽。

不是好的作品就能畅销,畅销的并不一定是好的作品。现在有很多反常的现象。散文,怎么也轮不到余秋雨,但余秋雨最火;小说,怎么也轮不到海岩,但海岩的小说卖得火;讲历史,也轮不到易中天,易中天是学中文的,但易中天火了。

现在的书,也像电影一样,卖的是档期,档期一过,也有人看,但过气了。

书的销售,首先是看作者的名气,名气排第一,第二是写什么,第三是怎么写,第四是出版社,第五是宣传,第六是出版社的营销手段。

我拿一本书,主要看有什么卖点:有无媒体关心的热点,有无政治上的热点。

张艺谋让新画面董事长张伟平在北京遍请电影评论家,开了一个张艺谋电影作品研讨会,这些评论家在会上大骂、大批张作,不拍电影的批评拍电影的。临走时,给每人一个大红包,里边装了一两万现金。这些批评家从此再不批评张艺谋了。

10月27日　魏心宏致信邢小利,谈及陈忠实说:

陈老师是我多年的朋友,也是我敬佩的中国作家之一。

陈老师在五十岁的年纪,在中国改革进入到关键时期的时刻,一举写出了旷世之作《白鹿原》,现在事过境迁,我们更能看清楚这件事情的意义,那就是,陈老师作为独具才华和魄力的作家,在那个时代转变的关键时刻,感受到了时代对文学的召唤,抓住了犹如白驹过隙般的闪烁机会,写下了这样一部可以留存下去的伟大杰作,将时代对历史对现实的思考相对固定在这个版本上,这是老陈的功劳,也是当代中国文学的功劳。

10月31日 于二府庄写成谈论戏剧《大树西迁》(陈彦编剧)的文章《感知一种真实的精神高尚和情感丰满》。

11月3日 早上,打电话给邢小利,讲北京的评论家雷达最近多次给他打电话,有时一天打几个,说北京有一家公司,要把《白鹿原》拍成电影和电视剧,请张艺谋做导演,张已答应。陈说《白鹿原》拍电影和电视剧这个事,电影西安电影制片厂弄了个半截子,据说剧本芦苇写好了,但又撂到那里了;电视剧赵安的公司(光中影视公司)一直要拍,以前把剧本都写好了,还讨论过,但几年下来,项目上边还没有批。后来他干脆给提这事的人说,我可以给人家写一个认可书,谁把准拍证拿下了谁拍,前后给几个人都这样说了。赵安前一阵子还找他,想继续弄这事,还让他给李长春写信。他说,他写信不好,李长春同意了万事皆好,万一不同意,反而把路都堵死了,以后谁都弄不成了。现在雷达催得很紧,昨天晚上还急电,要他今天表态。他还说,张艺谋中早期的电影作品还好,后来形式主义的东西太多,特别是《满城尽带黄金甲》,没有内容。雷达说张艺谋已给这家公司答应做导演,以前由于为奥运会工作,没有时间,最近刚拍了一个电影(《三枪拍案惊奇》——笔者注),有空档。陈忠实说他犹豫不决,问邢的意见。

此前几天,西北大学的张阿利打电话给邢小利,说北京一家公司要拍电影《白鹿原》,问相关情况。邢当时打电话给陈,陈说,国庆前芦苇急着要见他,说厂里(西安电影制片厂)决心再弄这事,陈说他当时有事，芦苇当时也只有当天有时间，就和芦苇说好国庆节后再说，但现在也没有音信。

陈说，他觉得赵安为这事前后费了好多力气，现在给别人觉得有所亏欠赵安。还有省财政厅一个小伙子，说有一家公司能弄成准拍证，他也写了认可书，但这都没有约束力，现在那个小伙子也是一点儿音信都没有，他想给小伙子打电话问问情况，因未存电话也没办法。

邢边听边思考，后来说：我觉得这是一个比较好的机会。张艺谋能导演，最好不过，对《白鹿原》的推广极为有利。因为，张目前还是中国最有影响力的导演，世界级的大导演。而且，张艺谋经过艺术追求和票房追求两个阶段以后，特别是后一时期所拍电影，有不少争议，张艺谋应该有所反思。何况，张还是一个有追求的导演，他应该知道《白鹿原》的价值和分量，也许在创作思路上有所调整。退一步说，一个经典作品，还可以由不同的导演进行不同的阐释，以后也还有机会再拍。再说，雷达是朋友，对作品又有精到的把握，由他做文学顾问，应该不会有太大的问题。所以，我觉得这是一个很好的时机，可以做这事。雷达提出要签合同，这是一般规律，没有合同，公司不好运作。

陈说那他就同意把《白鹿原》电影拍摄权给雷达说的公司。

下午，打电话给邢小利，说《西安晚报》记者让他给《西安晚报》题词，问"眼观六路"的下句，邢说是"耳听八方"，他说"六路"已经把"八方"概括了，就改成"耳听天地"吧。

11月7日 于二府庄写成散文《再说盗版和盗名》。该文写《白鹿原》等书被盗版和自己的名字被盗用于他书等情事。刊11月18日《西安晚报》。

11月9日　雷达将拟拍《白鹿原》电影的美锦公司情况简介以电子邮件的形式发给邢小利，邢打印出来，下午送陈忠实。

11月15日　根据已有的创作谈梳理、修订的《从生活体验到生命体验》，全文5600字，由白鹿书院工作人员打成电子文件，交邢小利将全文及陈忠实简介发给中国作协创作研究部李朝全，李朝全编辑（《中国图书》英文版特邀编辑）后，由专家翻译成英文，发表在国家新闻出版总署信息中心编辑出版的《中国图书》（英文版）本年冬季刊。中文节选文字（1370字）发表在中国作家出版集团主办、2013出版的《长篇小说选刊》特刊第11卷。中文全文发表于《南方文坛》2017年第5期。

11月23日　晚上，应邢小利之请，与高艳国等一起在荞麦园吃饭交流。高是山东德州一企业家兼文学作者。席间，高请陈为其所编《鲁北文学》题字，陈题：既随物以婉转，亦与心而徘徊。解说用的是刘勰《文心雕龙》中的话，认为前一句讲的是生活体验，后一句讲的是生命体验。

11月24日　于二府庄写成言论《少年笔下有雅韵——〈胡雪诗集〉读后》。刊《延河》2010年第2期。

11月28日　写成言论《用生命的体验思考生命的价值——我看〈死囚牢里的陪号〉》。该文系为徐剑铭长篇纪实小说《死囚牢里的陪号》写的评论，后改题名为《用生命的体验思考生命的价值——〈死囚牢里的陪号〉序》收入人民文学出版社十卷本文集。

11月30日　于二府庄写成散文《原或塬，是耶非耶》。该文考说关中地区如白鹿原等原地"原"字的正确写法。刊12月16日《西安晚报》。

11月 与李遇春访谈录《关于〈白鹿原〉中的人物形象塑造问题——陈忠实访谈录》刊《语文教学与研究》第31期。

12月2日 晚上，在朱雀门外的黄鹤楼酒店参加文友举行的欢迎《小小说选刊》主编杨晓敏聚会。钟法权、黄建国、秦巴子、芦芙荭、刘立勤、陈毓、陈敏、邢小利等参加，陈、邢除外，其他作家都是写小小说或兼写小小说的作者。席间，陈忠实对陈毓说，你的小小说写得很不错了，可以写点儿长的。杨晓敏听了有些激动，谈小小说的价值，说文坛对小小说读得少，没有发言权。陈说他说的是文坛的现实，现实是大家都重视长的，要获得重视，就得写长的。黄、秦站在杨的立场说话。争论中，邢一直没有说话，后来说，你们各说各的，其实不矛盾，但论题不在一个焦点上，一个是说小小说的价值，这个谁都不能否认，一个是说现在的文坛，掌握话语权的和专家学者重视的是长一些的，觉得有分量。多元社会，多元价值，各有各的道理。

12月3日 晚上，同邢小利在西安小寨的小花茶秀喝茶，商谈一些事宜。

邢谈的事是：一、陈著《寻找属于自己的句子——〈白鹿原〉创作手记》要不要开一个研讨会。陈说，人多了成了打哄哄，谈不好；人少了，请谁不请谁得罪人，难弄，所以先不开。二、陕西人民出版社孔明约邢写陈的"评传"，孔明和出版社领导曾同陈谈了一次，陈不赞成，陈不赞成所有为他写传和写评传的事。陈认为传要真实，但现在谁都做不到真实，那么写出来的必然是片面的陈忠实。邢谈了三点，一是传和评传有区别，传属史的范畴，越翔实越丰富越好，评传还属于文学研究，是把作家的作品与作家生平、地域历史文化和社会时代背景结合起来的一种全观照层面上的研究。二是研究者可以根据现有已经正式发表的资料写评传，陈本人无法阻止。评传也好，传也好，陈自传也好，都可以写，可能会各有特色。这是正常的。三是出版社对这本书很重视。邢本来也早有此计划，六七年前对就陈说过，一晃六七年过去了，有紧迫感。但这些仅供陈参考，不希望对陈造成压力，请他酌情考虑。陈说他考虑两天。

陈说的是：某评论家对某作家说，陈忠实对你某一部作品的评价过高，实际上是想通过高扬你来压某某某；又说，陈给你指的这条创作道路（指正面描写现实社会——笔者注）是错误的、过时的、行不通的。陈说他为此很憋气，喝点儿酒，和邢聊聊，散散心，同时嘱邢不必言及他人。

12月10日 于二府庄为孟建国诗集《黄楼吟》写成序文《精神高蹈之履痕，坚实行走的伴唱——〈黄楼吟〉序》。后以《精神高蹈之履痕坚实行走的伴唱》为题刊2011年6月17日《文艺报》。

12月12日 拟定会议主题并参加白鹿书院举行的"新世纪第一个十年的文化状况与文学状况"研讨会。研讨会由邢小利主持。参加研讨会的还有周延波、邢小利、段建军、田刚、张志春、畅广元、朱鸿、杨明琪等，会议纪要于2010年3月26日以《新世纪第一个十年的文化与文学状况》为题刊《各界导报》。最后总结发言说：

下午听了各位的发言，各抒己见，很有启发。当初和小利商量好的设想，达到了目的。当初为什么要提这个题目？我意识到，新世纪的十年又过完了，应该有一个基本的认识。媒体对当代文学的言论，可谓百家争鸣，百花齐放。之所以用"双百"，是说明文化经历了健康发展的一个过程。像我这样经历的人，面对现在文学杂志表达的各种理论，在过去是不可想象的。有些东西不能写，但实际很多作品都写了，比如"文革"。能达到文学创作和言论的自由，应该说，是我所经历的最好阶段。尽管我们还有更广泛的要求。

即将开始新十年的时候，我们文化经历了什么，文学经历了什么，文化文学呈现什么状态，我很想听不同的观点。通过今天的交流，我也是受益者。文化取得的成绩，文学取得的成绩，各位谈到的现象、意义和感受，和我有很多相同的感受。把这十年，在我们心中留个底，就好看后来了。《白鹿原》不属于这十年。刚才有人提及时，我就想说。田刚总结的三句话："神的文学，人的文学，兽的文学"，还真的概括了近几十年来文学的表象。你举例说，红色电影里枪毙英雄人物，拿枪毙人的人反倒被英雄人物吓得倒退，我看惯了，都麻木没有感觉，我接受神的文学已经习惯，从心理到生理的，的确，那个镜头不合理。包括段老师讲的大家都认可。没想到朱鸿是富于理性的人，原来认为写散文的人是感性的。他确实是在思考文化文学，思考社会。畅老师不用说，谈严峻的忧虑。张老师是民俗专家，角度新奇。所以，觉得今天会开得好，为新世纪十年提供了理论支撑，很多信息，填补了我的空白。咱们是民间文化平台，可以自由讨论，唯一可以确保的是不寻后账。以后要有机会，对有普遍性的话题，多交流。这种交流很有必要。谢谢大家的发言。

12月15日 于二府庄为申宝峰文集《黄楼吟》写成序文《难得豪情又柔情——〈贺兰踏阙〉序》。

12月17日　下午,打电话给邢小利,说同意让邢写他的评传,强调了两点:一、"多写与创作有关的,不要关注那些尿得多了还是尿得少了那些琐碎事";二、"放开写,大胆写"。邢同时打电话把此消息转告孔明,孔明很高兴,说找时间请陈吃饭。

12月19日　晚上,在西安大唐芙蓉园参加肖云儒70华诞活动。会上发言(2010年8月31日于二府庄据发言记录稿重写。刊《秦岭》杂志2010年夏之卷):

说给云儒三句话

云儒过70岁生日,各界人士拥集,场面庞大而又热烈。对于一个大半生都从事原本属于冷寂的文学评论工作的人来说,足以见得社会影响的广泛,远远超越了文学界。云儒约我说话,正中我表现欲念,连任何客套都不曾发生,我便踊跃而出,瞬即形成三句话,说给云儒。

第一句话,云儒是我的老师。这话不是客套,更不是恭维,而是真实的事实。

上世纪(二十世纪)六十年代初,西安市群众艺术馆为文学爱好者搞文学讲座,我是虔诚的一个听众。周六下午走到纺织城东边的水沟村,花两角钱在农民的家庭客店歇脚,天不明起身赶到西安聆听各种选题的讲座。约略记得是那年春末夏初的一个周日,我在讲堂里看到了走上讲台的肖云儒,竟然由惊诧而瞬间浮出悲哀沮丧的情绪来,概出于他那一张脸孔。不单是那张脸的俊气,关键在那张脸所标示的太过年轻的年龄,看去好像比我还要小几岁,我的沮丧以至悲哀便发生了,这样年轻的人登上讲台作讲座,而自我感觉比他还长过几岁的我坐在台下接受他的文学启蒙，还梦想搞文学创作，未免太晚了……

我还是耐心听讲。他的讲题是《散文散谈》。就是在这次讲座上，我亲耳聆听到他对散文这种文体的概括——"形散而神不散"。这句堪称精湛的概括，在我一遍成记。我那时正学习散文写作，这句话便悬在心中。几十年后的今天，云儒关于散文的"形散而神不散"的概括，不仅随处被人引用，也已成为学界公认的关于散文写作最精到也最传神的概括，似可称为肖氏语录。而这样精准的概括，是他在20岁出头的年纪作出的，足见其学养之不俗，以及横溢的才气。

我视他为老师，源出于此。尽管见面握手时直呼其名，老师的印记一直悬在心中。

新时期文艺复兴潮头伊始，陕西应运而出一茬青年作家，作品引起整个文坛的关注。几乎与此同时，陕西的中青年评论家组成一个纯民间性质的"笔耕"评论组，紧盯着刚刚跃上新时期文坛的这一茬陕西青年作家创作的变化和发展，对他们的作品进行品评，对他们的创作起到了促进作用。云儒是"笔耕"评论组年龄偏轻却最敏锐的评家，他的笔锋触及每一个作家的作品，赢得了作家们的钦服和敬重。我也是受益者之一，不仅在他肯定意见所给予的鼓励，更在（他）对作品弱点的严肃的批评。记得我的《信任》获1979年全国短篇小说奖时，得到的几乎是一口腔的称赞，猛乍听到他毫不掩遮的批评，而且是甚为致命的否定性批评。他不管你获什么全国奖的影响，而且是在一个小型创作座谈会上正对着我说的。我虽然没有申辩，却基本不予接受。直到几年又几年之后，自我感觉实现了一次又一次创作突破之后，我才一次又一次更深地理解了他的批评。确实说来，是一个生活真实与艺术真实的老话题，也是创作的一个大命题。我在上世纪（二十世纪）70年代末，对于创作的理解和感知，尚不能理解他的批评；反之，他对文学创作的理念和审美，超出了我当时的接受的可能性；当我后来的创作有所突破，大约才一步一步接近了他的那个文学理念和审美准则，钦佩便发生了，敬重也就是很自然的事。

听到也看到一些看人看脸却不看作品成色甚至掂红包轻重的评论的传闻，常会想起仁兄云儒直对着我面的毫不口软的批评，愈觉难能可贵。隐藏在心中30年的这第二句话，在仁兄庆贺70华诞的场合说出，在我算得是一个最恰当的机遇。

第三句话，是我刚刚意识到的，即云儒已经进入人生的又一个新的境界：达观。

生日庆典仪式的同时，云儒的散文随笔集《雩山》首发。我先读《雩山》自序，直感便是云儒已进入达观这种人生的高境界。我觉得尤为难得，人活七十现在并不难，难得的是进入生命体验里的达观境界。

我约略可以看到抵达达观境界的一条途径，从文学评论形成广泛影响之后，即到新的世纪伊始，他的言论已经不再局限于文学作品，而是涉及社会、政治、经济、文化、历史和现实，完全成为一个视野宽泛且有独立见解的学者。说来有趣，每当有机缘听他发言，或在报刊上看到他的文章，还有电视上听他侃侃而谈某个话题，都是一种新颖的理念，敏锐的思维；甚至刚刚流行的新鲜词汇，在他说来如道家常。在我这个受众的感觉里，既有对新理念的启蒙，也有新鲜语汇的普及……这种情景里，我突然会意识到，我还是近50年前坐在《文学讲座》讲堂里的听众，是学生；他依然是登上讲台讲演的先生，老师。差别仅仅在于——

云儒已是进入达观境界的人了。

12月 《在陕西省图书馆建馆一百周年馆庆典礼上的讲话》刊《当代图书馆》第4期。

2010年 68岁

1月2日 上午,参加白鹿原"西园生态"开园仪式。路上,对同行的邢小利讲,他最近接受《南方周末》记者采访,谈作家思想问题,认为作家的思想与体验的深度有关。

1月9日 出席陕西省作家协会在西安丰庆公园举办的女作家辛娟长篇小说《月亮背面》研讨会。雷涛、贾平凹、肖云儒、冯积岐、李星、畅广元等参加了研讨会。

1月13日 于二府庄写成言论《我们没有史诗,是思想缺乏力度》。该文谈长篇小说的史诗性与思想力度的关系。

1月16日 于二府庄写成关于吴三大、罗国士书画联展的言论《珠联璧合说吴、罗》。

1月23日 参加在西安市长安区举行的纪念《创业史》发表50周年座谈会,座谈会由陕西省作家协会和陕西省柳青文学研究会联合主办,会上谈了读《创业史》的回忆和感想。畅广元、邢小利、董颖夫等百余位作家、学者以及各界人士出席会议,共同缅怀柳青这位中国当代作家,并对《创业史》的文学价值和社会价值进行了深入研讨。

晚上,打电话给邢小利,问他今天会上的发言合不合适,有没有不妥之处。然后说,他只说了他读《创业史》的过程,对《创业史》如何喜爱,没有对柳青和《创业史》进行评价。邢小利说没有感到不妥,大家反响很好,认为很真诚,也很恰切。陈忠实说:

在柳青面前,我不敢胡张。(笑了笑)

前边有畅(广元)老师对柳青和《创业史》的很有理论深度的分析评价,我不好再说其他的话,就只谈了我读《创业史》的过程和感受。虽然这些话我在不同的文章中都涉及过,但这一次比较集中。

现在文坛上对《创业史》有争议,我也看过一些,有的是部分否定的,有的甚至是全部否定的。我觉得,我读《创业史》的理解和感受,《创业史》对当时中国农村社会和农民的反映,基本上是真实的。它写出了那个时代的真实。我读《创业史》的时候,已经上初三了,对世事基本上有了自己的感知。(二十世纪)五十年代初,农民对于合作化,基本上是真诚地拥护,积极地加入。我家里很穷,家里最值钱的东西,就是养了一头大黄牛。入社的时候,我父亲就把那头大黄牛拉到社里去了,是心甘情愿的。农业合作化的最初几年,农民的积极性很高,农业也连续几年普遍丰收。这是真实的情况。我那时已经记事了。现在有些人说,毛泽东和共产党一开始就是想害农民,这不是真实的情况。毛泽东当年,对农村、对农民、对合作化,是认真地关心的。毛泽东关于合作化的许多批示,有的几十字,有的长达几百字,都是毛泽东在有关文件上的批示,后来收入《中国农村的社会主义高潮》一书。合作化发展到后来的人民公社,它的最后失败,有两个运动极具破坏性,一个是"大跃进",一个是农村"四清"运动,"大跃进"胡整,吃食堂,大大损害了刚刚发展起来的一点经济,"四清"运动则把一大批农村基层干部整垮了,最后到了"文化大革命",一发不可收拾。我觉得,合作化运动应该说是一个在实践过程中因种种原因失败了的运动。如果像现在某些人说的,是毛泽东和当时的一大批共产党人主观上要故意地坑害农民,这不是历史事实。对《创业史》不管怎样评价,我认为,柳青当时是写出了那个时代农民和农村的真实状况。它首先不是虚假的,或者说不是有意地要搞假大空。

同日　根据会议记录整理完成随笔《我读〈创业史〉》。刊白鹿书院院刊《秦岭》2009年冬之卷(该期《秦岭》因故延期出刊)。又以《〈创业史〉对我的影响》为题刊5月9日《中国文化报》。

2月6日　由中央和省内主流媒体联袂推出的2009年度"陕西最具文化影响力人物"评选活动在西安揭晓。陈忠实等五人被推选为"功勋人物"。

同日　晚上,应董颖夫之约吃饭,同席的有省工商联主席冯钧平,长安区的兰喜吉、郭育民、董颖夫,西安的邢小利、阎建滨。

2月12日　腊月二十九,北京《中华英才》编辑刘冬梅回西安,晚上应约一起吃饭。同席的有邢小利、仵埂、方英文、朱鸿、谢强等。

2月　《诗性和谷,婉转与徘徊》刊《文学界》(专辑版)第2期。

3月8日　于二府庄写成言论《难得一种渴望性阅读——〈黑河〉读记》。该文评说王安泉所著《黑河》一书。黑河是发源于秦岭主峰太白山的一条河,是西安的重要水源,《黑河》系陕西省渭河水文化研究丛书之一种,该书从自然、人文和经济等方面叙说黑河。刊《延河》第6期。

3月11日　致信何启治:

老何:

您好。

先向您郑重道歉,文稿寄得迟了。

现将有关问题说明如后——

1.经再三考虑,最后确定以《陈忠实散文》"精选本"为主体,你要编的是"点评本",所以不存在版权问题。这个"精选本"版权页上注明30万字,是误记,实际只有十五六万字,我认真计算过了。所以再增补一些篇章。

2.将"精选本"的三辑增为四辑。A第一辑无变动。B将"精选本"第二辑和第三辑凡打√的篇目调入增编的"点评本"第四辑。C为"精选本"三辑增添8篇文章。D"点评本"新增第四辑为"我的行走笔记",由"精选本"第二、三辑中打√的篇目(8篇)和新添的7篇组成,我已排出全书共四辑目录,您会一目了然。

3.字数大约二十万,如若超出出版社规格,您酌情减掉某些篇章。

老何:请您随性予以点评,我将等待您的高见。

祝愉快。

3月13日　早上,打电话给邢小利,讲电影导演王全安的一个公司昨天找他,说电影《白鹿原》的拍摄许可(拍摄许可权在西安电影制片厂，由于各种原因，未能拍成）已获国家广电总局同意延期至明年。此前，邢小利于本月10号在省广电局参加全省影视工作会议，局领导任贤良说，《白鹿原》影视剧题材不能流失，要求省内有关公司抓紧筹拍，邢小利打电话给陈忠实，曾询问《白鹿原》电影拍摄情况。陈忠实回答说北京即评论家雷达介绍的公司想拍《白鹿原》电影，找他，没有弄成，因为陕西省委宣传部不同意外地公司做。陈说他是第一个知道此事，邢是第二个知道此事，让邢对王全安的剧本把一下关（邢为陕西省广电局影视剧专家审查组成员），原来的剧本粗话太多。

  同日 于二府庄写成散文《仅说一种本能的情感驱使》。该文写与《陕西日报》的情感关系，在作者的写作生涯中，获得过三项国家文学奖，其中两项（短篇小说《信任》和报告文学《渭北高原，关于一个人的记忆》），都是在《陕西日报》发表的，是报社编辑约稿或邀请合作促成。刊3月25日《陕西日报》。

  3月15日 打电话让邢小利与在法国的《白鹿原》法文翻译邵宝庆联系，问翻译进展如何。

  邢小利与邵宝庆用电子邮件联系：

邵宝庆先生：
  新年好！
  陈忠实老师让我问您，您翻译的《白鹿原》进展如何，今年能否出版？有关方面让他填一个表，他要给人家一个较为准确的说法。
  谢谢。

邢小利

邢老师：

　　您好！

　　对不起，早该联系，但是总是想给陈老师一个惊喜，所以拖下来了。

　　我的第一稿已经完成，现在正在检查，同时不断传给出版社，只剩下最后的两三章了。

　　出版社审过以后，还要打回给我再审，然后再送回给他们再审，最后送技术部门定稿。他们还没定下肯定的出版时间，但还是明年比较保险。

　　我过几天给陈老师打电话。请先代我向陈老师问好。

　　谢谢。

邵宝庆

邵宝庆先生：

　　好！

　　信收到了，我明天给陈忠实老师回复。谢谢你，辛苦了！请多保重身体。

邢小利

　　3月18日　晚上，应朱鸿约去长安吃苞谷糁面。同席的有：邢小利、刘路、田措施、强沫等。强沫带了一瓶茅台酒，各人都喝了一点儿。

　　3月26日　中共陕西省委宣传部、陕西省作家协会在西安雍村饭店举行隆重仪式，为陕西从事文学创作60年的老作家颁发荣誉证章、证书，全省共有杨韦昕、贺抒玉、毛锜等18位老作家获此殊荣。中共陕西省委常委、宣传部部长胡悦，中共陕西省委宣传部副部长刘斌，陕西省作家协会领导陈忠实、雷涛、李文泰等出席了会议。

3月27日 出席在西安举行的陕西省重大文化精品项目"西风烈——陕西百名作家集体出征"新闻发布会。该项目由中共陕西省委宣传部、陕西省新闻出版局、陕西省作家协会、太白文艺出版社共同组织实施。中共陕西省委宣传部副部长刘斌，陕西省新闻出版局局长薛保勤，陕西省作家协会党组书记、常务副主席雷涛以及肖云儒、李星等三十多位作家出席会议。

3月《钟山》杂志在第2期上刊出"30年10部最佳长篇小说"投票结果，为盘点30年(1979—2009年)长篇小说创作的成就，《钟山》杂志邀约12位知名评论家，从纯粹的文学标准出发，投票（公开）选出他们认为最好的10部作品并简述理由，排名第一位的是《白鹿原》。

4月9日 早上，到三兆公墓送别于4月5日逝世的陕西省作家协会原副主席、文学评论家王愚。

王愚，又名王倍愚，1931年生于陕西省西安市，祖籍陕西省旬阳县。中共党员。1949年在西北军政大学军政学院、艺术学院学习。1950年，西北军政大学艺术学院改为西北艺术学院，王愚在该院文学部学习。1950年10月，由于工作需要，王愚被提前调出，到西安市文学艺术界联合会工作，从事曲艺改革，并开始写作，写宣传破除迷信和歌颂抗美援朝的唱词，也写影剧评论。1956年任中国作家协会西安分会《延河》杂志理论编辑。"反右"时遭受不公正待遇，被流放、判刑。1979年彻底平反，重回《延河》月刊，历任理论编辑、评论组组长。1984年起创办并历任陕西作家协会《小说评论》副主编、主编。1993年在陕西省作家协会第四届会员代表大会上，当选为陕西省作家协会副主席。1955年开始发表文学评论文章，先后出版文艺评论集《王愚文学评论选》《人·生活·文学》《新时期小说论》（合著）、《当代文学述林》以及评论、散文合集《也无风雨也无晴》《心斋絮谈》《落难人生》等。

  同日　《文艺争鸣》编辑朱竞来西安开会。晚上，邢小利在荞麦园请朱竞吃饭，应邢之邀与朱竞见面吃饭。同席有作家朱鸿、评论家仵埂和陕西师大美术学院院长胡玉康等。

  4月15日　西安市作家协会召开第四次会员代表大会。吴克敬当选为西安市作家协会主席。杜爱民、张长怀、穆涛、陈长吟（兼任秘书长）、何群仓、商子秦、杨乐生、郭兴文、马其昌（炳煌）、杨莹当选为副主席，贾平凹、叶广芩为名誉主席。

  同日　于二府庄写成散文《热情率性与悄没声息——王愚印象》。以《王愚：热情率性与悄没声息》为题刊5月28日《文艺报》，以《热情率性与悄没声息——王愚印象》刊《美文》第7期。

  4月21日　因青海玉树地震，国务院公告，为表达全国各族人民对青海玉树地震遇难同胞的深切哀悼，国务院决定，2010年4月21日举行全国哀悼活动，全国和驻外使领馆下半旗志哀，停止公共娱乐活动。中午，打电话给邢小利，说灞桥有几个老朋友晚上想约他一起吃饭，但他想起这一天是举国哀悼日，不让搞娱乐活动，问邢吃饭能不能去，他不想惹事。邢说，吃饭应该是可以的，娱乐活动指唱歌、看演出一类。陈说，就吃个饭。听了邢的解释，陈说"我知道了"。

  4月25日　于二府庄写成对话《作家都在思考这个时代——答〈江南〉杂志黎峰问》。以《每个作家都在思考这个时代——

对话陈忠实》为题（作者：黎峰）刊《江南》第4期。该对话有如下话题：一、《白鹿原》每年都在印刷；二、为自己造一部死时可以垫棺做枕的书；三、行政级别的升迁对我诱惑甚微；四、每个作家都在思考这个时代。

4月30日　于二府庄写成散文《我经历的狼》。该文回忆在自己的生活经历中遇到狼的故事。刊《江南》第4期。

4月　写成对话《作家要有使命感——答裔兆宏问》。以《作家要有使命感——对话中国作家协会副主席陈忠实》为题，刊6月25日《文艺报》。

5月7日　中共陕西省委宣传部批复，《延河》文学月刊社领导班子组成人员如下：顾问陈忠实，社长雷涛，主编贾平凹，执行主编阎延安，常务副主编张艳茜，副主编姚逸仙。

5月14日　晚上，与众朋友在荞麦园吃饭聚会，提议，一是给从美国回来的王仲生先生接风，二是和朋友热闹热闹。有王仲生、畅广元、邢小利、董颖夫、仵埂、方英文、刘炜评、段建军、马玉琛、朱鸿、吕刚等参加。

5月18日　于二府庄写成散文《大智慧者的人生选择——忽培元印象》。刊6月21日《文艺报》。又以《大智慧者的人生选择——我看忽培元》为题，刊7月29日《光明日报》。

5月25日　上午，陪中国作协萧惊鸿、李东来，中央电视台《大家》栏目周文福上白鹿原，参观陈忠实文学馆和白鹿书院，后到西蒋村老家。

5月29日　下午，陕西省新闻出版局举办的读书月活动期间，应太白文艺出版社邀请，和叶广芩到西安小寨万邦书城与读者见面互动。主持人提了一个问题，请陈忠实和叶广芩分别回答。问题是：对你影响最大的是哪一本书？陈忠实先回答，他想了想说，是柳青的《创业史》，说《创业史》他前后买了读，读了丢，一共有九本，到后来对内容已经烂熟于心，再读，只是随便翻到任一页，就很有兴味地读下去。叶广芩回答说是纪晓岚的《阅微草堂笔记》，说她小时候，从家里的柜子里翻出来的，就是这本书，然后就很有兴味地看了下去，很喜欢。

6月5日　于二府庄写成评论牟玲生《躬行集——我的回忆录》的文章《感知躬行者的履迹声响》，刊11月14日《陕西日报》。又以题为《从讨饭娃到省委副书记》刊《时代人物》2011年第1期，《牟玲生从农家子弟到省委副书记——〈躬行集——我的回忆录〉阅读笔记（连载三）》刊《时代人物》2011年第3期。

6月11日—7月12日　于二府庄陆续写成随笔《十九届世界杯足球赛点评》十二则。

6月26日　白鹿书院举办"中国书院与当代中国社会"学术论坛。因病未能与会。

会议主持人邢小利在论坛开始致辞说：

各位专家、各位嘉宾：

大家早上好！

首先，我代表陕西白鹿书院，代表我们书院院长、中国作家协会副主席陈忠实先生，向莅临今天会议的各位专家、各位嘉宾、各位媒体朋友，表示热烈欢迎和衷心的感谢！

需要特别解释的是，我们书院院长陈忠实先生，本来是要到会并主持会议的，这次会议的召开和这次会议的议题都是他亲自拟定的，参加这次论坛的各位专家和嘉宾，也都是他提名和出面邀请的，但非常不凑巧的是，他这两天因住医院做手术，这个手术今年年初就开始与医院方面协调预约，原计划上个月底做，但因院方原因，不迟不早，就卡在了这两天。所以，陈忠实先生委托我，让我代他，向德高望重的尊敬的张岂之先生、尊敬的畅广元先生、尊敬的方光华先生，向远道而来的尊敬的邓洪波先生、闵正国先生、金绍菊先生、马力华先生，向在座的各位尊敬的新老朋友，第一表示诚挚的感谢！第二表示深深的歉意！第三向各位作个解释，陈忠实先生特别嘱咐，请大家不用担心，这个手术是个小手术，他眼睛旁边长了些小赘物，我们觉得蛮有魅力的，他觉得有碍观瞻，所以这个"面子工程"一直成了他的心病，不做不行，关键是时间不巧卡在了这两天，请大家谅解！第四是再三叮嘱我们工作人员，一定接待好各位专家、各位嘉宾和各位媒体朋友。

国内思想文化专家、学者和书院文化专家、学者，国内各大书院及陕西一些著名书院的山长或负责人云集白鹿原，参加由陕西白鹿书院举办的"中国书院与当代中国社会"学术论坛。文化思想史学家、清华大学教授张岂之，陕西省教育厅副厅长、西北大学中国思想文化史教授方光华，西安思源学院院长翟轰，陕西白鹿书院常务副院长邢小利，岳麓书院教授、湖南大学中国书院研究中心主任邓洪波，江西白鹿洞书院管委会主任闵正国，江西白鹿洞书院国学院研究员金绍菊，北京七宝阁书院院长马力华，横渠书院负责人、张载纪念馆馆长张世敏，以及畅广元、耿占军、刘炜评、段建军、仵埂、朱鸿、张志春、杨明琪、韩鲁华、陈长吟、柏峰、赵德利等近五十位专家、学者参加了此次论坛。与会专家、学者和书院负责人就书院与当代中国社会这个议题进行了广泛而深入的学术研讨，纵论古今，比较中西，从历史、文化、思想以及现代学术的创新和发展诸方面对书院进行了全方位的分析和探讨。会议发言踊跃，且有争论，迟至下午6时50分才结束。传统书院在当代社会兴起的历史、时代和文化的深层原因，传统书院怎样与现代社会接轨并焕发新的生机，书院在当代中国社会有着什么样的价值和意义，如何继承和发扬书院的特有功能，是与会专家、学者议论的焦点。自主办学、各有特色、学者治校、学术自由、有教无类、启发学生，注重修德和向社会开放，这些中国书院的历史经验，都很有现实意义。

主持人邢小利在会议简短结语中说：

谈点会后感受，不是总结。一、是感动。原想天热、会长，大家可能难以坚持。今天天凉，天助我也，但没有想到大家都坚持到了现在，而且不刹车这个会还完不了。特别是张岂之先生，八十三岁高龄，原想着可能只参加半天，没有想到张先生参加了全天，而且还一再坚持让大家都发表意见。真是感动。谢谢！谢谢大家！二、今天有争论，非常好。大家争论激烈的程度，到了后来，连我这个主持人都插不上话了，你来我往，抢着发言。刚才畅广元先生讲了朱熹与陆九渊鹅湖之辩的美谈，古有鹅湖之辩，今有白鹿原之争，各位朱熹和陆九渊们回去，重温今天的争论，想必会有更上层楼的收获。三、现代书院，是每一个文化人的文化想象和文化理想。现代书院的路怎么走，走了之后才知道。但，有目标，这个目标就是我、你、他，我们白鹿书院，你们岳麓书院，他们七宝阁书院，在听了各位的高见之后更加坚定了自己的关于书院的文化想象和文化理想。四、白鹿书院，只是搭建一个平台，它不仅仅是陈忠实的，也不仅仅是我邢小利的，也是大家的，是每一位在座发表高见的院士的，是天下每一个文化人的。天下兴亡，匹夫有责，书院兴亡，院士有责，文化人有责。

7月23日　下午，在西安思源学院拍摄关于人文教育的录像，西安思源学院用于招生宣传，题目是"文学大家陈忠实畅谈大学人文教育"，邢小利、杨明琪参加。晚上在丰庆公园北门一侧的飘香酒楼与文友聚餐，有刘建军、段建军、邢小利和日本访问学者盐旗伸一郎参加。段和盐下午去白鹿书院和陈忠实文学馆参观。

从白鹿原下来时，同乘一车的邢小利问陈忠实家族情况，陈对于曾祖父和祖父的名字一时想不起来。晚饭时想起来了，席间告诉邢说：

曾祖父陈嘉谟，祖父陈步盈，父亲陈广禄。上有一姐、一哥，下有一妹，他排行为三。还说，他之后，母亲还生了五六个弟妹，但都夭亡了。其中多亡于当地乡村所言的"四六风"，即出生后第四天生病抽风，第六天夭亡。今天看这个病，其实就是破伤风，因为那时农村接生，是用没有消过毒的剪刀剪断脐带，如果剪刀上带有破伤风病菌，就会感染破伤风，第四天发病，第六天死亡。另有一弟是五六岁时夭亡的，应该是亡于肝炎，他说他记得很清楚，弟弟那时浑身发黄，甚至黄到透明的程度。还有一个妹妹也是五六岁时因病死的。母亲说他"克性"大，一连克死了他五六个弟妹。

7月26日　连日参加陕西省文联的换届会，晚上约渭南作家李康美在荞麦园吃饭，电话约邢小利也去。席间对邢小利说，陕西省文联的换届会上,省委宣传部部长胡悦对他说要看看白鹿书院和文学馆。

7月28日 于二府庄写成散文《毛乌素沙漠的月亮》。该文回忆1985年夏,同陕西一批青年作家,在陕北榆林召开"长篇小说促进会"期间,有一天晚上在毛乌素沙漠里搞篝火晚会的情景。沙漠里的月亮又大又圆,诗人子页突然提议和他结为兄弟,两人就在月亮下的沙漠里跪拜盟誓。刊《文学教育(上)》第11期。又刊《西部大开发》2016年第5期。

8月8日 于二府庄写成散文《我经历的鬼》。该文回忆生命历程中遇到的一些诡异之事。特别写到当年参加高考,作文题有两个,一个是"雨中",一个是"说鬼",前者是记叙文,后者是论说文,他本来擅写前者,却鬼使神差,选了后者为题,结果竟然没有写完。"看着监考老师从我桌上收走考卷,我连站起来的力气都没有。我走出考场和设置考场的中学的大门,看到街道上熙熙攘攘的人群,这时才意识到已经尿湿裤裆了。""后来自我检讨,之所以选择我并不擅长的论文体去写'说鬼',原是出于一种错误的判断;之所以发生判断的失误,说穿了是自作小聪明所致成;再扎实说来,是不无投机心理的。我读高中的二十世纪六十年代初,有一本名为《不怕鬼的故事》的书,不仅风靡全国,而且成为高中生的必读物,是政治课的补充教材。后来才知道出版并要求党政干部和高中以上学校师生阅读这本书的社会背景,既有国际因素,又有国内因素。国际关系中,兄弟般的苏联和中国,矛盾已发展到不可调和的面临翻脸成仇的地步,视苏联为修正主义,简称'苏修'。修正了马克思列宁主义的修正主义的代表人物赫鲁晓夫,被喻为鬼。国内的背景是'庐山会议'关于'大跃进'、大炼钢铁和人民公社造成灾难的事，持这种观点的彭德怀被定为右倾机会主义者。右倾机会主义者也是鬼。无论赫鲁晓夫，无论彭德怀，两大事件尚没有向国民公开，先以打鬼运动造成舆论。我那时候似乎在私下里隐隐听到点风声，便自作聪明地选择了论文'说鬼'的题目，以为正合拍于社会的大命题，肯定要比'雨中'这类抒情的叙述文更切社会热点……不料却栽倒在'说鬼'上。那个年代的高考语文试卷，问答题占60分，一篇作文占40分。我的作文无疑为0分，我便觉得完了。"（陈忠实《陈忠实文集》第10卷，人民文学出版社2016年版，第52页）该文后以《我经历的"鬼"事》为题刊《海燕》第10期，又刊《散文海外版》2011年第1期。

8月9日 于二府庄写成言论《话说陕西人》。该文为听了省上领导在省文联一个会议上的讲话之后写的谈论陕西人地域共性的文章。

8月12日 晚上，在白鹿书院参加白鹿雅集。此次白鹿雅集，由白鹿书院常务副院长邢小利主持，学者畅广元、王仲生、张志春、仵埂、刘炜评、段建军，作家和谷、渭水、周养俊、史飞翔、高亚平、王向力，以及画家巨石，《各界导报》主编张魁，太白文艺出版社社长党靖，太白文艺出版社副总编辑韩霁虹等文化界、教育界、艺术界的三十多人和西安思源学院的三百余名师生参加。

同日 于二府庄写成对话《作家生命的意义在写作——答〈辽沈晚报〉陈妍妮问》。

8月14日 于二府庄写成言论《简说柏峰散文》。刊9月13日《西安日报》。

8月18日 于太原写成对话《自我定位，无异自作自受——和中国国际广播电台邱晓雨谈话》。对话有如下话题：《白鹿原》

之前的写作都是练笔;定义自己:自作自受;不同的人离开这个世界的方式和途径都不一样;白鹿原上最难写的朱先生;让作者落泪的田小娥;土茅房把日记一页一页撕下来烧成灰;爱好和生存,生存总应该是第一;谁也不可能跨越当时那个时代;知青题材背后的城乡差别;问我能不能跨越《白鹿原》,我不敢保证;我想去看一下杜甫,给他送一斗小麦;始终把握性描写的准则;我喜欢赵本山的小品。

8月26日 接受英文《中国日报》记者采访。

8月27日 于二府庄写成言论《想起了杰克·伦敦》。该文由《西风烈——陕西百家作家集体出征》出版工程谈起,以美国作家杰克·伦敦如何对待生活和创作的经历和精神(内容取自欧文·斯通著《马背上的水手——杰克·伦敦传》)勉励青年作家。刊9月23日《人民日报》,后作为太白文艺出版社《西风烈——陕西百名作家集体出征》丛书序。

8月31日 于二府庄写成言论《说给云儒三句话》。该文是在肖云儒七十寿辰庆贺活动上的讲话,三句话是:"云儒是我的老师",云儒作为批评家对他的直面批评让他受益而且难能可贵,云儒已进入人生的达观境界。刊白鹿书院院刊《秦岭》夏之卷。

8月 散文选集《在河之洲》由广东出版集团广东教育出版社出版,何启治点评。

9月2日 打电话给邢小利,说他的一个灞桥朋友认识一位大学教授,有藏书,拟与书院交易,要邢接洽。3日邢见陈说的二位,一位是陈的当年同事,叫寇连锁,曾与陈忠实在农业中学同过事;一位姓杨,说有藏书一万五千种,两万多册,拟与白鹿书院合作,办一个藏书楼,搞文化商业活动。

9月3日　下午,打电话给邢小利,说告诉邢一好消息,《白鹿原》电视剧被批准可以拍了,是赵安的公司(西安光中影视有限公司)办的。

9月4日　于二府庄写成言论《老到少年陈奕博》。该文是对少年陈奕博散文随笔集的点评。

9月8日　于二府庄写成谈论钟镝其人及其书法与篆刻的散文《感动一种决绝》。

9月22日　中秋节,晚上到白鹿原上参加西安思源学院新学期开学典礼。

9月26日　接受中央电视台《大家》栏目组周文福一行三人采访。早上去白鹿原,在北坡边上接受采访。中午到白鹿书院,书写1992年夏词作《青玉案·滋水》,录像后将词作送周文福。中午去蓝田县,去档案馆看牛兆濂撰《蓝田县志》,录像后在茂盛饭馆吃蓝田小吃。蓝田县委书记、县长等作陪。下午去灞桥区郭李村李君利家录像,陈忠实1989年8月曾在此写《白鹿原》第十二章。

9月27日　随《大家》栏目组回西蒋村。傍晚到西安石油大学住处,拍《白鹿原》手稿。

9月28日　《大家》栏目组采访王翠英、李下叔、李星。李星说,《白鹿原》完稿后陈忠实请他看,陈忠实后来"咋只记住了'事情咋叫咱给弄成了'这一句,我还说了三个预言。这三个预言后来都实现了。第一个是你不用找评论家,评论家会来找你;第二个是十年之内没有人能超过你;第三个是《白鹿原》能得茅盾文学奖"。栏目组周文福第二天即29日把这话说给陈忠实,陈忠实呵呵笑着,说,好像说过,但当时只深刻地记住了"事情咋叫咱给弄成了"这一句。

9月29日　下午，去白鹿原，请华阴老腔剧团一行十人，在田野里录像。晚上，在雍村饭店为《大家》一行三人送行。

同日　于二府庄写成谈论雷涛毛笔字的文章《独得一笔活字》。

9月30日　于二府庄写成评论陈若星散文随笔集《夏花秋叶》的文章《探索与创造者的礼赞》。

10月3日　晚上，与邢小利乘西安至北京T42次火车，次日抵北京。

10月4日　抵天津。天津文联副秘书长、《文学自由谈》主编任芙康到车站迎接。

10月5—7日　在天津参加文友和文化活动。一行人有蒋子龙、赵玫、任芙康、胡平、胡殷红、舒婷、邢小利等。

10月15日　于二府庄作诗《致魏明伦》。

10月23日　到位于西安灞桥的二炮工程学院参加该校教师作家韩怀仁长篇小说《大虬》研讨会并发言。

10月　《〈白鹿原〉小说叙述语言的自觉实践》刊《商洛学院学报》第5期。

本月　"当代陕西文艺精品"之《白鹿原》由人民文学出版社、太白文艺出版社联合出版，此版本为1993年6月北京第1版，2010年10月第1次印刷。印数：2000册。定价：65.00元。责任编辑：刘稚、邓积仓、陈昕。

11月6日　到泾阳安吴堡与电影《白鹿原》剧组人员见面。导演王全安全程陪同。与饰演白嘉轩的张丰毅、饰演鹿子霖的吴刚等以及群众演员见面。

11月20日　参加西安工业大学人文学院举办的"陈忠实文艺创作思想研讨会"。晚上与电影《白鹿原》田小娥扮演者张雨绮见面。

11月21日 参加"陈忠实文艺创作思想研讨会"的全国各地代表四十余人到陈忠实文学馆参观,在文学馆接待,后陪同代表们到老家西蒋村参观。

11月22日 在国力仁和为中央电视台《大家》栏目组周文福、曹鹤饯行。席间,说到处女作问题,说他1965年初在《西安晚报》发表了一个写老贫农忆苦思甜的快板书,更早一些,1958年在《西安日报》发表了一首新民歌:"粮食堆如山,钢铁入云端。兵强马又壮,收复我台湾。"至今记得,但题目忘记了。但他把这些都不算处女作,觉得散文《夜过流沙沟》比较"正经""像样",一直称之为"处女作"。又聊到读书,谈对《水浒传》的印象是:前边写鲁智深、武松、林冲等人的情节觉得还好看,后面主要写怎么把一些有本事的人"日弄"(陕西关中方言"哄骗"的意思——笔者注)上梁山,给人"挖坑",不是逼上梁山了,就觉得没有意思,没有好好看。

11月27日 于二府庄写成阅读商洛山村教师董淑珍长篇回忆录《槲叶山路六十年》的言论《回首山路,槲叶依然灿烂》。后从文中选取部分文字,以《精彩到堪为经典的细节》为题,刊12月29日《文艺报》。

12月4日 参加在西安举办的关中大儒牛兆濂生平暨遗世墨宝展。牛兆濂系《白鹿原》中"朱先生"的历史原型。中共陕西省委宣传部副部长晏朝,陕西省作家协会主席、西安市文联主席贾平凹等出席了开幕式。

牛兆濂(1867—1937),字梦周,号蓝川,蓝田新街镇人。清末民初名满关中的一代大儒,理学家、教育家和社会活动家,被誉为继北宋张载之后的"关学第一人"。有关他的种种事迹广泛流传于蓝田以及关中民间。陈忠实曾说过："小说是虚构的艺术，《白鹿原》中其他人物都是虚构的，但唯有白鹿书院的朱先生是有原型的，其原型是人称'牛才子'的牛兆濂。"小说《白鹿原》中，关于朱先生为劝退升允八旗军、赈灾济民、主持禁烟、规劝军阀刘镇华等事迹，都取材于牛兆濂的生平事迹。牛兆濂逝世后，陕西各界进行了隆重悼念，遗体安葬在蓝田县城郊外的五里头村芸阁学舍后边的山坡上。

题为"一代儒宗，百世楷模"的展览为期三天，内容由三个部分组成，分别为：牛蓝川先生生平展、牛蓝川先生遗世墨宝展、"关学"人物展。内容汇集了牛蓝川先生生平事迹、书法作品、历史资料、传世著作以及多种遗物，生动形象地表现出这位陕西近代史上的传奇人物充实而丰沛的一生。"关学"人物展是对"关学"这一传统学术流派的全景式回顾。

遗世墨宝展展出的六十余件手札中，基本为牛兆濂在成为举人后30年间与家人的家信，虽然纸页已经泛黄，但保存完好。同时，还有首次面世的牛兆濂当年参加科举考试的试卷，这份试卷并非"手写体"，而是印刷体。西安文理学院文学院教授蔡光澜讲，这是当时科举考试后的一种普遍做法——将每届考试最优秀者的文章挑选出来，以印刷体印刷后的试卷（朱卷）留给后届考生作为"复习材料"，"只有很少考生的试卷能享受到这种待遇，地位有点儿类似于如今的全国优秀作文范文。"

12月8日 参加在西安举行的第二届柳青文学奖颁奖会，柳青文学奖由陕西省作家协会主办、陕西省柳青文学研究会承办。获得本届柳青文学奖的优秀长篇小说奖：叶广芩《青木川》、冯积岐《村子》、马玉琛《金石记》、张兴海《圣哲老子》、党益民《石羊里的西夏》、高鸿《农民父亲》；优秀中篇小说奖：吴克敬《状元羊》；优秀散文奖：和谷《还乡札记》、高建群《西地平线》、王蓬《中国蜀道》、刘亚丽《一地花影》、杜爱民《马语》；优秀诗歌奖：成路《雪·火焰以外》、薛保勤《青春的备忘——一个知青的往事追怀》、远村《浮土与苍生》；优秀文学理论评论奖：沈奇《沈奇诗学论集》、梁向阳《当代散文流变研究》、仵埂《小说的伦理精神》、赵德利《陕西文学苦质精神的遗落与重铸》；荣誉奖：徐剑铭、喊雷、王峰；文学新人奖：范超、梦野、吴文莉、王春、丁小村、杨则纬。

12月19日 参加安黎长篇小说《时间的面孔》研讨会并发言。同日将发言草成《一方独特的艺术风景》一稿，后于2011年2月6日修改完成，刊《创作与评论》2011年第5期。

12月20日 写成对话《没上大学是人生的遗憾——与西安工业大学人文学院院长冯希哲对话》。

12月25日 写信给中央人民广播电台文学编导叶咏梅，祝贺其编著的《天籁文库：中国长篇连播历史档案》出版及该书座谈会成功举办。

12月26日 写成评论张艳茜散文集《城墙根下》的文章《思考与思想，是精神活力与精神脊梁》。刊《文艺报》2011年6月22日。

12月 创作谈《性与秘史》刊《商洛学院学报》第6期。

2011年 69岁

1月6日 去陕西合阳县看望电影《白鹿原》剧组。看了电影场景"白鹿村"和"白嘉轩家",两者不在一处。见到张丰毅、张雨绮、段奕宏等和扮演"白灵"的演员李梦。这一天,合阳的农村特别冷。

1月8日　中央电视台10频道播出《陈忠实——寻找白鹿原》上集。

1月15日　中央电视台10频道播出《陈忠实——寻找白鹿原》下集。

1月　《寻找属于自己的句子——〈白鹿原〉写作自述》("大家自述史"系列之一),由北京大学出版社出版。

本月　"语文新课标必读丛书"《白鹿原》(节选本,24万字)由吉林出版集团时代文艺出版社出版。

本月　与章学锋访谈录《寻找属于自己的句子——陈忠实访谈录》刊《语文教学与研究》第1期。

2月26日　晚上7时30分至9时30分,应中共中央政治局委员、国务院副总理王岐山之邀,在丈八沟陕西宾馆交流思想与文化。

2月　创作谈《从感性体验出发的生命飞升旅程》刊《商洛学院学报》第1期。

3月5日　晚上,应西北大学校长方光华之请与张岂之先生、西北大学一些领导和老师聚餐并交流。方光华提出拟与陈合作在西北大学建书院,陈委婉地说,弄那么多没有什么意思;杨乐生教授说他们办的档次高,陈说此事以后再议。

3月30日　于二府庄写成关于陈彦著作《说戏》的言论《说者与被说者,相通着的境界和操守》。以《说者与被说者,相通着的境界和操守——读〈说戏〉》刊《新文学评论》2012年第1期。

3月　言论《中国需要全新的文化建构》刊《时代人物》第3期。

4月14日　在陈忠实文学馆接受凤凰卫视许戈辉采访。

4月25日　于二府庄写成关于《我的读书故事》的阅读随感《一次探秘性阅读》。《我的读书故事》收录了陕西近四十位作家、文学评论家和学者写的读书回忆文章，由西安财经学院《西安财经报》约稿并刊该报，后由西安财经学院教师严琳编辑成书，陕西出版集团陕西人民出版社于本年6月出版。

5月1日　晚上8时30分，凤凰卫视播放了由许戈辉主持的《名人面对面：陈忠实，文学是一生无法摆脱的"魔鬼"》。

5月4日　于二府庄写成散文《两株玉兰树》。该文写种在老屋院子里的两株玉兰树，其成长过程和带给自己的心理感受。刊《文苑（经典美文）》2018年第7期。

5月12日　下午，接诗人舒婷上白鹿原，先在白鹿书院交流，后在白鹿原上参观，晚上在白鹿原北坡樱桃沟吃"农家乐"。吃"农家乐"时，与来西安参加活动的山东作家张炜电话相约，次日早上请他到白鹿书院一叙。

5月13日　早上，本想亲自去接张炜，因山西作家葛水平与张炜同车来，小车坐不下，就先去书院等候，让邢小利带车去大雁塔东边的唐华宾馆接张炜。张炜、葛水平到白鹿书院，高兴迎出，热情握手，然后在院子里喝茶聊天。白鹿书院请仵埂、王春、张瑜娟等评论家和作家一起交流。邢小利介绍了白鹿书院。张炜讲了万松浦书院，请大家有时间去万松浦看看。闲谈中，张炜和陈忠实共同忆起了路遥，说到了1984年3月，他们参加中国作协在河北涿县召开的"全国农村题材创作座谈会"，在那个会上,路遥的发言给他们的深刻印象。张炜说,路遥在大会发言中说,"'万元户'中也有坏人",写"万元户",可以写他们的好,也可以写他们的坏,这个话给他印象很深,因为当时的"万元户"还很少,全国正在宣传"万元户",路遥这么讲,与舆论宣传是唱不同的调子。张炜说,在接下来的场合中,比如在饭桌上,他就听到好几个领导对路遥的这个讲话大为不满。陈忠实说,他当年对路遥大会发言印象最深的是路遥讲,"我不相信全世界都要养澳大利亚长毛羊"。因为澳大利亚有一种长毛羊,品种好,正在推广,路遥借"澳大利亚长毛羊"这个比喻,来说当年文学上的现代派主张,认为现代派可以搞,但现实主义也应该有自己的立足之地,不能"全世界都要养澳大利亚长毛羊",让"澳大利亚长毛羊"一个品种独行,而扼杀世界上一切羊的品种,在当时文学上的现代派呼声甚高、行情看好的时候,这个说法,一方面给人提供了关于文学走向上的另一种思考,另一方面也显示了路遥独立思考、敢于发言、不怕别人说他"土"的艺术勇气。

喝茶闲聊了两个多小时,接着陪张炜和葛水平到书院各处参观。张炜看到白鹿书院编辑出版的书和杂志,很感兴趣,一边翻看一边称赞很有意义。到了书房,请张炜给白鹿书院题字。张炜略一沉吟,用毛笔在宣纸上写道:"来到白鹿书院,心里非常激动。我回到万松浦,将努力学习之,争取更上一层楼。其志向固有,今朝又得催发。不到原上,不知天之阔,地之厚。与忠实文兄谈,真人生之大妙也。张炜。"

中午,在家乡白鹿原北坡的樱桃沟请张炜、葛水平吃"农家乐",关中饭。

5月30日　于二府庄写成散文《原上原下樱桃红》。该文写白鹿原立夏后樱桃成熟季节的热闹情景，灞桥区域白鹿原这块地方农民的生活，樱桃引进新品种大面积种植的历史，抚今忆昔，抒发感慨。刊7月9日《人民日报》。

6月11日　上午，在白鹿书院陈忠实文学馆接待全国政协专题考察组一行。

6月20日　于二府庄写成散文《敲响城门的远方乡党》。该文写与东干族安胡塞等人见面的情景，安胡塞是哈萨克斯坦陕西村的村长，文中述及东干族当年逃亡中亚和后来在文化与心理上回归祖国的故事。刊《人民文学》第9期。

6月30日　于二府庄为曹军华的文集《朱雀门下》写成评论《难得敏捷与坦诚》。

7月15日　《白鹿原》法文翻译邵宝庆来信：

陈老师您好！

很久没有联系，实在抱歉。因为相当长一段时间，关于《白鹿原》法语版，出版社没有消息，所以不知道怎么向您汇报。现在比较明朗了，可以向您通报一下进展。

现在出版社已经找到了一个人对我的法文译本进行加工。按照目前的情况，到今年秋天有希望完成，然后明年五月出书，这样法国暑假的时候，人们可以看上。

现在估计法文版将在800页左右。

出版社也注意到了《白鹿原》改编的电影正在完成，但估计可能不会马上发行到欧洲，否则他们也许会尽力加速吧（不过我觉得如果在秋季能改完已经不容易了）。如果电影方面有新的情况，希望您也能通知我。

另外，我去年三四月份给您寄去了一份译稿，请您帮我向人民文学出版社打听一下。现在我的看法是，如果他们不愿意出，有没有其他的出版社会感兴趣。前两年曾有一位西北大学的老师在我们这里，我请她看过我的译稿，她认为还比较流畅。所以斗胆提出这个想法。请您为我参考一下。

祝您身体健康，工作顺心！

同日　于二府庄为灞桥陈瑞华所编《孙蔚如将军诗词与书法》书稿写成序文《马蹄溅落的诗行》。

7月18日　此前与邢小利商定，由邢小利写《陈忠实评传》。让邢提出一些问题他回答。邢小利书面提了以下问题：

1.陈老师，再过不到一个月的时间，也就是8月3日，就是您整69岁的生日了。按中国人的传统习惯，70岁大寿一般提前一年庆贺。孔子说："七十而从心所欲，不逾矩。"这个话说的是，人到了70岁的时候，随心行事也可以不逾越规矩了，这说明自己的内心有了坚定的尺度。这个尺度的确立和坚守，想来并非一日之功，而应该是生命长期历练的结果。您的人生经验非常丰富，您在从心所欲之年，关于生命、关于人生，有什么样的体会或者是概括？

2.陈老师，有一个问题，我一直想问您。多年以来，关于作家的品质，有人强调生活，有人强调想象，有人强调技艺，也有人强调耐心。我注意到，在许多公开的场合或谈话中，您都强调，对于一个作家来说，人格非常重要，思想非常重要。我现在想问的是，您的"思想"是什么？

为了把我的这个提问表达清楚，我想展开来说一下。我这里所说的"思想",指的是一个人对于个人、对于社会和对于世界的基本态度和看法。您谈文学、谈文学中涉及的某些思想时,有一些与思想有关的发言,这些发言是有意义的,但感觉不是那么完整和系统。在您人到七十"不逾矩"的时候,您能不能反思、归纳一下您的"思想"状况,给我们一个较为清晰的回答或者说法。这个"思想"的状况,对于您这样一个历经70年人生沧桑和时代风云的人来说,应该不是一个"静止"的状态,而可能是一个"动态"的过程,但"动"中也会有"静",所谓万变不离其宗。您能不能描述一下您的思想轨迹,人生各个重要阶段的基本观点,以及今天的想法。这对您也是一个定位,我们也便于更深入地了解您。

我想再扯开一点,以便把问题说清楚。在我看来,影响我们中国人的,包括当下的影响,似乎可以归纳为五种思想资源。这五种思想资源,来自中国传统的,是儒、道、佛(禅)三种。历朝历代都有一些时期或一些人,对儒、道、佛泼以污泥浊水,从而使之在一些人眼里,形象斑驳难辨,但其基本要义,还是清晰的。根据我的理解和体会,儒家主要探讨的是人与自己、人与他人和人与社会的关系问题。人与自己,强调的是个人道德修养,比如"仁",比如"学为好人"。人与他人,就是我们常说的伦理,比如"孝"。中国传统社会主要是专制制度下的人治社会,因此非常强调人的因素,强调个人的道德境界,认为只有好人才能有好的政治,人民也才能有好的生活。人与社会的关系,强调的是人的承担精神和责任意识。道家主要探讨的是人与自然的关系。认为人法地,地法天,天法道,道法自然,因此,人应该"顺其自然"。道家所言的"自然",不是我们今天所指称的人与社会之外的物质世界,"自"是自身,或言自在的本身,"然"是如此,或言当然如此,换句话说,"自然"就是"本来的样子"。"自然"包括天与地,也包括人的内心。道家强调人要"顺其自然",自然而然,不要刻意地人为,所以道家也主张"清静无为"。有人概括说儒家主张"入世",是"积极"的人生态度,道家主张"出世",是"消极"的人生态度,这个说法,只有片面的正确性。佛(禅)家主要探讨的是人与自己内心的关系。佛家主张人要放下一些杂念和尘累,获得智慧,成为"觉悟"的人。道家与佛家的思想,与作为道教与佛教的宗教活动,有一定的联系,也有区别,我们这里只说作为思想的道家和佛家,不谈宗教。十九世纪末二十世纪以来,传统的中国社会在风雨飘摇中日渐解体,人们在呼唤一个现代性的中国的诞生。在这期间,来自外国的主要是西方的两种思想,被引进和传播,也被不同的人所接受。其中一种思想主张以斗争和革命的方式,铲除社会不公,取得政权,实行无产阶级的专政。这种思想关于个人的要求是,服从以至献身,服从统一的意志,献身伟大的事业。另一种思想是强调人道情怀,尊重自由价值,认同民主政治。这五种思想资源有的互相对立,也有的互相补充,有的互相渗透。这些思想相互激荡,相互碰撞,此消彼长,或显或隐,但都共同存在着。一方面,在不同的历史时期各自发挥着不同程度的影响力;另一方面,对不同的人群产生着不同的影响力或者说号召力。当然,不同的时代和个人也在历史的进程中,不断地丰富着和进一步"塑造"着这些思想资源。

  我想问的是,您的思想观念,您的文化立场,归属于或者说倾向于哪一个或哪几个思想资源?或者,您有自己的另外的表述?

  3.作家作品研讨会是文学活动的一个重要方式,曾被人大加赞赏,也曾被人诟病。您的创作活动贯穿了整个新时期,您及您的作品也曾或集体性的或单独的被研讨会研讨,请您介绍一些您和您的作品较为重要的研讨会,并谈谈您的感受和评价。

4. 从您的一些自述中,可以看到您对文学的认识有一个变化的过程,最初是兴趣,接着是企图以之改变个人的命运,其后是作为改变或影响当下社会现实的工具,再后是对"民族秘史"的探寻,50岁以后您又说文学只是一种个人的兴趣,您对文学的追求和理解都经历了哪些阶段和变化?这些变化与时代精神和个人心理有着怎样的关系?

5. 在您的文学生涯中,最痛心和最难以超越的创作障碍(个人心理的、个人艺术素养的、意识形态调控的知识系统、生活本身的局限等等)是什么?您是如何面对的(请结合具体创作详述)?

6. 70年来,您的生活中肯定曾经遇到过人们常说的那种"坎儿",您当时是如何认识这些"坎儿"的,如何迈过?如今再回首这些"坎儿",您的认识又是怎样的?

7. 您是从新中国成立前过来的人(尽管在新中国成立前您还年幼),然后经历了新中国60余年的变化和发展,您能否描述一下您所观察到的和感受到的中国人的精神历程?您认为当下中国人精神中存在的最大问题是什么?您的创作历程包括具体创作是如何与中国人的精神状况产生互动关系的?

8. 您对70岁以后的生活有什么打算?您打算以什么样的心态和姿态面对未来的生活?

7月28日 晚上,在雍村饭店与陕西人民出版社编辑韦禾毅等商谈出版文集事,在座的有朱鸿、邢小利。

7月30日 于二府庄写成散文《猜想一根神经》。该文谈文学创作中的"天才"问题,"记不准确是哪一年,我突然意识到,天才当属一根对文字尤为敏感的神经,自然是指作家而言。如果有一根对数字敏感的神经,很可能出脱为一个数学家;如果有一根对色彩和线条特别敏感的神经,这个人就会喜欢画画,成为一位画家;如果生来具备一根对音响十分敏感的神经的男人或女人,很可能成为作曲家或演奏家……余不一一"(陈忠实《陈忠实文集》第10卷,人民文学出版社2016年版,第80页)。刊8月16日《羊城晚报》。

8月4日 应制片方邀请,看电影《白鹿原》样片。3号上午,电话邀邢小利一起观看电影《白鹿原》样片,邢远赴新疆旅游,未能参加。

看后,在制片方组织的座谈会上,陈忠实发表看法:

首先向全安表示祝贺!电影拍得很好,应该是这些年长篇小说改编电影最成功的一部。

这是一部不雷同于我过去看到的任何一部描写这段历史的电影,由于具备了这个个性,这部电影独立存在的价值就有了。

白嘉轩、鹿子霖、鹿三、小娥、黑娃、孝文,这几个主要人物的性格和精神内涵,以及精神负载的东西都出来了。能拍到这程度,把人物展现到这程度,这个电影应该说完成了它的使命。比较秦腔和话剧的改编,电影是最好的。

影片最后几十分钟,对原著改变比较大,尤其是白孝文这个人物。这样处理也可以。这里涉及一个人物,就是枪毙黑娃,我原来担心黑娃被枪毙的戏不敢表现,现在这样处理更简洁一些,凸现的是孝文昧着良心枪毙黑娃。这里有意思的是孝文和他爸,他爸去县政府找他，叫他给黑娃留条命不要杀他，这个情节改得好，凸现白嘉轩的传统品质，应该让老汉多说两句留下黑娃的话。这是凸现白嘉轩精神内涵的一个很重要的情节，对白嘉轩这个人物很重要。

要说不足，一是郭举人家的戏太多了一点，再就是黑娃和囚犯在大牢里吃孝文送的冰糖不太合理；还有最后表现鹿子霖疯了后的胡说乱骂，那些话我听了都害怕；还有方言台词里的一些脏话和表现情欲部分，可再做些修剪。毕竟中国电影还没有分级制度，要考虑让这部电影能够适合大人小娃同时观看才好。

影片整体都很好很震撼，超出了我对这部电影期待和想象。把我的意见、大家的意见，给全安转达一下。当然还是以导演的意见为主。

8月9日 于二府庄写成对话《有关我的创作——答〈黄河文学〉和歌问》。

8月25日 于二府庄完成散文《饭事记趣》。该文回忆过去生活中关于吃饭的几则故事，有饥饿岁月一顿吃了七个蒸馍，有在公社工作时到村子吃派饭的所见所感，有出访美国见到大家分摊餐费的情景和感想。刊《中国作家》2011年第11期。

8月27日 到西安市三兆参加陕西省作家协会创作组原专业作家王观胜追悼会。

9月6日 于二府庄写成散文《我们村的关老爷》。该文写乡村敬祭关羽的民俗。刊10月19日《光明日报》。

9月8日 上午，参加西安思源学院人文学院开学典礼并发表讲话。他说，当年在写《白鹿原》时，他查过白鹿原上的历史资料，关于教育方面，白鹿原上在二十世纪二十年代，始有第一个小学，六十年代始有第一个初级中学，到了九十年代，西安思源学院首先在白鹿原开了现代大学教育的先河，如今原上已经有好几所大学，形成了一个高等教育区域。

同日　下午，由制片方安排，铁凝等在北京观看电影《白鹿原》样片。

在后来由制片方组织的座谈会上，铁凝发表看法：

我很感动，真是一个大作品。小说本身就是一个大作品，读它的时候就有很多的期待，觉得它很值得拍电影。因为它是个大作品，又觉得它很难拍电影，也很难拍得有趣。看完王全安编剧导演的这个电影，我的第一个感受就是，小说是个大作品，这部电影也是个大作品。

影片整体的气象不凡，白鹿原的神秘、宽厚、复杂，让你的视觉不累，三个多小时下来，不仅仅是故事本身，还有综合性的作为电影的那种美，确实能够打动观众。影片具有沉郁、浑厚的气象和博大的情怀。

这是近些年来我看的电影中最成功的一部。对于原著的改编是成功的，原著用文学的语言叙述出来的景象和气象，在电影的语言中也表达得很饱满。我觉得非常不容易。

影片拍得很结实，很讲究，这个讲究是多方面的，每一个画面每一个表演的讲究，都有匠心在里面。整个故事和表达的想法都能看得很清楚。

我也有不满足的地方，比如说田小娥尿鹿子霖脸上的戏，田小娥演得很给力，但是我觉得还不够劲儿。反过来鹿子霖应该一下子火了，甚至毒打她一顿，他的力也不够。这样，田小娥的处境就更能出来，更震撼人。

电影里没有胡乱编造的东西，这种结结实实的东西，这种老实的笨功夫，这样的匠心，值得赞美，全片风格非常统一。

这部电影展现的中国人的形象，跟有些电影自我糟蹋的样子，有鲜明的区别。我想白鹿原上的这些庄稼人，他们有他们的蒙昧和茫然，比如黑娃，人生命运的走向他也不知道走到哪里去，他也不知道跟着谁，所以砸祠堂当土匪；但是那些麦客那些笑得前仰后合的老腔，也有他们劳动的快乐，也有那种尊严，也有那种乐天的坦荡。这一点表现得让我感动。我们现在很多作品包括电影里面，我们的形象都越来越单薄做作，在《白鹿原》里看到的这种中国人的形象，真的让人眼睛一亮，心中坦荡，豪气顿生。

我应该再次祝贺王全安导演，对于中国电影，他挺难得的。

9月17日 赴北京参加中国作协有关会议和文学活动。

9月19日 参加中国作家协会第七届主席团第十二次会议。晚上参加在国家大剧院小剧场举行的第八届茅盾文学奖颁奖典礼。

9月 《看陈彦的三部现代戏》刊《四川戏剧》第5期。

本月 《白鹿原》（宣纸本作家传世珍藏）三卷由作家出版社出版。印数2000册。定价480元。责任编辑：王宝生。

10月9日 写了一幅六尺字送邢小利，说内容是他喜欢的李清照的《渔家傲》：

天接云涛连晓雾，星河欲转千帆舞。仿佛梦魂归帝所，闻天语，殷勤问我归何处。

我报路长嗟日暮，学诗谩有惊人句。九万里风鹏正举，风休住，蓬舟吹取三山去。

又说最喜欢其中"九万里风鹏正举"这一句。

说他最近看了两部书稿,是写他的评传性著作,认为写个人经历意思不大,他这样的经历和比他更苦经历的人很多,只是因了他写作成功才被书写,他不理解。他认为应该写与文学有关的事。邢说:"历史写人,只选择一个典型代表,你就是那个典型代表。你代表了一代人,特别是新中国成立后那一代被扶持被培养的工农兵业余作者,所以写你的经历是对一代人的反映。作为当年的工农兵业余作者,你创作道路的曲折、转变和突破都极具典型性,历史地看,前无古人,可能也后无来者。"

10月18日　晚上,到咸阳与参加王海长篇小说《城市门》研讨会的王蒙会面。

10月20日　下午,到陕西省作协参加陕西省作协党组副书记齐雅丽就任欢迎会。晚上与陕西人民出版社编辑韦禾毅等再次商谈文集出版事宜。

10月21日　下午,到陕西师范大学老校区启夏苑参加由陕西师范大学文学院、陕西作协文学院、陕西作协散文创作专业委员会共同举办的"首届中国当代散文写作研讨会"开幕式。

10月22日　陪云南作协原副主席汤世杰到白鹿书院和白鹿原参观。

10月27日　于二府庄为马安平翻译成英文的陈忠实散文集写成序文《期待交流》。

10月　《陈忠实集外集》印行。此书由白鹿书院、陈忠实文学馆编,邢小利主编。印数3000册。《陈忠实集外集》收入了陈忠实在报纸和杂志上公开发表（其中一篇在内部刊物发表）而从未编入其个人文集的作品。这些作品基本上是陈忠实早期的作品，大多发表于"文革"前或"文革"中后期，包括小说、故事、散文、报告文学、村史、诗歌、快板、电影文学剧本、电视文学剧本以及与文学有关的言论。

本月　《精神"剥离"引发的创作新机》刊《商洛学院学报》第5期。

11月2日　于二府庄写成散文《一个人的邮政代办点》。该文回忆自己成为省作协专业作家后，住在乡间老家，与外界联系的一个窗口，便是距家八里路设在一个军校的邮局代办点，文中写到与代办点那个工作人员"他"多年简单的交往和点滴深刻的印象。刊12月23日《光明日报》。又以《〈白鹿原〉作者深情回忆：一个人的邮政代办点》为题刊《国家人文历史》2013年第23期。

11月4日　下午，参加灞桥区关于筹建陈忠实文学馆等的签字仪式。

11月11日　于二府庄写成散文《依然品尝你的咖啡》。该文是怀念作家、同事王观胜之作，回忆居于乡下时，每次进城到作协，常到王观胜宿办合一的房间聊天，在那里经常碰到路遥等人，听王、路谈文学，聊时事，臧否人物，其乐融融。刊12月7日《文化艺术报》。

11月12日　上午，在西安唐府花园酒店参加骞国政的《国政文选》首发式。

11月17日　按中共陕西省作家协会党组文件中关于党组成员分工安排，陕西省作协名誉主席、党组成员陈忠实分工主管省作协创作组和文学院。

11月18日 下午,乘火车去北京参加中国作协第八次全国代表大会。

11月21—24日 中国作家协会第八次全国代表大会在北京召开。出席会议的陕西作家代表有23人:刘斌、雷涛、王蓬、王芳闻、冯积岐、叶广芩、白阿莹、朱鸿、红柯、齐雅丽、冷梦、吴克敬、张虹、李星、李国平、李康美、陈忠实、莫伸、贾平凹、阎安、梁向阳、穆涛、霍竹山。

11月24日 《文学报》以《何为文学的"大用"?》为题刊发了第八次全国作代会部分代表关于这个话题的"畅谈"。陈忠实的谈话题为《不同的文学都有属于自己的作者和读者》:

在我的理解中,读者读书是一种兴趣,试图去了解一些自己所不了解的事物。而作家们对世界的体验有独特之处,这些体验往往是读者感受不到的。写作者把自己独特的艺术体验表达出来,读者通过阅读,就能得到启示。他们有过的相同经历,或朦胧感觉,被文学点通了。

无论哪种艺术形式的文学作品,都会落在善与恶、美与丑的审视上。颂扬美和善,批评丑与恶,是绝大部分人的共同审美,也是沟通作家与读者之间体验和心灵的最基本要素。这是读者阅读文学作品的最基本期待。就我个人而言,当然希望读到一些揭示纷繁复杂的现状、对生活有一些新的深刻理解的、能振聋发聩的作品,阅读之后能得到启示。这些作品应是中流砥柱。现在有很大一批作家在面向生活进行思考,我们期待他们能写出此类作品。

当然,我们不能要求所有的读者都阅读深奥的、富有文学意味的作品，我们的文坛不能仅有对生活有比较深刻体验的纯文学作品，读者会按照自己的兴趣选择阅读。趣味性的阅读，比如说武侠小说，更多以人物、情节的离奇取胜，其中也有关于美丑善恶的基本审美。这些作品的存在也是有极大必要的。实际上，我们读者的兴趣是多种多样的，作家的表达也是多种多样的。这些不同体验、不同艺术追求、不同表现形式的文学作品，都有属于自己的作者和读者。

11月25日　中国作家协会第八次全国代表大会闭幕，陈忠实连任中国作协副主席。贾平凹为主席团委员，叶广芩、雷涛为全委会委员。

11月27日　与人民文学出版社签订出版《白鹿原》手稿本协议。

11月28日　从北京归来。晚上与文学朋友相聚。西北大学教师刘炜评于25日获悉陈忠实连任后，即赋诗一首，题为《贺陈公连任作协主席》："廿年灞上仰陈公，椽笔远承太史风。为有剥离臻大造，不教心帜愧苍穹。"曾发数位文友。应主持邢小利之请，刘炜评即席吟诵此诗。朋友有和谷、邢小利、仵埂、段建军、刘炜评、冯希哲、董颖夫等二十多人。

答谢时讲到，这次到北京，本来没有想到连任副主席，也想辞。觉得第一次还有新鲜感，自己能当副主席还是荣耀的，现在已连续当了10年，再当，没有特别的感觉了。但是有人告诫他说，中国作协章程规定年满70岁才可退，你现在不能提不当的事，因为还有人像你一样，年龄未到，你开一个请辞的头，弄得别人处境尴尬，会惹人讨厌。听了这个告诫，他就告诉自己，让当也行，让不当也行，反正自己不要多说话。现在已经如此，只好先硬撑着。

12月4日　全国人大常委会副委员长、九三学社中央主席韩启德向九三学社委员推荐陈忠实的《白鹿原》。韩启德主席在九三学社第十二届中央委员会第五次全体委员扩大会议闭幕会上的讲话中说："我在这里向大家推荐两本优秀小说。一本是陈忠实的《白鹿原》。我相信在座的好多人看过这本书。这本小说的故事发生在距离西安不远的白鹿原，那里是最典型的中国农村，描述从清末一直到新中国建立白姓和鹿姓两个家庭的经历。看完这部小说，我对中国的社会结构和治理，对近代中国农村的变迁，对中国传统文化，都有了更深的体会。另一本是几个月前刚出版的王安忆的新作《天香》。……我认为这两部小说都是传世之作，大家值得一读。"

12月6日　晚上，与几位文友吃饭聊天。闲谈间聊到陈早期的小说创作，邢小利说，陈当年被誉为擅长写农村老汉的作家，他的短篇小说《徐家园三老汉》就是这方面的一个代表作。陈说，他当时接触的农村基层干部，多是新中国成立后土改和合作化运动中成长起来的一批干部，文化不高，年龄也都大了，他接触得多，熟悉他们，有生活体验，所以写起来顺手，写女性就差了。邢小利说，你不擅长写女性，是你这方面的生活不够多，体验不够深。陈笑着以为邢小利所言不差。陈说他当年在女性这个问题上，思想禁锢比较多。最初的起因，是他22岁当民请教师的时候，一位男教师，也是民请教师，因触碰军婚犯了男女关系问题，被公安人员在老师开会前抓走，他后来还在校长的带领下给那个货送过铺盖。这个给他印象很深，他就告诫自己：这一生无论干得成干不成什么事，事情干多大干多小也不论，反正，绝对不能在女人问题上栽跤。其他的错误，比如政治上犯不犯错误，这个有时不能完全由自己，但在女人问题上，可以完全由自己掌控。陈说他早期的小说，所写女性形象，一是比较少，二是比较单薄，基本没有引起读者和评论家的注意，后来他有意识地塑造女性人物，这就是中篇小说《四妹子》中的四妹子形象，才引起一点反响。

12月17日 于二府庄为作家党宪宗新作《沉重的回报》研讨会写成祝贺致辞《略说党宪宗》。

12月13日 在西安写信给国家广电总局局长蔡赴朝：

我是陕西作家陈忠实，仅就由拙作《白鹿原》改编电影一事，向您作简要汇报，请拨冗一阅。

电影《白鹿原》于今年初拍摄完毕，经过大半年认真剪辑，已基本确定成型样片，已报贵局审查。我被邀和几位陕西作家看过样片，大家观后颇为震动，认为成就了一部大片。作为小说作者，自然会与别人有更多不同感受，但是受时空限制，尽管有三个小时的播映时间，仍然有两个我用心塑造的人物难以纳入，我只有遗憾了，却也理解电影这种艺术形式的时空制约。但就现已成型的样片而言，电影《白鹿原》把小说的文字具像（象）为立体直观的艺术形象，几个主要人物体现出各自的个性化形象，演绎出上世纪（二十世纪）前50年中国乡村乡民经历的精神和心理的裂变，反映出那个时代里，各个阶层的代表人物在面对革命思潮冲击过程中的文化心理的更新的历程。总体说来，电影的改编和表演是成功的。其中很难得的一点，对共产党领导的乡村革命的表现，不是见多见惯的一般化表现，而是较有深度地从生活到艺术的真实体现。

《白鹿原》电影样片后又在范围不大的几次征求意见的展映中，得到文化圈里的专业人士的基本肯定，评价不俗，包括中国作协主席铁凝和评论家雷达都给予了甚高的评价。我不一一述说。

另，这部电影的改编，已被文化圈内和圈外的普通读者所关注。仅以我个人感知而言，走到处都被问及电影上映的时间，包括不少党政领导干部，都说到电影公映的事，我前不久参加八届作代会，各省来的新朋老友作家，都要问询电影改编拍摄如何，何时可以看到演出。作为小说作者，我深为感沛（佩），各界人士如此关注由拙作改编的电影，不胜荣幸，自然也期望能早日公演。时有各家报纸、电视等媒体相约采访，我均谢辞，在于未得公映之前，不宜宣传，更不要炒作，其中一个重要因素，是对贵局审查意见的至诚尊重。

蔡局长，我诚恳期待您的审查，请您在适当时间过目，如有修改意见，可以直接告诉导演，相信他会认真修改，以臻完美，这无疑是您和剧组完全相通的关键所在，即：有好的电影面世。

您身负重任，在于中国电影创造辉煌，走向世界。我向您表示敬重，也诚表问候。

12月29日 参加陕西省文艺评论家协会、《小说评论》等单位举办的"纪念笔耕组成立三十周年座谈会"。在发言中回忆笔耕组成员蒙万夫，说蒙万夫当年对他写《白鹿原》的构想只谈过一个意见：长篇小说要重视结构艺术。长篇小说如果没有好的结构，就像剔了骨头的肉一样，提起来是一串子，放下来是一摊子。原笔耕组成员及评论家肖云儒、李星、畅广元、陈孝英、薛迪之、薛瑞生、费秉勋、王仲生、李国平、邢小利等以及作家贾平凹、叶广芩、红柯、冯积岐等参加。刘斌、雷涛、齐雅丽等陕西省文学艺术界联合会和陕西省作家协会领导与会。

2012年　70岁

1月10日　于二府庄写成对话《有关体验及其他——和〈陕西日报〉张立的对话》。

1月22日　辛卯除夕，回祖居老屋放鞭炮，祭祖。

2月1日　被聘为西安美术学院客座教授并参加西安美术学院客座教授迎新春茶话会。

同日　长篇小说《白鹿原》法文本译者邵宝庆发来译自法新社2012年2月1日报道：

柏林电影节主办方宣布，中国导演王全安的史诗性电影《白鹿原》最终加入参赛名单。至此，包括十八部电影的名单已经准备就绪。

《白鹿原》这部史诗叙述的是中国几代农民在共产主义中国成立前半个世纪中所经历的动荡。导演王全安于2007年已经凭其《图雅的婚事》夺得金熊奖。

《白鹿原》这部电影改编自陈忠实的同名畅销书。电影节组委会主席迪埃特·考斯里克（Dieter Kosslick）在向媒体介绍电影节情况时说，这部书是"中国现代文学史上最受争议的小说之一"。电影节的举办时间是2月9日至19日。

考斯里克诙谐地说："鉴于中国历史之恢宏，这部电影还是比较短的"。然后说影片约长三个半小时。

王全安2007年获奖的《图雅的婚事》，讲述的是在中国当代农民大批离开农村的背景下，一个牧羊女和其两个丈夫的非同一般的爱情故事。

2月4日　接受凤凰网娱乐版记者采访。

2月9日　接受《长江日报》记者采访。

2月18日　第62届柏林国际电影节闭幕式的柏林时间是2月18日晚，而北京时间则是2月19日凌晨。北京时间2月18日晚上9时刚过，打电话给邢小利，开口第一句话就是："电影《白鹿原》完了。"他讲，"制片人刚才给我发来了短信，估计是从参赛地柏林发来的，说，最后审查通过的电影《白鹿原》片长两小时四十分，故事时间终止于1938年，这样一来，所有的人物都没有了结局，故事情节也不完整了。"对邢小利强调说，"故事时间终止于1938年，那怎么看？后边还有那么多内容！"小说《白鹿原》时间止于1949年。对邢说，制片人讲，"审查了很长时间，今天找这拨人看，明天让那拨人看，提了意见都得改。几个左派审查人员看了两遍，每次都提出不同意见。七改八删，影片已经不能反映导演的艺术构想，现在变成了人物'群像表现'，'群像表现'是媒体评论的话语，因为没有了主要人物，也没有了突出的人物，故事也没有了结尾。男一号是演白嘉轩的张丰毅，张丰毅看了气得先走了，也拒绝接受记者采访。"最后说，"电影《白鹿原》砸锅了！"邢说，"凤凰网有一些关于电影《白鹿原》参赛的采访和报道，我下载了，你看看。"陈勉强笑笑说，"不看了不看了，现在还有啥看的。"说完挂了电话，显得很丧气。

2月19日 柏林时间2月18日晚,第62届柏林国际电影节举行颁奖礼,电影《白鹿原》获杰出艺术贡献银熊奖(摄影)。

2月21日 晚上,与莫伸、商子雍、商子秦、朱文杰等文友在区江生态园聚餐。

同日 于二府庄写成散文《缺失斋号》。该文写自己的工作室没有斋号,文末所注多为"原下""二府庄"这样的字样,不是斋号,而是写作地名,"梳理新时期以来的写作,文章末尾所附的写作地点,依时间顺序是小寨、灞桥、蒋村、白鹿园、雍村、二府庄、原下等等,竟然没有一次注明城市标志的字样"。由此他意识到,他的"潜意识里依然亲和着乡村;尽管住在城市也有不少年头了,却拒绝把什么街什么路什么巷作为文章末尾的写作地点,乐于附上什么村什么寨什么庄这些乡村的名字;这种亲和和拒绝的意向,却是潜意识更是无意识的自然行为。我由此也明白了,我还是一个乡下人"(陈忠实《陈忠实文集》第10卷,人民文学出版社2016年版,第117页)。刊7月4日《西安晚报》。

2月26日 于二府庄写成散文《白墙无字》。该文写自己从小受父亲教育的影响,重做什么而轻说什么,所以没有在房屋墙壁上挂字挂画的习惯,故"白墙无字"。

2月29日 陕西省残疾人作家协会在西安成立。被聘为顾问。

2月 随笔《主编长啥脸杂志长啥脸》刊《时代人物》第2期。文中说:"今天站在这里,我好生感慨!由《时代人物》杂志推出的十个中国绅士,九个都是很切合实际的绅士。只有一个人不像绅士,这一个就是我。我的准确定位,就是一个进了城的灞桥农民,或者说,一个进城的老农民工就是我。一个老农民工跟绅士相差十万八千里,马川硬把绅士这个名号安给我,我姑且领受但下了这个台子,回到家里,我其实仍然还是一个进城的老农民工。"又说:"我常说,一个杂志的主编,他的脸,他的精神,就是他的那本杂志的脸。打开杂志,你就可以看到主编的思维方式,他的精神面貌。或者更形象地说,看一本杂志就看见了主编的那一张脸。"

3月6日 于二府庄写成散文《难忘的一声喝彩——我与上海文艺出版社》。该文记述与上海文艺出版社诸编辑多年来的交往,发表的第一个中篇小说《康家小院》是魏心宏约稿,后刊《小说界》并获《小说界》奖,出版的第一部中篇小说集《初夏》是张贺琴约稿,《寻找属于自己的句子——〈白鹿原〉创作手记》交由修晓林编辑很快出版,表达对各位编辑的感激之情。刊6月11日《解放日报》。

3月10日 评论家朱寨于3月7日在北京逝世,集朱寨著作关键词发悼念朱寨唁电:

沉痛哀悼我国杰出的文学评论家朱寨同志
评论新文学从生活出发感悟与深思
思辨新时期由历史聚焦新潮与思潮

《白鹿原》出版后,朱寨对这部作品写过评论文章,并有较高评价,题为《评〈白鹿原〉》,刊《文艺争鸣》1994年第3期。

3月18日 于二府庄写成随笔《有关〈白鹿原〉手稿的话》。该文由人民文学出版社出版《白鹿原》手稿影印本谈起,谈到《白鹿原》的手稿,说手稿影印本是唯一正式稿,即完成稿。另有一个草拟稿,"草拟稿的写作用意很简单,就是为了给这部长篇小说搭建一个合理的结构框架，因为构思里的人物比较多，时间跨度长，事件也比较多，要让业已跃跃于胸的各色人物展示各自的生命轨迹，结构框架便成为最直接的命题；还有人物的个性化的生活细节，这是我所信奉的现实主义创作的至为关键的要素，一些涉及人物命运转折的重要情节和细节已经在胸，而每个人物一现一隐的个性化行为细节，不可能完全了然于胸，需得写作过程中生发和把握，所以先写了草拟稿"（陈忠实《陈忠实文集》第10卷，人民文学出版社2016年版，第127页）。正式稿送出版社之前，找人复印了一份，正式稿送出版社，复印稿自己保存。《白鹿原》出版半年后，该书责任编辑何启治将原稿交还于他。刊《江南》第4期。又刊《散文》（海外版）第5期。

3月20日　上午，在咸阳参加由中国作家杂志社、中共咸阳市委宣传部、深圳宇宏集团主办的《中国作家》咸阳创作基地暨《中国作家》书画院咸阳分院的揭牌活动。

3月28日　晚上，应邀在曲江一酒家吃饭，陕西师范大学出版社与一些陈忠实研究作者签订出版合同。在座的有邢小利（《陈忠实画传》）、王向力（同时代表王仲生，与王合著《陈忠实的文学人生》）等。陕西师范大学出版社一方有冯晓立、傅功振等。

席间，讲到《白鹿原》参评茅盾文学奖前后的一些事：

《白鹿原》写完后，观察形势不利于出版，也就不着急拿出来。还在写作过程中，已经感觉自己写的这个东西是个啥东西，在当时政治氛围里根本不可能出版，所以改写第二稿，就是慢悠悠的。

1992年一天早上，听广播播邓小平南方谈话，"胆子再大一些,步子再快一些",感觉形势变了,可以拿出来了。

参评茅盾文学奖。据说中宣部丁关根部长对《白鹿原》有指示,有批评。1995年10月,茅盾文学奖初评,在参评的一百多部长篇中,最后筛选出二十余部,进行投票选择。中国作协党组书记翟泰丰坐在办公室等消息,不是等评出,而是等着《白鹿原》没有被评上。后来,《白鹿原》全票通过,评奖办公室主任陈建功向翟汇报,翟气得拍了桌子,又在办公室转着喊:"《白鹿原》有什么好的,你们要评上?"陈建功说,这是评委的意志,又不能说不让评。

本来到了下一年,即1996年,终评就要开始,但因担心《白鹿原》被评上,就压着不评。到了1997年,实在不能再压了,又听了一些人的建议,让多请一些老左派当评委,让《白鹿原》自然流产。没有想到,老马克思主义评论家陈涌第一个发言,先全面肯定了《白鹿原》,一下子定了调子,扭转了形势。

陈涌意见:

一、政治上没有问题。关于两党斗争的态度,是站在中共立场上的,是反对国民党政权的。

二、艺术上好。结构、人物、语言都很出色。

三、关于性描写,都是与人物和情节有关的,个别一两句,可以从不同角度理解。

终评前一天晚上,何启治来电话宽慰:书很好,但鉴于形势,不抱希望,心态要好。接着评委会主任(似应该是评奖办公室主任——笔者注)来电话,也是宽慰。

评奖第三天,评委会主任(似应该是评奖办公室主任陈建功。据人民文学出版社副总编何启治说,是评委会副主任陈昌本——

笔者注）高兴地打来电话，说与他商量：看来《白鹿原》评上是没有问题了，现在（的问题）是，个别地方可不可以修改，不勉强。他说，你先说是什么地方？主任说，就一两处，一是朱先生说鹿兆鹏和白孝文在白鹿书院相遇，朱说：看来都不是君子。二是关于翻鏊子的说法。他说这可以。但这两句话后来都没有动，他只是把当时的氛围作了部分修改。

陈涌后来专门跑到东单书店买了陈忠实的两本书，准备读了写评论。他后来把自己的集子给陈涌寄了几本。陈涌后来写了两三万字的评论发在《文学评论》。

他借到北京开会之机，与白烨，去看陈涌。买了一些水果，陈涌开门，说这个东西坚决不要，不让水果进门，就放在门外。然后进去喝茶。茶几上摆着他的小说集。再一次去北京看陈涌，陈涌刚做完手术，已经站在楼下等。看完陈涌，陈涌送下楼，说，订了饭，吃罢饭再走。陈忠实说，晚上中国作协还有主席团会，晚宴，不能吃。又说，我送水果你都不收，怎么好吃你的饭。

后来有人说，他陈某为了得奖，妥协，修改。其实不是那么回事。

还讲：上高中时，读的《子夜》，这个时期基本读完了茅盾的小说代表作和巴金的小说代表作。

讲：他写《白鹿原》，写了国共两党人物，读者有误读。他其实是把人物当人写，当正常人写。过去的文学作品写共产党人，不是写成神就是写成英雄人物，写国民党人，特别是军人，不是泼皮无赖就是小丑，他要把这两种人都还原成人，当成正常人来说，优点缺点都写。

陕西师大出版社冯晓立与陈忠实谈，欲出陈文集。

3月30日 晚上，接待来西安考察访学的沈阳师大教授季红真及其弟子一行。季说她组织人写当代作家传记，其中有一本《陈忠实传》，陈不同意写。

4月5日 下午，在白鹿书院陈忠实文学馆接待全国政协副主席陈宗兴一行参观考察。

4月6日 下午，参加白鹿书院在白鹿原上西安思源学院樱花大道举行的"白鹿雅集"活动。

同日 于二府庄写成散文《年年柳色》。该文写初春时节漫步灞河岸边，见年年柳色，抚今追昔。刊4月18日《西安晚报》。

4月7日 晚上，乘火车去北京参加中国作协全委会。

4月11日 于北京写成对话《关于电影〈白鹿原〉——和〈文艺报〉记者李晓晨的对话》。

5月4日 于二府庄写成随笔《删繁就简》。该文谈生活和人际交往，提倡复杂事情简单化，而不要把简单的事情复杂化。刊6月17日《新民晚报》。删节稿又刊《秘书工作》2013年第12期。

5月5日 下午，见邢小利，谈邢著《陈忠实画传》看后个别修改意见。将法文本《白鹿原》两本交邢，一本给陈忠实文学馆，一本给邢。说：法文本，自己的书，一个字都不认得。

谈到关于1968年清理阶级队伍问题。说：他当时是做清理阶级队伍后期的落实政策工作。当时农村一个公社揪出来一二百个历史上有问题的人，他被抽调搞落实。公社有一两个正式干部负责，公社各学校抽调了七八人搞文字。最后没有一个人被打成敌我矛盾，成为阶级敌人。只有一个女的，记不清是蒲城还是白水人，当年非常漂亮，连嫁五六个人，丈夫都死于非命，最后一个男人是灞桥人,新中国成立前在安康一个县当县长,新中国成立后,那个县要他回原籍报到当农民,结果回来后被关押,后来被送到新疆劳改。那时婚姻不像后来这样严格,女的看丈夫没有了希望,就与邻村一个人结了婚。这当然不是什么特务,只是历史背景有些复杂。他给这个女的写了结论,如实写了历史背景,没有打成敌我矛盾。后,他当十三大代表,陕西作协(陈说他知道是谁,但不告诉邢)有人给陕西省委以至中央写信,告他,说他在清理阶级队伍中整人。陕西省委组织部和陕西作协联合到毛西公社查这件事,结果就找到了这个女的。女的说:陈忠实好,给她落实了政策,她才没有因为历史问题而受累。情况正好与告发者说的相反。

说到灞桥区委给他1976年在《人民文学》发表短篇小说《无畏》事件的结论。他说他记得是1980年左右就作了结论,怎么会是1982年、1983年(邢在文中根据陈的档案记录)写的结论。邢说是看的他的档案记录。邢说在中共陕西省委组织部看了陈的档案,1982年、1983年关于《无畏》事件的结论,是关于陈的考察报告时间,可能与《无畏》事件当时作结论的时间不同。

5月10日 《Au Pays du Cerf blanc》(《白鹿原》法文本)在巴黎举行首发新闻发布会。《白鹿原》法文本由法国色依出版社出版。译者:邵宝庆、Solange CRUVEILLÉ。2012年5月第一版。定价:25欧元。

5月12日 于二府庄写成评论王锋、范樵父、王松、魏杰合著诗书画印合集《坐卧终南》的文章《四位才子,共舞心灵绿地》。对《坐卧终南》收入的诗人王锋及其诗作与书法、书法家范樵父(范伟)及其书法与散文随笔、画家王松及其画作、篆刻家魏杰及其篆刻印石作品逐一点评。文刊6月28日《文化艺术报》。

又以《共舞心灵绿地》为题刊《文学界》第8期。

5月15日　晚上，和邢小利吃饭商量接待陈世旭、刘兆林、何启治事。谈到邢著《陈忠实画传》中所附年谱，说邢给他编写的年谱太细，几岁干啥都写上，他不是大人物。邢说，你就是大人物，年谱就应该是这样的。

5月16日　早前约人民文学出版社编辑何启治、辽宁作家刘兆林、江西作家陈世旭三个朋友来西安，晚上在西安建国路雍村饭店为三人接风。

5月17日　早上，上白鹿原，先到白鹿书院，与何启治、刘兆林、陈世旭、白烨（来西安公干）等坐在书院幽静的庭院中，品茗叙旧。陈世旭给书院题字：浐河灞柳原上鹿，秦月汉云唐时风。刘兆林题字：寻句白鹿，不亦乐乎。白烨题字：长安白鹿原，文坛制高点。何启治题字：永远的白鹿原。后去一道原顶看原上风景，到樱桃沟观灞河形势，购樱桃。下午，何启治、刘兆林、陈世旭、白烨会讲"白鹿论坛"。晚上，请何启治、刘兆林、陈世旭等在东门外老孙家饭馆吃羊肉泡馍。何启治、刘兆林、陈世旭18号去法门寺、楼观台；19号上午陈世旭、刘兆林离开西安。

5月21日　早上，到雍村饭店送别何启治，何启治去延安。

5月27日　于二府庄为冯希哲选编的《陈忠实解读陕西人》一书写成自序《慢说解读且释摹写》。刊《当代陕西》第8期。

5月30日　下午，到西安思源学院参加白鹿书院理事会，同时与到"白鹿论坛"讲演的雷抒雁见面。

5月　散文集《接通地脉》由作家出版社出版。印数：10000册。定价：35.00元。责任编辑：张亚丽，秦悦。

6月5日　于二府庄写成言论《不敢妄言经典》。文中由自己的短篇小说《日子》被何锐编入经典短篇小说选本，谈对经典的一些认识。以自己在中学语文课本里读过的课文为例，认为都德的《最后一课》和鲁迅的《孔乙己》是经典，"几经思量，《日子》总还算得一篇优秀小说吧"，"不敢妄言经典"。

6月23日 于二府庄写成随笔《我看老腔》。该文写与陕西华阴老腔班子的认识和交往过程，对老腔的评价。后以《白鹿原上奏响一支老腔》为题刊8月3日《光明日报》。

7月5日 于二府庄写成随笔《沉默的翻译家孔保尔》。该文写常到陕西作协大院来闲转聊天的英语翻译家孔保尔其人及其部分译作。刊8月20日《文艺报》。又刊9月1日《新京报》。

7月6日 托邢小利问邵宝庆法文本《白鹿原》在法国销售和反响情况，邵宝庆回答说：

关于销售情况，我问了出版社，他们说到目前售出了3000册，已经见到的舆论反响也不错。

我个人感觉，这个数字对于一个中国小说已经相当不错，尤其是这样的大部头。因为许多中国小说一共也不过售出几千到万把册。同时，真正有力量的介绍文章恐怕还要过一阵子才能出来，现在见到的还只是一些极其笼统的介绍。大概是记者和评论家们还都没来得及看完。

但是出版社的宣传力度还是蛮大的，一流的报纸和杂志都做了介绍。不过因为假期马上就要开始，所以恐怕这一个小说销售高峰可能要错过去了。

7月20日 中国作家协会公布陈忠实为中国作协专门委员

会之小说委员会主任。

7月22日 早上，在雍村饭店参加由陕西省文化厅和陕西省作协共同举办的冷梦长篇小说《西榴城》研讨会，称赞该作是"横空出世，不同凡响"。

同日 下午，参加王锋、范樵父、王松、魏杰合著的诗书画印合集《坐卧终南》研讨会。发言说："四位都算得上才气横溢的艺术家，虽然追求的艺术门类不同，精神操守和人格修养的境界却趋同一致，便是坐卧终南。有这样的精神和人格，可以相信在各自的艺术领域，不断攀升和开拓新的艺术境界，把自己的艺术天才发挥到极致。面对终南的坐姿或卧姿，当属最坚实最可靠的人生姿态。"

同日 晚上，在西安天锡楼宴请回陕的评论家李建军和《文学报》主编陈歆耕。邢小利等陪同。

7月26日 晚上，应《小说评论》之邀在雍村饭店与来自山西的评论家王春林和《名作欣赏》主编续小强等见面。餐间，聊到网民议论"百名作家抄《讲话》"一事，陈忠实不理解，问续小强这是怎么回事，续说"认为《讲话》过时了"。陈忠实说，纪念《讲话》，很多地方每年都搞，今年也是这样，中宣部，还有很多地方的宣传部、作协、文联都搞，要批评，怎么不批评这些，而只批评作家？他回忆了他抄写《讲话》的情况，说是作家出版社给他寄了一函，其中有指定的让抄写的一段《讲话》文字，他不知放哪里去了，后来出版社又来电话催问，他说找不见那段文字了，出版社又寄了一份，他才抄了寄去。

7月31日 于二府庄写成散文《难忘一种鸟叫声》。该文回忆一种在陕西关中地区被称为"算黄算歌"的鸟（学名四声杜鹃）叫声，这种鸟叫声"传达的"是"小麦即将成熟的喜讯"，由此忆及幼年吃到白面锅盔的喜悦和在麦田里搂拾麦穗的情景。刊8月18日《今晚报》。又刊《意林文汇》第6期，《文苑（经典美文）》2014年第2期，《语文教学与研究》2014年第6期，《共产党员》（河北）2016年第20期。

8月3日 早上，在陕西省作协参加省委宣传部部长景俊海的调研与座谈活动。发言称雷涛的汇报是"实情"，称赞陕西省作协近年工作作风好。

出席座谈会的领导、嘉宾有：中国作家协会副主席、陕西省作家协会名誉主席陈忠实，陕西省作家协会党组书记、常务副主席雷涛，陕西省作家协会主席贾平凹，陕西省作家协会党组副书记齐雅丽，陕西省作家协会副巡视员王根成，陕西省作家协会副主席高建群、冯积岐、冷梦、张虹、李康美、红柯、朱鸿，陕西省作家协会秘书长王芳闻、副秘书长李锁成，陕西省作家协会杂文委员会主任商子雍、诗歌委员会主任沈奇，西安市作家协会主席吴克敬，《小说评论》杂志副主编邢小利，中国电力作家协会副主席、省电力作家协会主席潘飞，《文化艺术报》总编辑、作家陈若星，《新叶》杂志主编、作家高鸿，西安市作家协会副主席、作家吴文莉、杨莹，作家杜文娟、李媛彬等。

同日 这一天是陈忠实生日，何启治给他发了一条祝贺短信：

忠实七十华诞志庆：坚忍不拔陈忠实成就伟业，风光无限白鹿原再造辉煌。启治敬贺。

8月13日 《〈白鹿原〉与我》演讲稿刊《人民政协报》。

根据同名小说改编的电影《白鹿原》将于9月在全国公映,该文摘录了陈忠实关于《白鹿原》创作的一些文字,"一探这位小说原创者的写作脉络和思绪"(编者按)。

8月14日　于二府庄写成散文《接通地脉,只因乡村情感》。该文抒发自己多少年强烈的对家乡土地的情感。刊9月4日《人民日报》。

8月25日　于西安写成对话《文学的心脏,不可或缺——与〈解放日报·周末刊〉高慎盈的对话》。以《文学的心脏,不可或缺——〈解放周末〉独家对话著名作家陈忠实》为题刊9月14日《解放日报》,署名高慎盈、曹静、戴斯梦。又刊《当代文学研究资料与信息》第5期。该对话涉及如下话题:对电影《白鹿原》,总体上是满意的,却也不无遗憾;我写的人物我都喜欢,没有主次之分;农村里日常见惯的人和事居然都可以写成小说?!我想那我也能写;我把我的创作转到接受真正的文学,第一次完成了"剥离";大树底下好乘凉,但另一面就很残酷——大树底下不长苗;从文学爱好者到职业作家,我这个转变经历了25年;我把作家的思想喻为炼钢,磨砺思想锋芒是很费工夫的;我当了十几年作协主席,从来不用"培养"这个词;生活和文学的自然法则,容不得任何人投机;不可能大家都去写《百年孤独》,如果这样文学太孤独了;文学的本质,是作家对社会对人生的独特体验;缺少高水准的长篇小说,主要在于思想软弱,缺乏穿透历史和现实烟云的力度;对于诺贝尔文学奖,我想都不想。

8月　《白鹿原》"20周年隆重纪念版"(精装,有插图,为电影《白鹿原》布景画稿)由人民文学出版社出版,版本为

1993年6月第1版。印数：50000册。

　　本月　短篇小说集《失重》由湖北长江出版集团长江文艺出版社出版。

　　本月　中篇小说集《夭折》由湖北长江出版集团长江文艺出版社出版。

　　9月4日　于二府庄写成评论冷梦长篇小说《西榴城》的文章《横空出世　非同凡响——我读〈西榴城〉》。刊9月26日《文艺报》。

　　9月11日　晚，邀邢小利和雷电一起去北京，参加人民文学出版社和中国人民大学文学院联合举办的《白鹿原》出版20周年纪念会。乘火车，软卧，晚上睡不着，闲聊。话题扯到了"文革"，也记不清说到了"文革"中的什么，陈忠实突然激动了，说："那个时代就是那个样子，当时谁都不觉得那是不正常。'文革'中人都疯了，我也疯了！"说到这里，他把头猛地一摆并向后一仰，双眼怒睁，显出激烈状。然后喃喃地说，"我现在也想不通，我当时怎么会写出一篇与'走资派'作斗争的小说！我就没有与'走资派'作斗争的生活么……"

　　9月12日　下午，在北京参加由人民文学出版社和中国人民大学文学院共同举办的"《白鹿原》出版20周年庆典暨纪念版、手稿版揭幕仪式"。该仪式在中国人民大学逸夫会议中心第一报告厅举行。电影《白鹿原》导演王全安，舞剧《白鹿原》导演夏广兴，人民文学出版社前副总编辑何启治（《白鹿原》首版编辑），中国出版集团副总裁、人民文学出版社社长潘凯雄，人民文学出版社总编辑管士光等出席了本次庆典活动。现场嘉宾围绕《白鹿原》的独特魅力与价值，以及本书在中国当代文化史上的意义展开深入交流。管士光认为:"《白鹿原》历经20年长盛不衰的客观现实告诉我们:创作精品、推出精品和传播精品是一个国家、一个民族的文化生生不息、长盛不衰的灵魂和根基之所在。创作精品需要作家扎实的生活积累、深邃的精神思考和独特的艺术表现;推出精品需要出版人对精品的准确理解、慧眼独具和高水准的专业能力;而传播精品则需要全社会的共同参与。"陈忠实在回忆自己当初创作经历时说:"我在自己对艺术的感受,包括我的经历、我的创造欲望最为充沛的一段时期写成了这本书,基本没有留下什么遗憾。"同时,各位名家一起为人民文学出版社全新推出的"《白鹿原》出版20周年隆重纪念版""《白鹿原》手稿限量珍藏版"揭开了神秘的面纱,随后,主办方宣布其图书将于近期与全国读者见面。此次人民文学出版社隆重推出的"《白鹿原》出版20周年隆重纪念版"以1993年初版本为底本,首次增补了陈忠实写作的《〈白鹿原〉创作手记》,并附有作者创作时期的珍贵照片和手稿图片,此外电影《白鹿原》美术设计还为本书提供了多幅精美插图。同时推出的"《白鹿原》手稿限量珍藏版"带有原始编辑痕迹,具有极高的文献价值和收藏价值。

晚上,中国人民大学领导及文学院领导孙郁等请吃饭。同席的有阎连科、张悦然等中国人民大学驻校作家及文学院学者。

9月13日 上午,在北京华侨大厦住处接受有关媒体的集体采访。下午,在中央电视台参加《小崔说事》栏目的对话节目录制。晚上,与白烨、李建军在所住宾馆见面。

9月14日 上午,在北京华侨大厦住处接受有关媒体的集体采访。晚乘火车,次日回到西安。

9月15日 《华商报》以《陈忠实:一波三折我已麻木》

为题刊登记者于14日在北京对陈忠实的采访：

华商报：陈老师，久经波折后，电影《白鹿原》确认15日全国公映，现在这部电影已经被称作史上最难拍也是最难放的电影，所有主创人员都经受了许多煎熬，您有这样的感受吗？

陈忠实：我已经多少都有点麻木了。对于这一波三折，我不是没有思想准备，从这个小说出版（似乎应该是得茅盾文学奖——笔者注）两三个月后，《白鹿原》就遭遇冷处理，不许改编（电影、电视剧——笔者注）。从那会开始我就比较理性，很平静地来看待。后面我一直很庆幸，虽说冷处理，但这部小说一经出版发行，就被改编成其他多种艺术形式。这部小说6月（1993年——笔者注）出版，半年内就印刷了八次，这已经是给我的惊喜。我写作的基本理想就是，希望读者愿意买书读书，至于改编成其他艺术形式，我觉得就是其他附带的。

小说出版已经20年（1992年在《当代》杂志发表——笔者注），这一次在北京，遇到一些朋友，大家都很感慨，说小说畅销20年，一年还有10万左右的印刷量，应该对作者是最大的心理安慰。这部小说先是改编成秦腔、话剧、舞剧、连环画，直到电影，说明我们的文艺政策也在逐步健全起来。我这一代人能理解，包括小说出版时开始的误读。我这个年龄，有这种心理铺垫。电影迟放早放，甚至能不能放，对我都没有心理煎熬。

同日 电影《白鹿原》全国公映。

9月27日 于二府庄写成散文《愿白鹿长驻此原》。该文写秋日登上白鹿原所见所感，西安思源学院，白鹿书院，成熟的葡萄,村庄,抒发欣悦之情。刊11月4日《人民日报》。

9月 《〈白鹿原〉手稿本》(全四册)由人民文学出版社出版。印数:3000册(套)。

本月 冯希哲编的《陈忠实解读陕西人》由陕西师范大学出版总社有限公司出版。

10月9日 参加邢小利女儿邢之美婚礼并致贺词。

10月11日 北京时间晚上,得知莫言获2012年诺贝尔文学奖,接受各方记者采访时说:"我刚才一听到这个消息就给莫言拨了电话,不过一直没有拨通,所以也希望通过你们对莫言表示最真诚的祝贺!莫言获奖不仅是他的光荣,也是中国当代文学的光荣,标志着中国当代作家的作品已经进入世界诺贝尔文学光环的系列。它不仅是对莫言创作成就的褒奖,也是对中国文学的褒奖,更能唤起中国整个社会对文学关注度的提高。多年以来,总看到报纸上说中国人有'诺贝尔奖焦虑症',中国籍人士在化学、医学、物理等方面没有获奖,这下最起码在文学领域的焦虑应该得到了缓解。"访谈以《来自作家朋友的祝贺》为题刊10月12日《文艺报》。

10月12日 于二府庄写成散文《感受历史的生动和鲜活》。该文写欣赏一组古树彩色照片引发的感想。刊12月2日《新民晚报》。

10月15日 参加由中共陕西省委宣传部召开的陕西文学创作座谈会。会议围绕莫言荣获诺贝尔文学奖发言,谈启示,并联系陕西当前的文学创作现状,为陕西文学事业的繁荣发展建言献策。中共陕西省委常委、陕西省委宣传部部长景俊海出席并讲话。

10月 与《中华读书报》记者舒晋瑜访谈录《我早就走出了〈白鹿原〉——陈忠实访谈录》刊《中国图书评论》第10期。

11月12日　于二府庄写成关于《困惑与催生——雷涛文学讲演录》的评论《独立个性的声音》。刊2013年3月27日《文艺报》。

11月16日　下午，在西安思源学院参加白鹿书院理事会。

11月17日　下午，在大唐西市的嘉汇汉唐书城参加由书城和陕西师范大学出版总社有限公司联合举办的"陈忠实的文学世界"套书首发式。由陕西师范大学出版社出版的"陈忠实的文学世界"共四种，分别为《陈忠实解读陕西人》（陈忠实）、《陈忠实的文学人生》（王仲生、王向力）、《陈忠实画传》（邢小利）、《〈白鹿原〉文学原型考释》（卞寿堂）。

11月21日　上午，陪陕籍在京评论家李炳银上白鹿原，先看陈忠实文学馆，后去白鹿书院叙旧谈天，午在原上的狄寨印象农庄吃农家饭。

11月23日　于咸宁为一位青年女性作者写的英国游记写成评论《借助一双敏锐的眼睛》。

12月11日　上午，到陈忠实文学馆，接待陕西省教育厅副厅长李谦一行参观。晚上与铜川市文体广电局副局长唐云岗晚餐，唐云岗提出在铜川设立"陈忠实文学奖"，征询意见，未同意。

12月16日　上午，在陈忠实文学馆接待人民文学出版社总编助理、古典部主任周绚隆，《白鹿原》责任编辑刘稚，当代室赵萍一行，并亲自讲解有关图片。周绚隆等此行与陈忠实主要商谈两项事务：一是尽快落实由陈忠实出资的在人民文学出版社设立的"白鹿当代文学编辑奖"一事，此事年初由陈忠实与何启治动议，9月份在北京中国人民大学举行《白鹿原》出版20周年纪念活动时，人民文学出版社领导与陈忠实签订了意向性合同；二是人民文学出版社拟出版多卷本的《陈忠实文集》，陈忠实当时欣然同意，说"人文社当然规格高"，又说陕西人民出版社想出但还要他找省上有关部门要钱资助，比较费事。晚上在七贤庄七号院参加陕西省新闻出版局局长薛保勤宴请人文社诸位客人的活动。

12月17日　应《大家》杂志李巍之约，于咸宁居写完一万余字的散文《儿时的原》。该文分为"这道原·那道原""割草·搂麦""祭祖""卖菜""木板·秧歌"五节，分别讲述原的概念和西安周边的几道原，回忆少年时在原上割草、搂麦的生活，原下西蒋村祭祀陈姓祖宗的活动和原上窑村的陈姓人家到原下来祭祖，少年时挑担到原上卖菜的经历，在村子上小学时老师用木板打手、节日庆祝活动时扭秧歌的生活。刊《大家》杂志2013年第1期。

12月　创作谈《根在乡村》刊《求是》第24期。该文主题与《接通地脉，只因乡村情感》有相近之处，但文字全然不同，未见收入陈忠实文集。

本月　《漕渠三月三》由线装书局出版，该书列入"当代大家散文"丛书，王必胜主编。

自本年12月至2015年12月，受聘于兰州大学，担任该校兼职教授。

2013年　71岁

1月20日　于二府庄写成散文《回家回家》。文中写，"近日我又回到原坡下祖居的屋院"。"我走过一些名山大河，多是以观赏的眼光去看的，新鲜的惊喜是自然发生的，也曾把那种感受诉诸文字。然而，那些感受完全区别于面向眼前这条灞河的沉静心态。这是家园。""祖居的屋院在白鹿原北坡根下的一个小村子里，距西安城不过50华里。得着路程近的方便，有事要做很快就能回到那个小院，无事也常常想回去便回去了。其实，无论有事无事，就是想在那个曾经生活过50多年的屋院里坐一坐，到门前的灞河沙滩上遛一遛，似乎心理上的某些亏缺就获得了补偿。这种感受只有在这一方小小的地域才会发生，回家走走就成为永无遏止、永无满足的欲念潜存心底。"刊2月6日《人民日报》。

1月　陕西省政协十一届一次会议于1月26日至31日在西安召开，以特邀代表身份参加。

本月　"当代著名作家美文书系"《拥有一方绿荫》由中国文史出版社出版。

本月　中短篇小说集《霞光灿烂的早晨》由重庆出版集团重庆出版社出版。

本月　"茅盾文学奖获奖者小说丛书"《蓝袍先生》由江苏文艺出版社出版。

本月　小说散文集《释疑者》以"茅盾文学奖获奖作家的短经典"书系由人民文学出版社出版。

2月5日　在白鹿书院接待人民文学出版社社长管士光及总编助理周绚隆，商谈在人民文学出版社设立"白鹿当代文学编辑奖"事宜。中午在半坡湖度假村接待管士光一行。

2月27日　中共陕西省委在陕西省作家协会召开全体干部职工大会，宣布关于蒋惠莉任陕西省作家协会党组书记、常务副主席和雷涛不再担任以上职务的决定。

2月28日 晚上,约请邢小利、雷电到西安市长安路唐乐宫与阳光红岩集团吴征等见面谈《白鹿原》电影事。主要人员来自三个方面:陈忠实,邢小利,雷电;陕西旅游集团董事长张小可,《白鹿原》制片人王乐;阳光红岩集团老总吴征,七星媒体集团总经理朱芸等。

吴征讲了他们对于电影《白鹿原》的构想后,陈忠实说他请来了两位"高参"。陈忠实介绍邢小利是作家和评论家,让邢小利先说。

邢小利说:历史上,古今中外,一些有影响的小说被续写、补写,被其他艺术形式重新改写,是常有的事,这是正常的艺术再创作,有的续写和改写也很有意义,在思想和艺术上对人都有启发。吴总这个团队集合各方重要力量,现在来重新打造电影《白鹿原》,此前看过有关介绍,刚又听了吴总的构想,觉得这个事,无论是对原著,还是对在座各方,包括对社会,都是好事。我最感兴趣的,是关于《白鹿原》电影主题的重新定位和构想,其他的电影艺术方面的制作,有世界知名演员参与,有好莱坞的制作背景,我相信会做得很好。

小说《白鹿原》写的是清末以来,主要是民国时期,以至新中国成立之初这一段历史,这一段人的命运和生活。小说中所写的主要人物的命运,到了新中国成立,也就是1949年就中止了。但是,历史是一个长长的进程,一些历史的要求,并不是随着朝代的更迭、政权的变化就突然停止了。从中国历史看,清末,也就是近代以来,历经民国和中华人民共和国,这一二百年的历史,可以看作是一个整体,是一个历史阶段,是中国从所谓的"封建社会"(西周和春秋战国时代,才是真正的封建社会,封侯建国;

秦以至清，是中央集权官僚统治的皇帝家天下时代，是帝制极权专制社会）——极权专制社会向现代民主社会转型的大历史时期。这一二百年的历史主题是中国要从传统的两千年的专制极权社会走向民主政治社会，完成现代化的历史转型。如何实现转型，历经清末的康梁变法"改良"和推翻帝制的辛亥革命，再历经国共两党的几次联合与斗争，包括所谓的革命与反革命的战争，对外的如抗日战争我们且不说，再经历了共和国时期的持续不断的激烈的阶级斗争，镇压反革命、反右、"文化大革命"等，人们对如何向现代化国家转型，特别是对暴力革命的方式，对理性的温和的改良的方式，都有了一个逐渐认识的过程，也就是反思的过程。

我最近读了几本书，对我启发很大。一本是金雁（西安人，中国政法大学教授、秦晖夫人）写的《倒转"红轮"》，这是一部追溯俄国知识分子心灵历程的厚书。书中介绍，俄国知识界、思想界，包括普通民众，现在相当多的人都对一百多年前俄国贵族知识分子的思想重新认识，并有相当普遍的认同感。这些知识分子以近年在我国也引起重视的别尔嘉也夫、以赛亚·伯林等人为代表。书中说，一百多年前的1909年，经历了1905年革命的俄国，有七位思想者共同出版了一本小册子，叫《路标文集》，该书的作者们被称为"路标派"，《路标文集》出版后在当年曾引起左派阵营和自由主义阵营共同的激烈批判。此后一百多年，关于此书的争论和思考一直没有停止。随着时移世变，接受《路标文集》思想的人在俄罗斯文化界越来越多。苏联解体以后，《路标文集》在俄国好评如潮，民众如同发现"先知教诲"一样争相阅读。"路标派"提出的"三自我"原则："自我反思、自我深化、自我批判是这个机体未来的种子"被当代俄罗斯人广为传颂。"路标派"被奉为具有历史责任感的、探寻俄国前进道路上的"灯塔"。《路标文集》的主要思想是什么呢？概括地说，就是在对暴力革命反思的基础上，提出"告别革命，回归文化"的思想，强调个性自由，反对激进主义。俄国的近现代历史与中国近现代历史有很多相同的地方，他们面临的问题也曾是甚至也正是我们面临的问题，他们思考的问题也是我们需要认真思考的问题。

我国的学者和思想者李泽厚和刘再复，他们以对话的形式也提出了"告别革命"这个命题，并以之作为书名在香港天地图书公司出版过一本书，应该说，这是中国知识界和思想者对中国这一百多年来历史进行深刻反思之后的一个结果。这个命题在中国知识界广有影响。我读过该书的复印本。前年，刘再复在该书第六版序中说过这样一段话，似乎可以概括该书的主要意旨："革命，这是辛亥革命的主题，也是中国二十世纪的历史主题。李泽厚先生和我讨论这一主题并通过《告别革命》一书表达一种期待：期待二十一世纪的时代内容应当有一次历史性的'主题转换'，中华民族的生活重心应从革命转换为改革，从暴力转换为维新，从战争转换为建设，从'你死我活'转换为'你活我亦活'。我们期待：'革命'这一大理念在新世纪只是一种学术讨论的'话题'，不再是历史实践的'主题'。时代的基调、时代的主旋律如果能从'阶级斗争'（二十世纪基调）转向'阶级调和'，那将是中国人民的巨大幸运。"序中还说，"'改良'并非投降，它同样需要各种必要的甚至是激烈的斗争，但绝不是那种大规模的、群众性的、流血的'革命'。实际上，'改良'比'革命'更艰难、更复杂，也更需要坚忍不拔的韧性。"

我最近还读了余英时写的《重寻胡适历程》，该书有一个副题叫"胡适生平与思想再认识",书中有两部分重要内容,一是依据胡适的《日记》,二是依据胡适《年谱》,对胡适的生平和思想进行了切实深入的介绍、分析和研究。从这本书中可以看到,其实早在民国时期,无论是前期还是后期,胡适的思想都是反对暴力革命,反对包括学生示威游行这样的激进行为,面对国民党蒋介石的一党独裁,他虽然也是极力反对,但主张以和平理性的方式进行渐进式改良,他更是重视教育和启蒙的作用。

所以说,反思暴力革命,反对历史激进主义,重视教育启蒙的作用,提倡个性自由,是专制国家在当今为解决诸多社会问题应该而且可能具有的一个时代共识。

电影《白鹿原》国际版在重新改编构想中,提出白灵临死前托黑娃给哥哥白孝文转交一封劝其后代从事教育的信,白孝文等人在经历了诸多革命运动后有所反思,这个主题思想是很有现实和历史意义的,西方人可以接受,包括中国人在内,都会有所启发。我觉得这个主题好。

小说《白鹿原》主要内容包括人物的命运只写到1949年,写到中国共产党建立政权这个时间,但其中的许多人物命运还没有结束,他们活到了当代,活到了共和国时期,像白孝文就是一个。这样看来,这部小说其实就具有了一个开放性的结构,那就是人物的命运没有完结,人们有理由对他们后来的命运和结局依据历史的理解进行不同角度的猜测,包括续写。这是很有意义的。其实,小说《白鹿原》中就有一个重要人物,他基于对历史和现实的观察,对未来中国有一个预言式的警告"折腾到何日为止"?小说写道,"文革"中朱先生的墓被红卫兵挖开,里面唯一的一块砖,一面刻着"天作孽犹可违",另一面刻着"人作孽不可活",摔开后,里面还刻着字:"折腾到何日为止"。这也可以看作是朱先生对中国持续不断的激进主义和暴力革命的一种批判态度。这说明,小说《白鹿原》通过朱先生对暴力革命已经进行了反思。

《教师报》副刊主编雷电接着发言。他说:关于主题思想方面,小利前边已经说了,我这里不多说。我想谈一个问题,就是引起"反思"的人物,现在构想的是白孝文,但白孝文这个人物一是出身地主,二是"底子潮"(指历史上有污点——笔者注),他在新中国成立后,历经各种运动,能不能活到现在?我看现在构想电影《白鹿原》的人物故事一直延伸到了今天,也就是改革开放后的今天,白孝文这样的人能不能活到今天?我建议,用失踪的鹿兆鹏可能更好,此人在小说中是一个坚定的共产党人,一个老革命,他后来的反思,也许会更能说服人,也更有意义和深度。

吴征对助理说:这个可以考虑,记上。

关于《白鹿原》电影重新改编事,陈忠实说:

《白鹿原》出版后,有不少人建议他续写《白鹿原》中人物后来的故事,写新中国成立后的故事。他没有写。现在,新的电影《白鹿原》打算把历史时间延长,续写人物后来的命运主要是人物的历史思考,他谈一些看法。

《白鹿原》中所写的国共两党斗争史,是历史的真实,是历史上已经真实地发生了的事,这可能是无可奈何的,但却是无法更改的。现在不能改,将来也改不了,因为它是历史事实。关于曾经发生的暴力革命,特别是国共两党之间的"革命"斗争,它是当时历史条件下以及认识水平指导下的一种历史选择。对暴力革命的历史功过,黑娃不会反思,白孝文不可能反思,白孝文后来已经变成了一个只顾自己利益的"坏人",白灵也不可能反思,白灵当时就是一个热衷于革命，而且革命热情很高的年轻女性，她不安心过正常人的生活，就是向往革命，要投奔革命，她是死于自己人手里，不是死于敌人手里的，她不可能对"革命"有新的反思性认识。让白灵反思革命这样一个重大的历史问题，给哥哥写信让后代教书育人，这样的认识，这样的思想，不符合这个人物的性格特点和逻辑。《白鹿原》中对暴力革命唯一有不同理解和认识的人，就是刚才小利讲的，是白鹿书院的山长朱先生。朱先生是站在儒家文化的立场上，看待革命斗争的。

陈忠实在这里延伸了一下话题范围，他讲：

当年（中宣部）对《白鹿原》提出的批评意见主要有两点：一是，朱先生把国共两党的斗争说成是"翻鏊子"，二是，共产党的鹿兆鹏和国民党的白孝文后来不期在白鹿书院相遇，朱先生让两人坐下说，结果两人一逃一追，朱先生感慨着说了一句："看来都不是君子。"茅盾文学奖评奖时，也提出了这两点，主持评奖的有关领导让改，他没有改。陈忠实认为，这是朱先生的话，当然也是作为儒家人物的朱先生的观点，并不是他陈忠实的话，当然也不是他陈忠实的观点（"君子"之谓，不是一个随便的说法，而是深刻地反映了儒家思想和儒家文化对人的理解和观念，非常有意思，也非常有意义。它不是站在利益——个人利益和集团利益的角度看问题，而是站在人格与道德的立场看问题——笔者注）。

陈忠实继续讲：新中国成立后，无论是"反右"还是"四清"，主要是官斗民，官整民，到了"文革"，整个儿地倒了过来，是民斗官，民整官。无论是官整民，还是民整官，还都是斗争，都充满了暴力。对于革命和暴力，在这个历史时期，人们都还没有多少反思。新中国成立前，有一些民主党派和民主人士讲过"改良"的主张，但在那个历史时期，都不被更多的民众接受，不顶用，事实上也没有顶用。北欧一些国家，没有通过暴力革命，而是通过议会民主方式，实现了社会的转型，这是外国的情况。因此说，反思，反思"革命"，是现在的事，是今天的事，是后人的事。黑娃、白孝文和白灵都不具备这个思想和认识，也都不能完成这个历史任务。

讨论后，进入吃饭阶段。饭中，吴征邀请陈忠实去纽约他的养生会所，说那是全世界最好的养生会所，执业医生全世界一流，沙特王子等就在他们那里做养生医疗。

2月　散文《过年：家乡圆梦的炮声》刊《党建》第2期。

本月　中短篇小说集《康家小院》以"茅盾文学奖获奖作家丛书"由中国社会出版社出版。

本月　散文选集《白鹿原上》由江苏文艺出版社出版。

3月19日　与邢小利乘下午1时10分的G88次高铁赴京，由人民文学出版社安排，入住金宝路鑫海锦江大酒店。晚上人文社为陈接风，出席者有潘凯雄、管士光、应红、李春凯、周绚隆、刘稚、赵平等。

3月20日　出席由人民文学出版社举办的首届"白鹿当代文学编辑奖"颁奖典礼，讲话并为获奖编辑颁奖。"白鹿当代文学编辑奖"是由原人民文学出版社编辑何启治和陈忠实商议提出、人民文学出版社设立的奖项，每两年评选一次，由陈忠实出资提供奖金，奖励人民文学出版社在当代文学编辑工作中贡献突出的个人，以鼓励当代文学编辑的工作热情。《白鹿原》1993年由人民文学出版社出版后，好评如潮且畅销不衰，陈在二十世纪九十年代就出资奖励过有关编辑，但没有延续，可视为此次正式设奖的缘起。据人民文学出版社社长管士光介绍，这种由作家出资奖励编辑工作成绩的奖项在国内实属罕见，人民文学出版社作为新中国成立时间最早、文学门类最齐全、规模最大的国家级专业文学出版社，成立62年来出版了众多脍炙人口的精品佳作，这些都是优秀的作者与几代编辑精心合作的结晶。杨柳、孔令燕获首届"白鹿当代文学编辑奖"，何启治获《白鹿原》出版纪念奖·特别奖，刘会军、朱盛昌、洪清波、高贤均、常振家获《白鹿原》出版纪念奖·荣誉奖，于砚章、王建国等17人获特殊贡献奖。

陈忠实在颁奖仪式上讲话说：

今天参加人民文学出版社首届白鹿当代文学编辑奖颁奖会，我很高兴。首先，我向荣获首届白鹿当代文学编辑奖的各位编辑，表示热烈的祝贺！

文学编辑，特别是长篇小说的编辑，是一件非常有意义同时也非常辛苦的工作。就我了解到的而言，人民文学出版社从成立以来，经过一代一代编辑之手编辑出版的当代文学作品，在很大程度上反映了新中国文学走过的道路，反映了新中国文学创作的实绩和高度。这些成就的取得，来自一代一代编辑们披沙拣金一样的辛苦劳作，来自甘愿为他人作嫁衣裳的默默奉献。每一部好作品的问世和成功发行，都有一个或几个好编辑（包括好领导）的巨大功劳。这些文学编辑们，他们文学功底厚重，有过人的才华与见识，慧眼识珠，催生精品，留下了许多文坛佳话。他们无私奉献的精神，他们对于文学事业的责任心，都让我十分感佩和敬重。应该说，如果没有好的文学编辑，就很难有好的文学作品。

好作品，好人才，是靠编辑的双手捧着一颗热心推举出来的，做这些事业的编辑们，功德无量！

我作为一个作者，回顾我从事文学创作的经历，我发现，在很多时候，甚至在一些关键的当口，都有让人敬重的文学编辑对我的扶持和帮助。文学编辑们不仅是扶我上文学战马的人，甚至是扶上马、送一路、送一生的人。我的文学写作生涯，可以说一直都伴有文学编辑这个"贵人相助"。我的文学处女作的发表，是报纸的副刊编辑不断鼓励和提出宝贵的修改意见打磨出来的，这促使我走上了文学创作这条路。我在"文革"中对于文学灰心失望，很多年不再提笔写与文学有关的片言只字，是报纸的文学编辑找上门，对我反复激励，促使我重新拿起了笔。我的第一个获得全国文学奖的短篇小说，也是报纸的文学编辑找上门、郑重鼓励催生出来的。我写的第一个中篇小说《初夏》，是人民文学出版社主办的《当代》杂志的编辑和主编，在肯定中又不断提出宝贵的修改意见，反复三年多，才得以问世。至于长篇小说《白鹿原》，也是人民文学出版社的编辑，与我订立并信守了二十年的君子之约，最后得以在贵社出版。在这里，我要向所有文学编辑们，致以崇高的敬意！

与人民文学出版社共同设立白鹿当代文学编辑奖，对于我这样一个作者来说，表达的，是我对文学编辑们深深的真诚的敬重。白鹿，在中国传统文化中，是一个吉祥的象征和符号。白鹿当代文学编辑奖，寄托着我们对于文学事业共同的期盼。希望这个奖一届一届办下去，一届比一届办得精彩。

3月21日 与邢小利乘中午12时8分的G659次高铁回西安，

经停保定东、石家庄、邢台东、安阳、郑州、洛阳六站，站站下去抽烟，最后一站洛阳，未及上车，车门已关，后乘深圳至西安的 G823 次高铁回到西安。

3月　《陈忠实小说自选集》由新世界出版社出版。

4月15日　陕西省政府副省长白阿莹分别到工作室看望著名作家、中国作家协会副主席、陕西省作家协会名誉主席陈忠实和著名作家、陕西省作家协会主席贾平凹，征询他们对陕西省文学发展的意见和建议。陕西省政府副秘书长杨长亚，陕西省作家协会党组书记、常务副主席蒋惠莉，党组副书记、专职副主席齐雅丽等陪同看望。

4月　散文《祭祖》刊《报刊荟萃》第4期。

5月6—8日　在西安丈八沟陕西宾馆参加陕西省作家协会第六届代表大会。

5月7日　上午9时，举行陕西省作家协会第六届会员代表大会开幕式（第一次全体会议）。中共陕西省委、省政府领导出席开幕式，并与来自各市县、各行业的400名作家和文学工作者见面、合影留念。中国作家协会副主席廖奔代表中国作家协会向大会致辞，指出"文学陕军"是当代中国文学很响亮的品牌，在当代中国文学中占有重要地位和广泛影响，为中国文学发展做出了重要贡献。陕西省文学艺术界联合会党组书记、常务副主席吴丰宽代表文化界向大会致辞。贾平凹致开幕词。

晚8时50分，举行陕西省作家协会第六届理事会第一次会议，选举产生第六届主席团组成人员。中共陕西省委宣传部常务副部长任贤良出席会议指导。会议由蒋惠莉主持。经过与会理事投票选举，贾平凹再次当选为陕西省作家协会主席，蒋惠莉当选为常务副主席,齐雅丽当选为专职副主席,王海、方英文、龙云、朱鸿、红柯、李国平、冷梦、吴克敬、张虹、高建群、阎安、梁向阳当选为副主席。

5月8日 上午8时30分,举行陕西省作家协会第六届主席团第一次会议。会议由贾平凹主席主持。会议内容:任命齐雅丽为秘书长;同意继续聘请陈忠实同志为陕西省作家协会第六届主席团名誉主席;讨论通过聘请主席团顾问原则及名单。

上午9时30分,举行陕西省作家协会第六次会员代表大会闭幕式。中共陕西省委常委、省委宣传部部长景俊海出席闭幕式并讲话,对壮大"文学陕军"实力、加强各级作家协会工作、提升陕西文学影响力、建设陕西文化强省提出了指导性意见。副省长白阿莹、省政府副秘书长杨长亚、省委宣传部常务副部长任贤良一同出席。闭幕式由蒋惠莉主持。大会通过了《陕西省作家协会第五届理事会工作报告》的决议和新修订的《陕西省作家协会章程》,聘请陈忠实为陕西省作家协会名誉主席。贾平凹致闭幕词。

5月12日 李建军来西安,晚上在荞麦园做东请李建军吃饭。参加者有邢小利、方英文、朱鸿、仵埂、马玉琛、张艳茜。

5月15日 评论王蓬两部长篇小说的文章《关于〈山祭〉、〈水葬〉的解读》刊《中华读书报》。

5月15—16日 出席在北京召开的中国作家协会第八届全国委员会第三次全体会议。陕西有贾平凹、蒋惠莉、叶广芩出席会议。

5月26日 出席在西安雍村饭店召开的《冯积岐作品集》新书发布会和冯积岐作品研讨会,研讨会由陕西省作家协会和文化艺术出版社联合召开。中国艺术研究院副院长刘茜,陕西省作家协会党组书记、常务副主席蒋惠莉出席并分别致辞。陕西省作家协会主席贾平凹和文学评论家雷达、白烨、畅广元、李星、李国平、邢小利、段建军、杨乐生等四十余人参加研讨。

5月　维吾尔文《白鹿原》(四册)由新疆美术摄影出版社、新疆电子音像出版社出版。吾买尔江·阿木提译。

本月　柯尔克孜文《白鹿原》上下册由克孜勒苏柯尔克孜文出版社出版。上册:吐尔地·买买提吐尔孙译;下册:哈择别克·哈热别克、阿斯卡尔·库尔曼译。

6月3日　下午,在西安白桦林间会所,参加由陕西省作家协会、西安曲江新区管理委员会等单位共同举办的"话剧《白鹿原》新闻发布会暨小说出版20周年庆祝酒会"。与会者有北京人艺副院长濮存昕、演员卢芳,陕西籍演员郭达,编剧孟冰,陕西省委宣传部副部长龚晓燕,陕西省作协党组书记、常务副主席蒋惠莉等。

6月26—29日　北京人民艺术剧院在西安演出话剧《白鹿原》。陈忠实买了3万元的票赠送西安有关人员。

7月2日　应人民文学出版社编辑刘稚之约,为该出版社之"有价值阅读丛书"编定"陈忠实卷"之"目录",交邢小利转为电子版发给刘稚。从这个目录的角度可以见出陈忠实对自己除《白鹿原》之外的作品的一个认识。

目录为:
中篇小说
康家小院

短篇小说

信任

霞光灿烂的早晨

桥

日子

作家和他的弟弟

猫与鼠 也缠绵

李十三推磨

散文

告别白鸽

原下的日子

关于一条河的记忆与想象

贞节带与斗兽场

——意大利散记

口红与坦克

——美国散记

林中那块阳光明媚的草地

——俄罗斯散记

7月4日　在白鹿原冒雨接待山西作家"走近文学大家·陕西行"采风团一行25人。采风团正副团长由作家秦溱和晋原平担任,两人皆为山西省作家协会副主席。

7月　《难得热诚,更难得慧眼——〈谷溪序文集〉序》刊《延安文学》第4期。

8月8日　参加由中共陕西省委宣传部、陕西省作家协会、陕西省文联联合召开的纪念胡采诞辰100周年座谈会并发言。

8月 评论《为生民立命——评纪实文学〈一号文件〉》刊《西部大开发》第8期。

本月 "茅盾文学奖获奖作品全集"系列之《白鹿原》由人民文学出版社出版,该版本标明为1993年6月北京第1版,1997年12月北京第2版,2013年8月北京第1次印刷。

本月 锡伯文《白鹿原》上下册由新疆人民出版社出版。上册:孔淑瑞译;下册:林昌译。

9月9日 陕西作家书画院在西安成立,聘为名誉院长。

10月5日 托邢小利问邵宝庆有关《白鹿原》的英译版权问题。此前,因对版权问题不太了解,将《白鹿原》法文及西方语言翻译版权都签给了法国色依出版社。

邵宝庆以电子邮件答复:

对于陈老师的问题,出版社答复如下:

色依出版社可以考虑转让版权给中国出版社,出版由中国译者翻译的英文版《白鹿原》,虽然出版社认为这不是把此书推向世界的最佳途径。色依出版社承认,由于小说的规模以及因此造成的翻译费用过高,他们尚未找到愿意出版本书英译的出版社。

对于此次转让的具体事宜,他们希望直接和他们取得联系以便签约。色依出版社将依照原来合同的约定,向原作者提供稿费。至于中国出版社拿去的版权的时间,也需另行商定。最好不是独家发行权,以便在有英美出版社愿意出版的时候有出版的可能。

同时出版社还通知,《白鹿原》法文版的简装本,也将于11月份出版。届时作者将会收到应得的赠书。

请向陈老师问好!

10月26日　下午,参加西安出版社在曲江会展中心举行的书展活动,为新出散文集《白墙无字》给读者签名。

10月　散文随笔集《白墙无字》由西安出版社出版。

本月　短篇小说集《日子》以"中国短经典"丛书之一由上海文艺出版社出版。

2014年　72岁

1月　言论《雷达是新时期最具影响力的文学评论家之一》刊《甘肃社会科学》第1期。

3月15日　受邀担任灞桥区作家协会名誉主席。同日,西安市灞桥区作家协会正式成立,并在灞桥区文化馆举行了第一次会员代表大会。

3月29日　参加白鹿书院举办的白鹿雅集·樱花节并致开幕词。作家、书画家叶广芩、方英文、朱鸿、刘炜评、王洽、王维亚、赖甫跃等与会,西安思源学院主要领导参加,翟轰校长致欢迎词,雅集朗诵诗词,表演节目,书画交流。

3月31日　于二府庄写成回忆与陕西省作家协会关系的散文《神秘神圣的文学圣地》。后以同题加外二篇《告别白鸽》《遇合燕子,还有麻雀》刊《黄河文学》(月刊)第7期"中国当代知名散文家新作展"栏目（外二篇非新作——笔者注）。《中华文学选刊》第 10 期选载。

3 月　《梅花香自苦寒来：陈忠实自述人生路》由华中科技大学出版社出版。

本月　《此身安处是吾乡：陈忠实说故乡》由华中科技大学出版社出版。

本月　《悲欢离合总关情：陈忠实说文化》由华中科技大学出版社出版。

5 月 12 日　晚上，在荞麦园做东，请来西安参加《小说评论》有关会议的李建军吃饭。参加者有：方英文，朱鸿，仵埂，马玉琛，张艳茜，邢小利。

5 月 15 日　在白鹿书院接待中国现代文学馆馆长、西安市副市长、文学评论家吴义勤，陪同参观陈忠实文学馆。晚上在樱桃沟请吴义勤吃"农家乐"。

5 月 19 日　《文化心理结构的准确把握——谈长篇小说〈西京故事〉》刊《光明日报》。

5 月 25 日　评论陈彦长篇小说《西京故事》的文章《父子冲突的社会内涵与文化意蕴——谈〈西京故事〉里的几个人物》刊《陕西日报》。又刊《小说评论》第 5 期。

6 月　"有价值悦读"丛书之一《猫与鼠　也缠绵》由人民文学出版社出版。

本月　《忽培元：土窑洞造就文学大才》刊《延安文学》（双月刊）第 4 期。

本月　"现当代长篇小说经典·陈忠实小说自选集"之《白鹿原》由长江出版传媒长江文艺出版社出版。

7月19日 于二府庄写成长篇追忆、纪实散文《不能忘却的追忆》。刊《人民文学》2015年第1期。

该文主要记述陕西户县"伟大的农民思想家"杨伟名其人其事,以及一位杨伟名的知音同道刘景华的事迹。杨伟名1962年因写《当前形势怀感》(又名《一叶知秋》),开始受到陕西省各级领导的重视,同年8月,中共中央在北戴河召开会议,毛泽东主席对此文点名批评,杨伟名命运由此逆转。"文革"中西安冶金学院大学生刘景华奉命调查杨伟名等人,却对杨伟名产生了理解和敬重之情,两人促膝相谈,相见恨晚,后来又以通信交流思想。刘景华独立思考后对"文革"的一些做法产生了怀疑,进而反对和否定"文革",并将其看法书写成大字报张贴到西安钟楼,因之被捕,判处死刑,未立即执行,囚禁八年,"四人帮"被粉碎后释放。杨伟名因刘景华案被牵涉被批斗,于1968年5月6日夜,与妻子换洗干净后从容自杀。

陈忠实一直想以此素材,创作一部长篇小说,后未果。

该文末有陈忠实"又及":

近十年前,先后寻访了杨伟名和刘景华,原想写块稍大的东西,却终未成事。遗憾且不论,这两位陕西乡党的伟迹(绩)一直搁在心底,竟成一种纠结。近日发生自我宽宥心思,作退一步想,把就我所知的他们的事迹记述下来,既向他们致敬,也注入我的文字存留。

9月25日 为于唯德、白军芳著《唐诗宋词元曲书画写意》写的书评《古典诗词曲可以这样读》(陕西人民美术出版社出版)

刊《中国教育报》。

9月 《再说〈白鹿原〉——与陕西广播电视台主持人、西北大学文学博士刘睿对话》刊《渭南师范学院学报》（半月刊）第18期。

本月 全国国学院长高层论坛暨中国书院学会成立大会在千年学府岳麓书院举行。白鹿书院因在学术研究、文化交流、历史资料搜集整理方面的突出成绩，被推举为中国书院学会副会长单位，邢小利当选为副会长。

10月11日 在白鹿书院、陈忠实文学馆接受中央纪委监察部网络中心负责人景延安等人的专访。除当面回答问题，还以笔答完成部分问题。陕西省纪委副书记魏燕，陕西省作家协会党组书记、常务副主席蒋惠莉等陪同采访。邢小利在白鹿书院和陈忠实文学馆接待。

专访内容于10月30日在中央纪委监察部网站以《"聆听大家"系列访谈第3期——著名作家陈忠实专访》推出。

问：2014年10月8日，习近平总书记在党的群众路线教育实践活动总结大会的讲话中，就新形势下坚持从严治党提出了八点要求。请问您是如何理解的？

答：习近平总书记抓从严治党，我觉得抓到了根上、抓住了最主要的问题。因为我们是社会主义国家，中国共产党作为执政党，要建设中国特色社会主义，这个在世界上现在是空前的。要实现这样一个伟大的目标，必须有坚强、坚定、高瞻远瞩的共产党的领导。所以共产党员本身，尤其是领导干部的素质，决定着这个政权的色彩。所以反腐应该是一个最基本的要求。政治上的高瞻远瞩，工作作风上的实事求是和科学精神，都是各级领导干部最重要的素质。指望一个腐败的人把某一个地区干好，根本是不可能的，他只能毁坏这个世界。所以说，习近平总书记再一次强调抓从严治党、抓作风建设、抓纯洁队伍，是抓到了最根本。这是我的认识。

现在看，党风正在明显好转，人民感到振奋。共产党是执政党，这个党本身就应该建设好。我们的各级干部，不管是政府的、人大的、政协的、法院的乃至乡镇的，在人民的眼中，他们都是代表共产党在执政。他们的形象就是共产党的形象。最基本、最起码的一点，就是不能腐败。共产党员本身就应该是廉洁的。

现在的反腐力度很大，警示震慑作用明显，让党员干部不敢腐败。但是根本上要把不敢腐败变成自觉不能腐败、不想腐败，还有一个过程。还要加强教育，加强干部的自身修养，从观念上要牢固树立廉洁意识，把清廉变成自觉行动。这个要逐步抓、长期抓，一定会见效的。

问：近年来，农村发生了巨大而深刻的变化，您曾说自己迫切需要和农民对话，了解处于急骤变化的这一段生活。面对城镇化的快速发展，您最担心今天乡村失去什么？特别是在民风、乡规民约等方面。

答：担心有两点，一是传统的农业文明和自然的和谐关系，二是传统的农业文明里人和人的和谐关系。眼见的世相是，在商品利益的驱使下，这两种和谐的关系遭遇普遍的却也是无形的冲击，所谓趋利忘义人心不古。那些不是靠文字传承而是依言传身教约定俗成的做人的规范和守则，渐渐被淡化被消解。传统的乡村农业文明正待恢复。当今的商品利益的膨胀和驱使，是一种无形的悄无动静的诱惑，传统的道德规范难得传承。

问：您在担任乡镇（当时的公社）党委副书记期间，带领完成了多项重要工程，如修建了4公里的灞河堤、将800亩山坡地改造为平整的梯田、修建小型水库等，这些项目老百姓至今仍在受益。您的从政经历都非常务实，包括您担任省作协主席后。您怎么看待今天一些领导干部的政绩观？您对他们有何建议？

答：我首先想到务实。无论哪一项事业的开拓和发展，都依赖于领头人的实干精神。务实就是实事求是，就是科学思维。依靠科学思维的务实精神，才可能对自己负责的某项事业现状有切实的认识，对未来的发展图景有切实可行的举措，计划中的发展图景变为利国益民的实事时，其政绩就无须自吹了。反之，为了某种个人的欲望而彰显政绩，往往容易发生那种违反科学也损害事业的"面子工程"。这里有一个基本的出发点，即为国利民。

问：全党上下正在落实中央八项规定精神，坚决纠正"四风"，让您感受最深的有哪些方面？

答：中央做出的八项规定，确实令我感动而且感慨。首先解决的是恢复我党的优良传统之一的群众路线，深入群众，调查研究，把每一种决策都建构在切实的可行性上。显然是针对近年间脱离群众华而不实盲目决策的弊病。再一点是八项规定具体到一车一物，当使任何企图违犯者绝无滑脱的余地。我正是由此而生感慨，八项规定中坚决杜绝的那些现象，早已在社会民众中产生恶劣影响，如此严格的纠正，当属民意；做出如此具体的规定，足以见得中央体察民意，也更了解华而不实的种种令人厌恶的事项的细节……我感动，又感慨。

问：您一直十分关注现实，您如何评价当前的反腐败形势？对治理腐败有什么建议？

答：在我的意识里，正在进行的反腐败工作稳健而又有震慑性力度，可以说正当其时，大得党心人心。从已经揭露和惩治的腐败分子的构成来看，各个领域各个行政级别的握有权力的人都有，任谁都会感知腐败现象的严重。尤其是个别党的高级干部的腐败，其不可理喻的程度让我非常震惊，自然也很直接地想到对党的危害了。

我说"正当其时"，一层意思在于对业已形成的甚为严重的腐败现象的彻底清理，彻底到"老虎""苍蝇"一起打，就有一种对腐败现象断止的意义，不致贪腐现象继续蔓延，对于中国共产党的党性党风的庄严和纯正具有切实的作用，也是实现建设富强和谐祖国的根本保证。我说"正当其时"的再一层意思，是反腐倡廉对全党的警示性效应，尤其是对刚刚进入乃至即将进入各个领导岗位的年轻干部，这种廉政的警钟无疑具有警示的效应。我想到陈毅老总刚刚解放时发出的一句警告，手莫伸，伸手必被捉。这种警钟敲响在耳畔、鸣响在心间，对于来自社会的种种诱惑，就会有清醒的意识和坚定的意志，我党的党性党风就会一代一代传承，这是实现中国梦的基本的也是可靠的保证。

我能想到的治理腐败的建议，一是今天进行的反腐败斗争要坚持不懈，不搞运动，即不刮一阵风，而是把反腐倡廉常态化，有腐败发生即治理。再者，总结治理腐败的经验，总结腐败发生的普遍性因由，形成避免腐败发生的规章。浅见如此，供参考。

问：据您观察，反腐败工作对农村社会生活产生了怎样的影响?农民群众对党风廉政建设和反腐败工作还有怎样的期待?

答:对于惩治腐败,乡村群众也是拍手称快,自不待言。这项工作的深入,对乡村社会的影响是积极的,与反腐工作相伴的"八项规定"的实施,区县和乡镇干部的群众路线的意识强化了,纷纷下乡走村串户,调查研究,解决问题和困难。往常是基层(尤其是村子)干部和村民有问题有困难往上跑,甚至跑多次都不能得到解决;现在是区县和乡镇干部往下跑,把发现的问题和困难当场解决,获得实效也获得赞誉。领导作风发生了变化,也让乡民重新产生对党的信任。

乡民首先关注的是自己村子里的干部的公允与清廉,这是直接涉及他们生存的切身利益的事。村子里涉及土地承包,土地被征赔偿款的分配和使用,以及各种公益款的使用等等,多有干部贪占的事发生。再如村级干部选举,以钱买选票或以物换选票的事件也不少见。乡村群众自然期待这些腐败现象能尽快得到根除,让那些清廉公正的人作为他们的领头人,才能从根本上化解干部和村民的矛盾,才能使一个个村子获得和谐,这是最基本也是最起码的一个基础性因素。

问:您在《六十岁说》中讲道,您的人生有两次关键的选择。每个人的人生都面临许多选择,您觉得您的人生抉择,能给我们带来什么样的启示?尤其是对党员干部面临多种选择的时候,如何取舍?

答:"启示"确凿不敢说。道理不言自明,每个人人生的各个阶段的境遇各不相同,这种境遇既有那个时段社会生活的大背景,给某个个人提供选择的机遇或制约,也有纯属个人本体能否具备适宜选择的基本条件,大约只有在两个方面都契合的境遇里,才可能实现人生重要一步的选择和跨越。

对干部面临多种选择时的"取舍"也不敢妄谈。如依我的体会，当须自我把握，尤其是个人的兴趣和优长，适宜何种事项的展示和发挥，即使在遭遇困境和挫折时，我想也不会发生懊恼情绪的"一锤子买卖"，因为个人的兴趣带有先天性的基因，很难改易……前提自不必说，出于公心，造福社会。

问：您曾说过，在您变换种种社会角色的几十年里，父母每每送您出门和迎您回家时的眼神，都给您一个永远的警示："怎么出去还怎么回来，不要把龌龊带回村子带回屋院。"请您谈谈家风对一个人成长、成才的影响，家风对于社会风气、党风政风的影响。

答：组成社会最为基础的是数以亿万计的家庭，而家庭也是各个不同的，城市和乡村家庭有很大差异，干部家庭、知识阶层家庭、市民家庭和乡村家庭等都有典型的大差异，而同一类型即如市民家庭或如乡村的普通农家，也有各个不同的家风。然而在我看来，有一点当属共通的，即是要孩子做一个正直正派的人。我在民间听到过这样的话，无论长大了成龙成凤，或是扛镢吆牛耕种，那要看个人的造化，但无论如何不能学瞎。瞎在关中人意识里和坏是同义词。学瞎就是沾染坏习气坏毛病而成为坏人，关中乡村人不说坏人说瞎人。就我的印象，即使乡村文化普遍低的家庭，都很重视孩子的训导和教育，什么事该做什么事不能做，总是担心儿女染上瞎毛病。家庭教育是至关重要的一环，尤其是童蒙时期，家风对孩子就有一种直接的也是终生的影响；教育既在言语开导，更在父母行为垂范；同居一室，父母处事处人的一言一行都在影响身边的孩子。

家风正，影响给孩子心灵和骨子里的正气和正义是必然的，这样的孩子进入社会，释放出来的自然是正气；面对歪风邪气乃至破坏党风政纪的贪腐投机行为，当有一种本能的拒斥的自觉。家风对人的气质的影响很重要，也仅是一面，更不可或缺党纪国法的警示，还有个人进入社会不可淡忘的修养。

问：请谈谈您心中的"中国梦"。

答：一个繁荣富强的社会主义中国屹立在世界的东方。这是一句老话，却也是储存心中许久许久的话，大约在少年到青年时期就有这样的梦了。依我这样年龄的人来说，经历了新中国成立后的各个发展阶段，有令人鼓舞的发展时期，也多有令人扼腕伤痛的人为的灾难发生。自新时期改革开放至今，不过三十多年时间，中国发生了真可谓日新月异天翻地覆的变化，曾经储存的梦也没有如此辉煌的景观。现在，我的中国梦更大了，一个更为繁荣富强的社会主义中国必将屹立于世界的东方，不仅为十三亿各族民众带来福祉，更伟大的意义在于中国特色社会主义是一个完善的制度，其深远意义是无可估量的。

问：请您给广大党员干部题写一段寄语。

答：将入党时庄严宣誓的誓言永记心间。

10月15日 中共中央总书记、国家主席、中央军委主席习近平在北京主持召开文艺工作座谈会并发表重要讲话。会议召开之前，中国作协通知邀请陈忠实参加，陈因身体原因向中国作家协会党组书记李冰请假，获准。

11月4日 上午，参加在西安雍村饭店召开的陕西省作家协会成立60周年座谈会。

11月　与西北大学贾晓峰对话《文化的沉思与创作的心曲——陈忠实笔谈录》刊《当代作家评论》第6期。

2015年　73岁

春节前后　感觉口腔不舒服，溃疡，一直不见好。进食有碍。

2月　回忆散文《我去你来无尽意……——怀念贤亮》刊《朔方》第2期。

3月27日　言论《路遥和他的〈平凡的世界〉》刊《文艺报》。

4月下旬　经西京医院口腔医院专家检查，确诊患舌癌。

5月　在西京医院检查、治疗。

6月8日　在西京医院住院接受放疗。医院离家较近，一般早去晚归。

6月28日　白鹿书院成立十周年，省内外专家在白鹿书院召开庆贺会和黄土派文学研讨会。陈忠实是白鹿书院的创始人之一，与会专家和工作人员都关心他的身体状况。会议全体人员商定，选一个代表去看望。

6月29日　上午，葛水平代表黄土派文学研讨会会议全体人员去看望陈忠实。陈忠实已经不认识她了。葛水平报了名字，陈忠实才想起来。陈忠实说的话都写在一张纸上，上面写着："记忆失去太多了。许多多年的熟人朋友，见面竟认不出是谁。你回吧。谢谢你和大家关心，代我向他们感谢。"

6月　《陈忠实精选集》由北京燕山出版社出版。

8月10日　治疗告一段落，出院休息。

8月　短篇小说集《白鹿原纪事》由四川文艺出版社出版。

9月2日　去西京医院复查，结果乐观。医生说癌细胞被杀死百分之七八十，余下部分会慢慢被体内遗药灭掉，接下来要好好调理巩固疗效。

9月8日　晚上，与雷电等朋友聚餐。

9月22日　晚上，给邢小利打电话，说他化疗，一是影响记忆，许多字都记不起来了，二是没有了味觉，现在味觉有些恢复，过一星期，他请邢吃泡馍。接下来为一个年轻人的某一件事嘱托。

10月9日　晚上，打电话给邢小利，说次日晚上在西安东门外老孙家饭馆请他吃泡馍，让邢看着再请几个朋友。

10月10日　晚上，在西安东门外老孙家饭馆请诸朋友吃泡馍。有邢小利、仵埂、方英文、朱鸿、刘炜评、王新建、张艳茜、严琳参加。

10月23日　人民文学出版社听闻陈忠实病重，周绚隆副总编和《白鹿原》的两代责任编辑何启治、刘稚专程来西安看望。他们还带来即将出版的《陈忠实文集》（共三百八十多万字，包含1978年至2012年间的所有作品）样书，请陈忠实过目。

10月　《陈忠实文集》（10卷）由人民文学出版社出版。

11月22日　上午，西安工业大学举行陈忠实当代文学研究中心成立十周年暨陈忠实文学创作研讨会，参加开幕式。

11月24日　上午，在西安石油大学工作室接受《华商报》记者王锋专访。说他一边养病，一边读书，第九届茅盾文学奖获奖作家王蒙的《这边风景》、格非的《江南三部曲》、李佩甫的《生命册》、苏童的《黄雀记》都读了，有时间还想读金宇澄那部《繁花》，"了解一下人家是怎样写上海的"。对记者谈："已经看过的这四部,我觉得都各有特点,王蒙老兄写的是他在新疆的那段生活。我们这个年龄段的、有过类似经历或见闻的,很能引起同感。李佩甫写的是平原上那个村庄几十年的风雨变迁,也写到了城市,关注了人们的精神世界,当年他那个《羊的门》我也看过。格非、苏童,也都是老写家了,作品给我有不少启发。"记者请他用几句话描述一下当下的心情,说:"白居易有一首诗,四句:'宠辱忧欢不到情,任他朝市自营营。独寻秋景城东去,白鹿原头信马行。'尤其是后两句,一个人有时候难免要去独寻秋景,很多事情别人没法替代你,这时候你只能信马前行,信马主要表达的是从容吧,我觉得这两句,概括尽了人生况味。作者如果没有极为深刻的人生感慨,是写不出来的。"

12月初　发现肺部有了新问题。接受化疗。到医院仍是早去晚回。治疗间歇,每周去西安石油大学工作室数次。

12月　散文《我是如何走上文学之路的》刊《文苑》第12期。

2016年　74岁

1月15日　与雷电通电话,说雷电送他的刘可风著《柳青传》,他看了后半部分,认为柳青那么早就把很多问题想透了,思考很深。

同日　关于周瑄璞长篇小说的评论《〈多湾〉:曲折流淌,水到渠成》刊《江西日报》。

2月16日　下午,打电话给邢小利,说了两件事。先谈读《陈忠实传》的感受:"你写的那个我的传,早就看完了。原想春节当面和你谈读后的看法,因为一直在治疗中,没有找到合适的时间,今天电话中简单谈几点看法:一、写得很客观。二、资料很丰富,也都真实。有些资料是我写到过的,提到过的,也有很多资料是你从各处找来的,搜集来的,有些资料我也是头一回见,不容易,很感动。三、分析冷静,也切中我的创作实际。四、没有胡吹,我很赞赏。"后让邢小利把他给《当代》杂志最新一期所发表的文学作品用毛笔题写的作品名字,以电子版方式发给《当代》杂志的孔令燕。

2月27日　四川文艺出版社拟出版陈忠实最后授权审定的散文集《白鹿原头信马行》,编辑孙学良收到陈忠实寄来的合同,还附着一张短笺,上面写着:"所选散文目录,在我都是没有异议的……短序待后,争取写成。化疗使我失却记忆,也失去思维……我再争取,请您谅解。"

2月　散文随笔集《生命对我足够深情》由时代文艺出版社出版。

3月23日　在西京医院打着营养针。周延波、邢小利前去看望。

3月　短篇小说《蚕儿》刊《北方人(悦读)》第3期。

4月10日　凌晨零时30分,打电话给雷电,说他把雷电送他看的关于《柳青传》评论看完了,评价"很好",接着说,"柳青这个人很有操守"。

4月11日　晚上,打电话给邢小利,嘱托把他写陈涌的《释疑者》一文,寄中国艺术研究院马克思主义文艺理论研究所《陈涌纪念文集》编辑。

4月26日　因吐血送西京医院抢救。

4月27日　在西京医院。上午11时,陈彦(中共陕西省委宣传部主管文艺的副部长）、黄道峻（陕西省作协党组书记、常务副主席）到医院看望。下午，中共陕西省委书记娄勤俭、省长胡和平来医院看望。因不能说话，在病床上给娄勤俭写道："感谢娄书记关爱，祝贺你任陕西书记，一定会给陕西乃至全国发展作出伟大贡献。再致谢意。"给胡和平省长写道："感谢您对我的关心厚爱，祝贺今日当选陕西省省长，以您的远大理想和智慧，陕西会再大发展，人民相信您。我再次感谢您在第一天当省长来……"

4月28日　在西京医院抢救。中午，中国作家协会党组书记钱小芊专程从北京来医院看望。

4月29日　早上7时45分在西安西京医院去世。

逝世后，中国作家协会发来唁电，天津市作家协会、上海市作家协会、重庆市作家协会等24个省市自治区作家协会发来唁电，鲁迅文学院、中国现代文学馆等中国作协所属单位发来唁电，中国国土资源作家协会、中国石油作家协会等国内一些行业作家协会发来唁电，中国电影家协会、中国散文学会等全国一些艺术家协会、学会发来唁电，新疆新和县委宣传部、什邡市人民政府、陕西省图书馆、北京人民艺术剧院等全国一些地方的党政机关、文学艺术机构、文化单位发来唁电，人民文学出版社、作家出版社、《当代》杂志、《十月》杂志、《收获》杂志、《诗刊》、《文艺报》等全国一些出版社、杂志社、报社等发来唁电，西安交通大学、西北工业大学、首都师范大学等国内一些大学发来唁电，哈萨克斯坦东干协会主席安胡塞、新西兰华文作家协会等国外一些组织的领导和文学艺术机构发来唁电。

作家、艺术家王蒙、铁凝、白烨、白描、蒋子龙、冯骥才、赵玫、张炜、焦祖尧、李佩甫、周大新、赵本夫、叶文玲、王旭烽、麦家、臧军、梅卓、刘成章、范曾、李雪健等以个人的名义发来唁电或唁信。

4月30日 习近平、刘云山、王岐山、刘奇葆、赵乐际、栗战书、胡锦涛、曾庆红、李长春等党和国家领导人对陈忠实的逝世表示沉痛哀悼,向陈忠实家属表示亲切慰问,并委托中国作协和中共陕西省委敬送了花圈。

同日 上午,中共陕西省委书记、省人大常委会主任娄勤俭,中共陕西省委副书记、省长胡和平,全国政协外事委员会副主任马中平,中共陕西省委常委、省委秘书长刘小燕,陕西省副省长杜航伟、姜锋等和部分省级老领导到陕西省作家协会吊唁,对陈忠实逝世表示沉痛哀悼,并敬送了花圈。

5月1日 李克强、张高丽、刘延东、朱镕基等党和国家领导人对陈忠实的逝世表示沉痛哀悼,向陈忠实家属表示亲切慰问,并委托中国作协和中共陕西省委敬送了花圈。

5月2日 温家宝对陈忠实的逝世表示沉痛哀悼,敬送了花圈。

5月4日 晚上,中国作协主席铁凝、副主席李敬泽,在中共陕西省委宣传部副部长陈彦和陕西省作协主席贾平凹陪同下,专程到陈忠实家中吊唁。

雒树刚、黄坤明、铁凝、钱小芊、赵实、贾治邦、袁纯清、景俊海、何建明等中央和国家有关部门领导,韩勇、郭永平、姚引良、毛万春、刘小燕、陈强、高龙福、祝列克、梁桂、徐新荣等陕西省委、陕西省人大、陕西省政府、陕西省政协领导,李希、李锦斌等一些省市领导,陕西省有关部门、市县、单位的负责人,近千家企事业单位、社会组织，或发来唁电、打来电话，或敬送花圈，对陈忠实逝世表示沉痛哀悼。

5月5日　陈忠实遗体告别仪式在西安举行。告别仪式由陕西省人民政府副省长姜锋主持，中共陕西省委常委、宣传部部长梁桂介绍生平。铁凝、马中平、韩勇、李敬泽、郭永平、毛万春、陈强、胡悦、白阿莹等省上领导和部分老领导，中组部、中宣部、中国作家协会等中央和国家有关部门领导和代表，专程从北京、上海等地赶来送别的文学界人士何启治、管士光、周绚隆、刘稚、白烨、李建军、杨海蒂、陈歆耕等，艺术界人士濮存昕、张铁林、张嘉译、许还山、郭达、吴京安、贠恩凤等，书画家刘文西、崔振宽、王西京、江文湛、雷珍民、李成海等，陕西省作协第六届主席团成员及陕西省作协机关干部，陈忠实生前亲友、同事，家乡代表以及社会各界群众代表数千人参加了遗体告别仪式。

6月6日　中国作协在北京举办"陈忠实的创作道路研讨会"。中国作协主席铁凝出席会议并讲话。中国作协党组书记、副主席钱小芊主持会议。雷达、何启治、阎纲、白烨、贺绍俊、梁鸿鹰、张志忠等围绕陈忠实的创作道路及为人为文发表了各自看法。周明、白描、王山、王干、郭艳也即席发言。大家回顾了与陈忠实的交往点滴，分析探讨了陈忠实创作的道路、成就与风格，以及带给中国文坛的现实影响和启示。大家认为，《白鹿原》是一部说不完的经典，蕴含着深刻意蕴和不朽力量。

6月　《延河》第6期推出"纪念陈忠实专号"。

7月　散文集《白鹿原头信马行》由四川文艺出版社出版。

8月　散文《绿风》刊《视野》第15期。

本月　《我缘何创作〈白鹿原〉》刊《雪莲》（青海省西宁

市文学艺术界联合会主办,半月刊)第15期。

10月26日 中共陕西省委宣传部、陕西省文联、陕西省作协在西安组织召开了纪念陈忠实座谈会,陕西省文学艺术界代表和"百优计划"作家、艺术家以及陈忠实亲属代表等一百二十余人参加了会议。中共陕西省委常委、省委宣传部部长梁桂出席并讲话。他指出,当前陕西正处在追赶超越的关键期,迫切需要更多像陈忠实这样德艺双馨的文艺家为这个伟大时代的生动实践鼓与呼,希望全省广大中青年文艺工作者像陈忠实先生那样,站稳人民立场,把准创作导向,把陕西文化的大旗扛在肩上,大力弘扬民族精神,讲好陕西故事,不断增强全省人民的文化自信。

座谈会由中共陕西省委宣传部常务副部长刘斌主持,大会安排贾平凹、李星、畅广元、李震、李国平、赵安、周瑄璞、陈海力分别就陈忠实的创作精神、艺术追求以及人格境界等主题作了发言。

11月 由《文艺报》编,作家出版社出版的《写作就是他的生命:陈忠实纪念文集》出版。

12月25日 由陕西省作协和西安工业大学联合主办的"柳青与陈忠实文学道路研究研讨会"在陕西省作协召开。会议由陕西省作协党组成员、副主席、《小说评论》主编李国平主持,陕西省作协党组书记、常务副主席黄道峻出席会议并致辞。与会专家围绕"柳青与陕西作家的精神谱系""陈忠实的文学创作之路与文学精神""柳青、陈忠实对当下文学创作的启示及意义"等议题展开讨论。黄道峻讲,柳青是我国当代现实主义文学的杰出典范,也是陕西乡土文学流派的开创者,陈忠实在继承柳青的同时开拓新的审美境界,成为在中国当代文学史上具有独立标识的经典作家。研讨柳青与陈忠实在文学谱系上的关联,以及二者对当下陕西文学创作的启示及意义，对推进陕西作家和评论家队伍建设，不断催生精品佳作有重要意义。西安音乐学院教授忤埂认为，柳青和陈忠实都是将个人命运镶嵌在广阔的社会历史背景中，将个人命运和历史命运相关联，但陈忠实更有一种对历史、社会和时代的反思。陕西省作协文学创作研究室主任邢小利认为，从柳青到陈忠实，看似新文学，其实与传统紧密联系。《创业史》和《白鹿原》，追根溯源，可以看到与司马迁所开创的史传传统一脉相承。司马迁的《史记》，是史（历史），也是诗（文学），所谓史诗传统。《史记》写历史，但用的是文学方法、手法和笔法。是历史，也是文学，是用文学写的历史。柳青的《创业史》，有一个"史"字。陈忠实《白鹿原》书前所引巴尔扎克的那一句题记："小说被认为是一个民族的秘史"，也有一个"史"字。两书在书名和书前题记里鲜明地标上一个"史"字，为何？就是为了表明他们的创作目的：此书虽为文学，但写的是"史"。在文学观上，与有些人追求"纯文学"不同，柳青和陈忠实重视文学的"经世致用"功能，柳青重视文学的社会改造功能，陈忠实重视文学对世道人心的裨益功能。西北大学段建军教授指出，柳青把典型生活概括为典型矛盾，柳青、陈忠实在表现不同人和群体通过不同方式争取做人的尊严方面是有传承的。陕西师大教授李继凯讲，当代文学史的书写，对陕西文学的评价，有一定的错误和偏差，陕西如何书写当代文学史，是一个值得思考的问题。西北大学周燕芬教授也表示，目前还没有好的陕西文学史，文学史的写作需要积累和沉淀，所以必须有时间和距离，眼下陕西文学史的写作，可能到了一个合适的时候，因为作为地域文学史，陕西文学史已经有相当的容量和高度了。李星认为陈忠实和柳青的文学基因有相同的地方，比如都受到了司马迁、班固等人的影响，但柳青受苏俄文学影响更深，而陈忠实更多受到当代世界文学的影响，柳青受延安文学基因影响，陈忠实开始走的也是这个路线，但后来走出了柳青。杨乐生、马玉琛、韩伟、吴妍妍、冯涛、杨静涛等与会并发言。

拾 遗

关于李成海书法的评论《天性与灵性》，刊《金融博览》2018年第7期。写作时间不详。

随笔《也说中国人的情感》，就日本首相小泉纯一郎参拜靖国神社，谈国人的情感及对一些国际问题的看法。写作时间及发表处不详。收入散文随笔集《生命对我足够深情》（时代文艺出版社，2016年版）。

资料来源及主要参考文献

1. 艾克恩编纂《延安文艺运动纪盛》,北京:文化艺术出版社,1987年版。
2. 钟敬之、金紫光主编《延安文艺丛书·文艺史料卷》,长沙:湖南文艺出版社,1987年版。
3. 中共陕西省委组织部《陈忠实档案》。
4. 陈忠实《寻找属于自己的句子——〈白鹿原〉创作手记》,上海:上海文艺出版社,2009年版。
5. 陈忠实《白墙无字》,西安:西安出版社,2013年版。
6. 陈忠实《生命对我足够深情》(散文随笔集),长春:时代文艺出版社,2016年版。
7. 陈忠实《陈忠实文集》(十卷),北京:人民文学出版社,2016年版。
8. 陈忠实《陈忠实集外集》,邢小利主编,西安:白鹿书院、陈忠实文学馆,2011年10月印行。
9. 西北文学艺术界联合会《西北文艺》。
10. 陕西省作家协会(中国作家协会西安分会、中国作家协会陕西分会)《延河》杂志。
11. 陕西省作家协会《小说评论》杂志。
12. 中国作家协会西安分会《文学简讯》(内部)杂志。
13. 陕西省作家协会《陕西文学界》(内部)杂志。

14. 陕西省作家协会陕西作家网。
15. 中国作家协会西安分会红色造反队编《文学战地》(1967—1968年)。
16. 陕西省作家协会编《陕西省作家协会大事记1954—2014》,西安:陕西新华出版传媒集团太白文艺出版社,2014年版。
17. 邢小利、邢之美编撰《陕西文学大事记1936—2016》,西安:陕西新华出版传媒集团陕西人民出版社,2018年版。
18. 中共西安市委主办《西安日报》。
19. 中共西安市委主办《西安晚报》。
20. 中共陕西省委主办《陕西日报》。
21. 人民文学出版社《当代》杂志。
22. 中国作家协会《文艺报》。
23. 上海文汇新民联合报业集团《文学报》。
24. 何启治《美丽的选择》,北京:首都师范大学出版社,2010年版。
25. 邢小利《陈忠实画传》,西安:陕西师范大学出版总社有限公司,2012年版,2016年增订版。
26. 邢小利《陈忠实传》,北京:人民文学出版社,2018年版。
27. 邢小利编《陈忠实往来书信集》(未出版)。
28. 邢小利《邢小利日记》(未刊稿)。
29. 邢小利、邢之美著《柳青年谱》,北京:人民文学出版社,2016年版。
30. 冯希哲、赵润民编《走进陈忠实》,陕西人民出版社2006年版。
31. 冯希哲、张琼、曹小娟编《走近陈忠实》第二辑,陈忠实当代文学研究中心,陕西新华出版传媒集团太白文艺出版社,2017年版。
32. 祁念曾、张效民编《魂系白鹿原——陈忠实纪念文集》,成都:四川文艺出版社,2016年版。
33. 《文艺报》编《写作就是他的生命:陈忠实纪念文集》,作家出版社,2016年版。

34. 雷涛主编《天地白鹿魂永存——陈忠实纪念文集》,西安:陕西新华出版传媒集团太白文艺出版社,2017年版。
35. 人民文学出版社编辑部编《陈忠实纪念集》,北京:人民文学出版社,2018年版。
36. 中国人民政治协商会议西安市灞桥区委员会《乡党陈忠实》,灞桥文史资料第二十四辑,2019年8月。
37. 白鹿书院、陈忠实文学馆收藏资料。

陈忠实著作年表

1. 《乡村》（短篇小说集），陕西人民出版社，1982年7月第1版第1次印刷。印数：3000册。定价：0.66元。

2. 《初夏》（中篇小说集），上海文艺出版社，1986年6月第1版第1次印刷。印数：3400册。定价：1.95元。责任编辑：张贺琴。

3. 《四妹子》（中篇小说集），中原农民出版社，1988年4月第1版第1次印刷。印数：5460册。定价：3.50元。责任编辑：李明性。

4. 《创作感受谈》（文论集），陕西人民出版社，1991年1月第1版第1次印刷。印数：1500册。定价：3.15元。责任编辑：肖重声。

5. 《到老白杨树背后去》（短篇小说集），陕西人民教育出版社，1991年1月第1版第1次印刷。印数：4600册。定价：2.70元。责任编辑：赵常安。

6. 《夭折》（中篇小说集），陕西人民出版社，1992年12月第1版第1次印刷。印数：1000册。定价：4.75元。责任编辑：邢良俊。

7. 《白鹿原》（长篇小说），人民文学出版社，1993年6月第1版第1次印刷。印数：14850册。定价：12.95元。责任编辑：刘会军、高贤均、何启治。

8. 《陈忠实短篇小说选萃》，西安出版社，1993年9月第1版第1次印刷。印数：10000册。定价：6.45元。责任编辑：寇崇珑。

9. 《陈忠实中篇小说选萃》，西安出版社，1993年9月第1版第1次刷。印数：10000册。定价：7.80元。责任编辑：寇崇珑。

10. 《白鹿原》（长篇小说），香港天地图书有限公司，1993年11月第1版。定价：港币80元。2012年第二版。定价：港币118元。

11. 《陈忠实爱情小说选》，太白文艺出版社，1993年11月第1版第1次印刷。印数：10000册。定价（平）：13.80元。责任编辑：肖重声。

12. 《白鹿原》（长篇小说），台湾新锐出版社，1994年1月第1版。

13. 《蓝袍先生》（中篇小说集），作家出版社，1994年2月北京第1版第1次印刷。印数：10100册。定价：12.10元。责任编辑：潘婧。

14. 《地窖》（中篇小说集），台湾汉湘文化事业股份有限公司，1994年11月第1版。定价：250台币。编辑：巫晓维。

15. 《初夏》（中篇单行本），陕西人民出版社，1994年11月第1版第1次印刷。印数：5000册。定价：9.80元。责任编辑：孔明。

16. 《陈忠实小说自选集》（三卷），华夏出版社，1996年1月北京第1版第1次印刷。定价：71.40元。责任编辑：陈泽顺。

17. 《陈忠实小说精选》，太白文艺出版社，1996年2月第1版第1次印刷。印数：10000册。定价：22.50元。

18. 《陈忠实文集》（五卷），太白文艺出版社，1996年8月第1版第1次印刷。印数：10000套。定价：118元。责任编辑：朱鸿。

19. 《生命之雨》（陈忠实自选散文集），陕西人民教育出版社，1996年8月第1版第1次印刷。印数：5000册。定价（简精）：26.00元。责任编辑：王喆。

20. 《陈忠实创作申诉》（文论集），花城出版社，1996年9月第1版第1次印刷。印数：10000册。定价：11.80元。责任编辑：陈虹。

21. 《白鹿原》（长篇小说），日本，中央公论社（日文版），1996年10月第1版。译者：林芳。

22. 《白鹿原》（长篇小说），五卷，韩国，韩国文院（韩文版），1997年第1版。

23. 《白鹿原》（修订本），人民文学出版社，1993年6月北京第1版，1997年12月北京第2版，1997年12月北京第9次印刷。印数：584851—589850册。定价：22.50元。责任编辑：刘会军、高贤均、何启治。

24. 《告别白鸽》（散文集），湖南文艺出版社，1998年1月第1版第1次印刷。印数：6000册。定价：12.60元。责任编辑：邓映如。

25. 《陈忠实散文》，华夏出版社，1999年1月第1版第1次印刷。印数：6000册。定价：8.80元。

26. 《陈忠实小说精选》（二卷），台湾金安出版社，1999年4月初版。定价：新台币200元。编辑：李碧珍。

27. 《康家小院》（中篇小说集），河南文艺出版社，1999年5月第1版第1次印刷。印数：4000册。定价：16.40元。责任编辑：张丽侠。

28. 《白鹿原》（长篇小说，上下册），台湾金安文教机构，2000年2月第1版。定价：新台币550元。这个版本内容用的是"初版本"内容。

29. 《白鹿原》，"百年百种优秀中国文学图书"，人民文学出版社，2000年7月北京第1版，2000年7月河北第1次印刷。印数：10000册。定价：28.00元。这个版本内容用的是"初版本"内容。

30. 《白鹿原》（长篇小说），蒙古文本，译者：敖特根、色旺吉格吉德等译。内蒙古人民出版社，2000年10月第1版，2000年10月第1次印刷。印数：2000册。定价：人民币28.00元。

31. 《家之脉》（散文集），广州出版社，2000年10月第1版第1次印刷。定价：18.00元。责任编辑：余正平。

32. 《白鹿原》（长篇小说），越南，岘港出版社（越南文），2000年第1版。

33. 《走出白鹿原》（散文集），陕西旅游出版社，2001年1月第1版第1次印刷。印数：10000册。定价：18.00元。责任编辑：

薛放，全力。

34.《陈忠实》，"中国当代作家选集丛书"，人民文学出版社，2002年1月北京第1版第1次印刷。印数：5000册。定价：26.60元。责任编辑：李建军。

35.《日子》（小说散文集），陕西旅游出版社，2002年1月第1版第1次印刷。印数：10000册。定价：22.00元。责任编辑：王巨川。

36.《陈忠实散文》，解放军出版社，2002年9月第1版第1次印刷。印数：8000册。定价：22.00元。责任编辑：李鸣生。

37.《原下集》（小说散文集），上海人民出版社，2002年9月第1版第1次印刷。印数：10000册。定价：16.00元。责任编辑：陈莉莉。

38.《走向诺贝尔·陈忠实卷》，文化艺术出版社，2002年10月第1版第1次印刷。印数：10100册。定价：22.00元。责任编辑：蔡志翔、董耘。

39.《白鹿原》（大学生必读本），人民文学出版社，1993年6月北京第1版，1997年12月北京第2版，2003年1月河北第3次印刷。印数：15001—20000册。定价：29.80元。这个版本内容用的是"修订本"内容。

40.《原下的日子》（小说散文集），太白文艺出版社，2004年1月第1版第1次印刷。印数：5000册。定价：29.80元。责任编辑：韩霁虹。

41.《陈忠实小说自选集·长篇小说卷》，长江文艺出版社，2004年1月第1版第1次印刷。印数：20000册。定价：28.00元。责任编辑：周百义。

42.《陈忠实小说自选集·中篇小说卷》，长江文艺出版社，2004年1月第1版第1次印刷。印数：8000册。定价：28.00元。责任编辑：胡敦焕。

43.《陈忠实小说自选集·短篇小说卷》，长江文艺出版社，2004年2月第1版第1次印刷。印数：8000册。定价：28.00元。责任编辑：张远林。

44.《白鹿原》，"中国文库"版，人民文学出版社，2004年3月第1版第1次印刷。印数：15000册。定价：28.00元。责任编辑：刘会军。

45.《陈忠实文集》（七卷），广州出版社，2004年5月第1版第1次印刷。印数：6000套。定价：176.00元。责任编辑：杨斌。

46.《关中故事》（短篇小说集），昆仑出版社，2004年5月第1版，北京第1次印刷。印数：10100册。定价：29.00元。责任编辑：佘天宝。

47.《白鹿原》（中国当代名家长篇小说代表作），人民文学出版社，1993年6月北京第1版，2004年5月第1次印刷。印数：20000册。定价：30.00元。责任编辑：刘会军、高贤均、何启治。这个版本用的是"初版本"内容。

48.《白鹿原》（中国文库·精装本），人民文学出版社，2004年7月第1版第1次印刷。印数：500册。定价53元。这个版本用的是"修订本"内容。责任编辑：刘会军、高贤均、何启治。

49.《白鹿原》（茅盾文学奖获奖作品全集），人民文学出版社，1993年6月北京第1版，1997年12月北京第2版，2005年1月第1次印刷。印数：20000册。定价：31.00元。这个版本用的是"修订本"内容。责任编辑：刘会军、高贤均、何启治。

50.《康家小院》，"当代名家自选精品丛书"，中国社会出版社，2005年7月第1版第1次印刷。定价25.00元。责任编辑：牟洁。

51.《陈忠实精选集》，"世纪文学60家"，北京燕山出版社，2006年2月第1版第1次印刷。定价：20.00元。责任编辑：陈果，李江华。

52.《关于一条河的记忆》(陈忠实散文精选集),"品读名家系列",中国社会出版社,2006年10月第1版第1次印刷。定价:15.00元。责任编辑:牟洁。

53.《凭什么活着——我的人生笔记》(散文随笔集),时代文艺出版社,2007年1月第1版第1次印刷。定价:25.00元。责任编辑:李天卿。

54.《我的行走笔记》(散文随笔集),时代文艺出版社,2007年5月第1版第1次印刷。定价:22.00元。责任编辑:李天卿。

55.《关中风月》(中短篇小说集),"西部羊皮书/小说系列",主编:徐春萍。东方出版中心,2007年8月第1版第1次印刷。定价:30.00元。责任编辑:范文渊。

56.《我的关中我的原》(散文随笔集),"新视觉书坊",主编:肖关鸿,曹维劲。学林出版社,2007年8月第1版第1次印刷。印数:8000册。定价:28.00元。责任编辑:乐惟清。

57.《乡土关中》(散文随笔集),摄影:王蓬等,中国旅游出版社,2008年1月第1版第1次印刷。印数:10000册。定价:28.00元。责任编辑:王建华。

58.《四妹子》(中篇小说集),时代文艺出版社,2008年1月第1版第1次印刷。定价:22.00元。责任编辑:李天卿。

59.《白鹿原》(评点本),雷达评点,文化艺术出版社,2008年1月第1版第1次印刷。印数:15000册。定价:38.00元。责任编辑:李恩祥。

60.《陈忠实自选集》,"中国当代著名作家自选集系列",海南出版社,2008年1月第1版第1次印刷。定价:48.00元。责任编辑:刘靖。

61.《吟诵关中——陈忠实最新作品集》,重庆出版集团重庆出版社,2008年3月第1版第1次印刷。印数:10000册,定价:32.00元。责任编辑:罗玉平,寇德江。

62.《白鹿原》,"陈忠实集"之长篇小说卷,精装本,北京出版社出版集团北京十月文艺出版社,2008年5月第1版第1次印刷。定价36.00元。策划编辑:张引墨,郑实。责任编辑:郑实,李亚梓。

63.《第一刀》,"陈忠实集"之短篇小说卷,精装本,北京出版社出版集团北京十月文艺出版社,2008年7月第1版第1次印刷。定价29.80元。策划编辑:张引墨,郑实。责任编辑:李亚梓。

64.《蓝袍先生》,"陈忠实集"之中篇小说卷,精装本,北京出版社出版集团北京十月文艺出版社,2008年8月第1版第1次印刷。定价29.80元。策划编辑:张引墨,郑实。责任编辑:胡晓舟。

65.《原下的日子》,"陈忠实集"之散文卷,精装本,北京出版社出版集团北京十月文艺出版社,2008年8月第1版第1次印刷。定价28.00元。策划编辑:张引墨,郑实。责任编辑:崔晓燕,李亚梓。

66.《陈忠实散文精选集》,新世界出版社,2008年9月第1版第1次印刷。定价:29.80元。责任编辑:陈黎明。

67.《秦风》,"大雅中国风系列",陈忠实著,雒志俭等绘图,上海高校都市文化E—研究院、上海大雅文化传播有限公司主编,华东师范大学出版社,2008年11月第1版第1次印刷。印数:6000册。定价:29.80元。

68.《陈忠实小说》(评点本),何西来评点,文化艺术出版社,2008年11月第1版第1次印刷。印数:7000册。定价:33.00元。策划:李恩祥。责任编辑:张勍倩。

69.《陈忠实散文》(评点本),古耜评点,文化艺术出版社,2009年1月第1版第1次印刷。印数:7000册。定价:28.00元。策划:李恩祥。责任编辑:周进生。

70.《白鹿原》,"共和国作家文库",作家出版社,2009年4月第1版第1次印刷。定价：38.00元。责任编辑：张亚丽。

71. 《回首往事》（短篇小说集），中国盲文出版社，2009年4月第1版第1次印刷。定价：26.00元。责任编辑：李刚。（版权页注：此书盲文版同时出版，盲人读者可免费借阅）

72. 《默默此情》（散文集），中国盲文出版社，2009年4月第1版第1次印刷。定价：26.00元。责任编辑：刘珍珍。（版权页注：此书盲文版同时出版，盲人读者可免费借阅）

73. 《白鹿原》，"新中国60年长篇小说典藏"，精装，人民文学出版社，1997年12月第1版，2009年7月第1次印刷。印数：4000册。定价：46.00元。

74. 《白鹿原》，"共和国作家文库"，精装，作家出版社，2009年8月第1版第1次印刷。定价：60.00元。责任编辑：张亚丽。

75. 《寻找属于自己的句子——〈白鹿原〉创作手记》，上海文艺出版社，2009年8月第1版第1次印刷。定价：25.00元。责任编辑：修晓林。

76. 《在河之洲》（散文选集），"名家经典点评系列"，何启治点评，广东出版集团广东教育出版社，2010年8月第1版第1次印刷。印数：5000册。定价：27.00元。责任编辑：吴曼华。

77. 《白鹿原》，"当代陕西文艺精品"，人民文学出版社、太白文艺出版社，1993年6月北京第1版，2010年10月第1次印刷。印数：2000册。定价：65.00元。责任编辑：刘稚、邓积仓、陈昕。

78. 《寻找属于自己的句子——〈白鹿原〉写作自述》，"大家自述史"，北京大学出版社，2011年1月第1版第1次印刷。定价：39.00元。责任编辑：王炜烨。

79. 《白鹿原》，"语文新课标必读丛书"，节选本，24万字，吉林出版集团时代文艺出版社，2011年1月第1版第1次印刷。定价：24.80元。责任编辑：王默涵。

80.《白鹿原》(三卷),"宣纸本作家传世珍藏",作家出版社,2011年9月第1版第1次印刷。印数:2000册。定价480元。责任编辑:王宝生。

81.《Au Pays du Cerf blanc》(《白鹿原》法文本),法国色依出版社(Éditions du Seuil)2012年5月第1版,定价:25欧元。译者:邵宝庆、Solange CRUVEILLÉ。

82.《接通地脉》(散文集),作家出版社,2012年6月第1版第1次印刷。印数:10000册。定价:35.00元。责任编辑:张亚丽,秦悦。

83.《白鹿原》,"20周年隆重纪念版",精装,有插图(电影《白鹿原》布景画稿),人民文学出版社,1993年6月北京第1版,2012年8月第1次印刷。印数:50000册。定价:39.00元。责任编辑:刘稚。

84.《失重》(短篇小说集),湖北长江出版集团长江文艺出版社,2012年8月第1版第1次印刷。定价:32.00元。责任编辑:程华清。

85.《夭折》(中篇小说集),湖北长江出版集团长江文艺出版社,2012年8月第1版第1次印刷。定价:32.00元。责任编辑:程华清。

86.《〈白鹿原〉手稿本》(全四册),人民文学出版社,2012年9月北京第1版第1次印刷。印数:3000册(套)。定价:960.00元。责任编辑:付艳霞。

87.《陈忠实解读陕西人》,冯希哲编,陕西师范大学出版总社有限公司,2012年9月第1版第1次印刷。定价:48.00元。责任编辑:巩亚男。

88.《漕渠三月三》,"当代大家散文"丛书,王必胜主编,线装书局,2012年12月第1版第1次印刷。印数:800册。定价:92.00元。责任编辑:李琳。

89.《拥有一方绿荫》,"当代著名作家美文书系",中国文史出版社,2013年1月第1版第1次印刷。定价:35.00元。责任编辑:李晓薇。

90.《霞光灿烂的早晨》(中短篇小说集),重庆出版集团重庆出版社,2013年1月第1版第1次印刷。定价:32.00元。责任编辑:张好好。

91.《蓝袍先生》,"茅盾文学奖获奖者小说丛书",凤凰出版传媒股份有限公司江苏文艺出版社,2013年1月第1版第1次印刷。定价:29.00元。责任编辑:郝鹏,孙金荣。

92.《释疑者》(小说散文集),"茅盾文学奖获奖作家的短经典"书系,人民文学出版社,2013年1月第1版第1次印刷。印数:10000册。定价:26.00元。责任编辑:付艳霞。

93.《康家小院》(中短篇小说集),"茅盾文学奖获奖作家丛书",中国社会出版社,2013年2月第1版第1次印刷。定价:29.80元。责任编辑:牟洁。

94.《白鹿原上》,凤凰出版传媒股份有限公司江苏文艺出版社,2013年2月第1版第1次印刷。定价:29.80元。责任编辑:刘佳,王一冰。

95.《陈忠实小说自选集》,新世界出版社,2013年3月第1版第1次印刷。定价:29.00元。责任编辑:赵涛,张杰楠。

96.《记忆》(散文集),中国社会出版社,2013年7月第1版第1次印刷。定价:29.80元。责任编辑:牟洁。

97.《白鹿原》(维吾尔文),吾买尔江·阿木提译,新疆美术摄影出版社、新疆电子音像出版社,第1、2、3册,2013年5月第1版,2013年7月第1次印刷;第4册,2013年7月第1版,2013年7月第1次印刷。各册定价:1,22.35元;2,22.35元;3,22.35元;4,20.16元。

98.《白鹿原》(柯尔克孜文),上下册,上册:吐尔地·买买提吐尔孙译，下册：哈择别克·哈热别克，阿斯卡尔·库尔曼译，克孜勒苏柯尔克孜文出版社，2013年5月第1版第1次印刷。印数：700册。定价：上册，74元；下册，86元。

99.《白鹿原》（锡伯文），上下册，上册：孔淑瑞译，下册：林昌译，新疆人民出版社，2013年8月第1版第1次印刷。印数：290册。定价：上册，210.50元；下册，252.30元。

100.《白鹿原》，"茅盾文学奖获奖作品全集"系列，人民文学出版社，1993年6月北京第1版，1997年12月北京第2版，2013年8月北京第1次印刷。定价：36.00元。责任编辑：刘稚。

101.《白墙无字》，西安出版社，2013年10月第1版第1次印刷。定价：38.00元。责任编辑：杨栋，李亚利。

102.《日子》（短篇小说集），"中国短经典"丛书，上海文艺出版社，2013年10月第1版第1次印刷。定价：30.00元。责任编辑：修晓林。

103.《此身安处是吾乡：陈忠实说故乡》，华中科技大学出版社，2014年3月第1版第1次印刷。定价：29.80元。责任编辑：许晓善。

104.《梅花香自苦寒来：陈忠实自述人生路》，华中科技大学出版社，2014年3月第1版第1次印刷。定价：29.80元。责任编辑：许晓善。

105.《悲欢离合总关情：陈忠实说文化》，华中科技大学出版社，2014年3月第1版第1次印刷。定价：29.80元。责任编辑：许晓善。

106.《猫与鼠 也缠绵》，"有价值悦读"丛书，人民文学出版社，2014年6月第1版第1次印刷。印数：8000册。定价：28.00元。责任编辑：刘稚。

107.《白鹿原》，"现当代长篇小说经典·陈忠实小说自选集"，长江出版传媒长江文艺出版社，2014年7月第1版第1次印刷。定价：38.00元。责任编辑：程华清。

108.《陈忠实精选集》，北京燕山出版社，2015年6月第1版第1

次印刷。定价：35元。责任编辑：尚燕彬，王滢。

109.《白鹿原纪事》（短篇小说集），四川文艺出版社，2015年8月第1版第1次印刷。定价：45元。责任编辑：孙学良。

110.《陈忠实文集》（十卷），人民文学出版社，2015年10月第1版第1次印刷。印数：5000册（套）。定价：380元。责任编辑：刘稚。

111.《生命对我足够深情》（散文随笔集），时代文艺出版社，2016年2月第1版第1次印刷。定价：48元。责任编辑：李天卿，刘越新。

112.《陈忠实民生散文选》（散文集），中国言实出版社，2016年5月第1版第1次印刷。定价：16.00元。责任编辑：邹绍荣。

113.《白鹿原头信马行》（散文集）四川文艺出版社，2016年7月第1版第1次印刷。定价：45.00元。责任编辑：孙学良。

114.《我与白鹿原》（创作论、散文、随笔、报告文学集），天津人民出版社，2017年5月第1版第1次印刷。印数：15000册。定价：48.00元。责任编辑：张璐。

115.《李十三推磨》（中短篇小说集），作家出版社，2017年7月第1版第1次印刷。定价：46.00元。责任编辑：秦悦。

116.《儿时的原》（散文集），陕西新华出版传媒集团太白文艺出版社，2018年1月第1版第1次印刷。定价：20.00元。责任编辑：马凤霞，彭雯。

117.《陈忠实白鹿原散文》（散文集），"文汇·金散文"（第二辑），邢小利选编，，文汇出版社，2018年9月第1版第1次印刷。定价：38.00元。责任编辑：张涛。

118.《愿白鹿长驻此原》（散文集），河南文艺出版社，2019年1月第1版第1次印刷。定价：38.00元。责任编辑：陈静。

119.《读书与行走》（散文集），"行走文丛"，邢小利选编，，上海三联书店，2019年12月第1版第1次印刷。定价：42.80元。责任编辑：程力。

120. 《行走人间》（散文集），重庆出版集团重庆出版社，2019年12月第1版第1次印刷。定价：42.00元。责任编辑：陶志宏，张蕊。
121. 《共剪岁月》（随笔集），重庆出版集团重庆出版社，2020年3月第1版第1次印刷。定价：39.80元。责任编辑：陶志宏，张蕊。
122. 《自成风景》（散文集），重庆出版集团重庆出版社，2020年3月第1版第1次印刷。定价：42.00元。责任编辑：陶志宏，张蕊。
123. 《陈忠实文学回忆录》（散文、随笔集），广东人民出版社，2020年7月第1版第1次印刷。定价：68.00元。责任编辑：刘宇，马妮璐。

其他：

邢小利主编：《陈忠实集外集》，白鹿书院、陈忠实文学馆2011年10月印行。

改编、移植：

1. 《接班以后》（连环画），茹桂、王韶之改编，华山机械厂王三县、《延安画刊》记者绘图，陕西人民出版社，1975年8月第1版第1次印刷，印数：250000册，定价：0.08元。

2. 《高家兄弟》（连环画），何忠社、王永祥改编，陕西省艺术学院美术系连环画学习小组绘画，陕西人民出版社，1976年6月第1版第1次印刷，定价：0.08元。

3. 《白鹿原》（连环画），石良改编，李志武绘画，人民美术出版社，2002年10月第1版，印数：2000册，定价（上下册）：75.00。责任编辑：夏丽，徐永林。

陈忠实获奖作品目录

1. 《信任》（短篇小说）
   1979年全国优秀短篇小说奖。北京。
2. 《立身篇》（短篇小说）
   1980年《飞天》短篇小说奖。甘肃。
3. 《尤代表轶事》（短篇小说）
   1981年《延河》短篇小说奖。陕西。
4. 《第一刀》（短篇小说）
   1980年《陕西日报》好稿奖一等奖。陕西。
5. 《康家小院》（中篇小说）
   《小说界》首届（1981—1983年）优秀作品奖。上海。
   陕西省1984年文艺创作"开拓奖"荣誉奖。陕西。
6. 《初夏》（中篇小说）
   1984年《当代》文学奖。北京。
7. 《十八岁的哥哥》（中篇小说）
   1985年《长城》文学奖。河北。
8. 《四妹子》（中篇小说集）
   1988年陕西作协首届"双五"文学奖。陕西。
9. 《渭北高原，关于一个人的记忆》（报告文学）
   1990—1991年全国报告文学奖。北京。

10. 《白鹿原》（长篇小说）

   陕西作协第二届"双五"文学奖最佳作品奖。陕西。

   第二届人民文学出版社"炎黄杯"奖。北京。

   中国作家协会第四届茅盾文学奖。北京。

11. 《活在西安》（散文）

   2000年《人民日报》"走进西部"散文征文二等奖。北京。

12. 《原下的日子》（散文）

   2004年《人民文学》优秀作品奖。北京。

13. 《一次心灵的洗礼》（散文）

   《求是》杂志2006年"红色之旅"征文一等奖。北京。

14. 《日子》（短篇小说）

   2007年首届蒲松龄短篇小说奖。山东。

15. 首届陕西文艺大奖艺术成就奖

   中共陕西省委、陕西省人民政府主办，2007年。陕西。

16. 《李十三推磨》（短篇小说）

   2007年"茅台杯"人民文学奖。北京。

17. 《李十三推磨》（短篇小说）

   《小说选刊》2008年首届中国小说双年奖短篇小说奖。北京。

18. 《白鹿原》（长篇小说）

   2008年11月入选深圳读书月组委会、深圳报业集团联合组织的"影响中国人的30年30本书"。深圳。

19. 《李十三推磨》（短篇小说）

   《小说月报》2009年第13届百花奖。天津。

陈忠实研究著作目录

专著类

1. 《〈白鹿原〉研究》，郑万鹏著，时代文艺出版社，1998年7月第1版第1次印刷。字数：200千字。印数：10000册。定价：15.00元。书末附：一、郑万鹏等人与陈忠实的访谈录；二、截至1997年底的《白鹿原》研究资料索引。

2. 《宁静的丰收：陈忠实论》，李建军著，华夏出版社，2000年4月北京第1版第1次印刷。字数：166千字。定价：16.00元。

3. 《白鹿原的文化阐释》，段建军著，西北大学出版社，2001年6月第1版第1次印刷。字数：167千字。印数：1000册。定价12.00元。

4. 《〈白鹿原〉论稿》，王玉林著，韩国新星出版社，2001年10月第1版第1次印刷。定价：韩元40元。阎纯德作序。

5. 《踏过泥泞五十秋：陈忠实论》，公炎冰著，陕西人民出版社，2002年7月第1版第1次印刷。字数：150千字。印数：2000册。定价：11.00元。该书是作者20世纪末在复旦大学攻读中国现当代文学博士的学位论文。复旦大学博士生导师贾植芳为之作序。

6. 《陈忠实论——从文化角度考察》，畅广元著，人民文学出版社，2003年6月北京第1版第1次印刷。字数：200千字。印数：3000册。定价：16.00元。肖云儒、李星作序。

7. 《走进白鹿原——考证与揭秘》，卞寿堂著，太白文艺出版社，2005年1月第1版第1次印刷。字数：344千字。印数：3000册。定价：24.80元。牛象坤作序。

8. 《〈白鹿原〉写作中的文化叙事研究》，赵录旺著，陕西人民出版社，2009年5月第1版第1次印刷。字数：180千字。印数：500册。定价：13.50元。屈雅君作序。

9. 《三个人的文学风景：多维视镜下的路遥、陈忠实、贾平凹比较论》，梁颖著，人民出版社，2009年6月第1版第1次印刷。字数：180千字。定价：20.00元。雷达作序。

10. 《陈忠实小说：在东西方文学坐标上》，冯望岳、李兆虹、马千里等著，中国社会科学出版社，2009年12月第1版第1次印刷。字数：225千字。定价：26.00元。

11. 《陈忠实画传》，邢小利著，陕西师范大学出版总社有限公司，2012年10月第1版第1次印刷。字数：170千字。定价：48.00元。

12. 《陈忠实的文学人生》，王仲生、王向力著，陕西师范大学出版总社有限公司，2012年10月第1版第1次印刷。字数：290千字。定价：48.00元。

13. 《〈白鹿原〉文学原型考释》，卞寿堂著，陕西师范大学出版总社有限公司，2012年10月第1版第1次印刷。字数：260千字。定价：48.00元。

14. 《陈忠实的人与文》，李清霞著，中国社会科学出版社，2013年10月第1版第1次印刷。字数：405千字。定价：62.00元。

15. 《生命体验与艺术表达：陈忠实方言写作叙论》，宋颖桃、王素著，中国社会科学出版社，2013年11月第1版第1次印刷。字数：235千字。定价：46.00元。

16. 《陈忠实传》，邢小利著，陕西新华出版传媒集团陕西人民出版社，2015年11月第1版第1次印刷。字数：220千字。定价：

39.00元。

17. 《陈忠实画传》（增订版），邢小利著，陕西师范大学出版总社有限公司，2016年7月第1版第1次印刷。字数：150千字。定价：35.00元。

18. 《陈忠实年谱》，邢小利、邢之美著，陕西新华出版传媒集团陕西人民出版社，2017年4月第1版第1次印刷。字数：260千字。定价：49.00元。

19. 《陈忠实的蝶变》，李建军著，二十一世纪出版社集团，2017年9月第1版第1次印刷。字数：380千字。定价：58.00元。

20. 《陈忠实评传》，王仲生、王向力著，陕西师范大学出版总社，2018年3月第1版第1次印刷。字数：290千字。定价：136.00元。

21. 《陈忠实传》，邢小利著，人民文学出版社，2018年4月第1版第1次印刷。印数：10000册。字数：240千字。定价：33.00元。

22. 《文化传统与家国情怀的审视：以陈忠实及其〈白鹿原〉为例》，张志昌著，中国社会科学出版社，2019年12月第1版第1次印刷。字数：408千字。定价：99.00元。

23. 《陈忠实文学评传》，畅广元著，陕西师范大学出版社，2020年10月第1版第1次印刷。字数：207千字。定价：68.00元。

文集类

1. 《〈白鹿原〉评论集》，人民文学出版社编辑部编，特约编辑李国平、鹤坪、刘斌，人民文学出版社，2000年7月1第1版第1次印刷。字数：346千字。印数：3000册。定价：21.00元。何西来作序。

2. 《陈忠实研究资料》（中国新时期文学研究资料汇编，乙种，总主编：孔范今、雷达、吴义勤、施战军），主编：雷达，编选：李清霞，山东文艺出版社，2006年5月第1版第1次印刷。字数：

538千字。印数：2000册。定价：35.00元。

3. 《走近陈忠实》，冯希哲、赵润民编，陕西人民出版社，2006年10月第1版第1次印刷。字数：180千字。印数：3000册。定价：22.80元。

4. 《说不尽的〈白鹿原〉——〈白鹿原〉评论选》，冯希哲、赵润民主编，陕西人民出版社，2006年11月第1版第1次印刷。字数：674千字。印数2000。定价：45.00元。

5. 《写作就是他的生命：陈忠实纪念文集》，《文艺报》编，作家出版社2016年11月第1版第1次印刷。字数：260千字。定价：39.00元。

6. 《陈忠实访谈录》，陈忠实著，冯希哲、张琼编，陕西新华出版传媒集团陕西人民出版社，2016年11月第1版第1次印刷。字数：380千字。定价：50.00元。

7. 《走近陈忠实》，第二辑，陈忠实当代文学研究中心，冯希哲、张琼、曹小娟编，陕西新华出版传媒集团太白文艺出版社，2017年1月第1版第1次印刷。字数：290千字。定价：32.80元。

8. 《说不尽的〈白鹿原〉》，第二辑，陈忠实当代文学研究中心，冯希哲、王鹏、张筱哲、曹小娟编，陕西新华出版传媒集团太白文艺出版社，2017年1月第1版第1次印刷。字数：408千字。定价：49.80元。

9. 《魂系白鹿原：陈忠实纪念文集》，祁念曾、张效民编，铁凝、贾平凹等著，四川文艺出版社，2016年12月第1版第1次印刷。字数：120千字。定价：36.00元。

10. 《天地白鹿魂永存：陈忠实纪念文集》，雷涛主编，陕西新华出版传媒集团太白文艺出版社，2017年4月第1版第1次印刷。字数：280千字。定价：39.80元。

11. 《陈忠实纪念集》，人民文学出版社编辑部编，2017年9月第

1版第1次印刷。字数：200千字。印数：5000册。定价：48.00元。

12.《陈忠实研究论集》，段建军主编，西北大学出版社，2018年5月第1版第1次印刷。字数：266千字。定价：65.00元。

13.《陈忠实研究》，邢小利著，"秦岭文丛"，白鹿书院印行，2019年5月。

14.《乡党陈忠实》，灞桥文史资料第二十四辑，中国人民政治协商会议西安市灞桥区委员会编，2019年8月。

后　记

这是《陈忠实年谱》的最新增补修订本。

此前，我编写的《陈忠实年谱》出过两个版本。第一个版本是我的第一本关于陈忠实的著作《陈忠实画传》的附录，由陕西师范大学出版总社有限公司 2012 年 10 月出版。这个年谱的起讫时间是 1942 年至 2011 年，内容简略。第二个版本以《陈忠实年谱》为名，单独出书，由陕西人民出版社于 2017 年 4 月出版。因较受欢迎，5 月又出第 2 次印刷本。第 2 次印刷本有两处修订。《陈忠实年谱》的第二个版本，起讫时间从 1942 年延伸至 2016 年，涵盖了陈忠实的一生。尽管如此，这个版本仍有许多遗憾。

此后，我又用四年时间，广泛搜集有关陈忠实以及陕西当代文学的各种材料，根据新发现的材料，对陈忠实的家世、求学、交游、工作和文学创作经历，对已知的陈忠实作品的写作时间、地点和发表时的报纸刊物，陈忠实重要的文学活动以及与陈忠实相关的陕西和全国的文学大事件，重新梳理、修订，并作了大量增补，对陈忠实的重要散文、言论写出内容提示或提要。对年谱后边附录的陈忠实作品年表、获奖作品年表和研究著作目录亦作了详细考订和增补。

1984 年至 1988 年，我被西安市文联的《长安》文学杂志聘为理论编辑，那个时候，我和陈忠实就偶有接触。1988 年我调入陕西作协,与早我六年调入陕西作协的陈忠实,同在一个大院工作,后来又同住一座楼一个单元。2005年起,我们又一起创办白鹿书院并主持白鹿书院工作,他是院长,我是常务副院长,应该说,我对他还是很熟悉的。但是,对作为作家的陈忠实更为深入的认知,我觉得还是在细读并研究了关于他的各种材料之后,而且,要准确、全面、立体地认识,还需要把他放在中国当代社会历史和当代文学史的长河中来观察。

陈忠实是中国当代一位杰出的作家,他的长篇小说《白鹿原》是中国当代文学一部杰出的甚至可以称为有经典意义的作品,同时,他也是共和国作家的一个典型代表。

陈忠实的人生经历特别是其文学观念的发展变化过程,与共和国文学的发展变化历史特别契合。如果把当代文学的历史分为两个阶段,以1976年作为分水岭,分为"十七年文学"("文革"文学包括"样板戏"是十七年文学模式的极端发展和极致表现)和"新时期文学"(另有"后新时期文学"等说法),那么,陈忠实的文学写作和创作,就经历了这两个阶段。他的写作起步于"十七年",文学观念深受二十世纪五十年代赵树理、柳青等作家及其作品的影响,成名于"文革"后期,他的短篇小说《接班以后》《无畏》等在当时名噪一时。"新时期"以来,他潜心研读世界文学名著,接受新的思想文化,自我批判,自我反思,自我深化,在思想精神和文学观念上都自觉地与"旧我"告别,用他的话说就是"剥离",创作上努力"寻找属于自己的句子",进而在创作上趟出自己的路子,以《白鹿原》为标志和代表作,走在了新时期文学潮流的前列,成为新时期以至当代文学的一个标志性和代表性的作家。

陈忠实早年是工农兵业余作者的一员,农民出身,在农村基层工作,业余写作,这样的人当年千千万万。大浪淘沙,历史地看,后来工农兵业余作者中只有极少数人在思想和精神上能与时代发展同步。陈忠实虽然也有迟疑,但他始终明白,要继续创作,就必须紧紧追随时代,他跟上了时代的步伐,而且冲到了时代的前列。绝大多数工农兵业余作者没有完成这个转变,他们停在了历史分水岭的那边;而新时期的许多新起作家本来就在此岸,不需要这个转变,他们直接就是文学新潮的弄潮儿。陈忠实则是一个由"旧"变"新"的作家,他以他置之死地而后生的精神和努力,完成了文学观念由狭隘政治传声筒的文学向人的文学的转变,而且,他以他的创作实践和内涵丰赡的文学作品,非常清晰地勾画出了这个具有时代和历史意义的流转变化全过程。

由此说,陈忠实是一个极具历史意义的作家,是共和国作家的一个典型代表。

本书在材料收集、整理和写作过程中,我的女儿、哲学硕士(美学专业)、西安音乐学院教师邢之美,做了不少工作。

是为后记。

邢小利

2021 年 1 月